心理学经典译丛 · 法国精神分析

邓兰希　主编

生活的困境

LA DIFFICULTÉ DE VIVRE

［法］弗朗索瓦兹·多尔多　著
Françoise Dolto

［法］热拉尔·吉耶罗　编辑整理
Gérard Guillerault

郝淑芬　邓兰希　陈全　译

北京师范大学出版集团
BEIJING NORMAL UNIVERSITY PUBLISHING GROUP
北京师范大学出版社

序　言

从表面上看，这是弗朗索瓦兹·多尔多所有作品中内容最为多样的一本。[①] 这些再次汇编成集的文稿，除了证明其思想和活动的多样性以及实践主义之外，还使我们认识到她的思考与实践亦投入众多领域。

我们首先习惯于把她当作一位精神分析家，特别是一位儿童精神分析的实践者。弗朗索瓦兹·多尔多在本书中全面地阐述了如何看待儿童精神分析工作，以及如何思考治疗的方向，并且提供了一套极为明确和严密的技术性框架；其开创性的发展同样宝贵，完全符合她为法国引进甚至创造的儿童精神分析实践的基本概念。正是得益于这些重要的贡献，这样的实践才可以持续传播，并发展至今。本书收录了弗朗索瓦兹·多尔多一些重要的临床技术文献，它们目前仍然是精神分析家临床思考和职业训练的基石（不只面向初学者）。举个例子，她曾指出儿童精神分析与成人精神分析工作的内容是一样的，都是对过

---

① 　本书的阐述主要基于欧洲精神分析学派的理论，临床案例则处在法国文化背景下，读者需要结合中国文化、价值观、伦理、语境进行审辩式阅读。——译者注

去的阐述/探索，这是非常有意义的。虽然本书只是涉及一些案例摘录，却同样可以调动我们的思考。

我们也能看到她作为临床工作者，是如何调动实践技术努力投入维护儿童利益的斗争的。这一点在本书中随处可见，而这也是对《儿童的利益》(*La cause des enfants*)①一书的直接支持。我们也能够更清楚地意识到，这场坚持不懈地维护儿童利益的斗争需要真正的社会参与。因此，弗朗索瓦兹·多尔多激烈地抨击西方现代社会的运作——那些错误对待孩子的方式，尤其是当孩子在做一些丰富自己主体性的事情时，成人对待他们的方式使他感到被忽视、被看轻。这一针对儿童社会待遇的严厉批评是贯穿本书的主题。它从一开始就存在，也就是说，它始于欢迎一个小家伙出生的方式。这是本书第一部分的要点。

依照弗朗索瓦兹·多尔多的看法，当今社会城市化生活的特点是不近人情——特别是对于城市儿童来说。她也特别批评了——很少被人提及——教育制度，毫不客气地直斥其既无善意，也不灵活。在她看来，无论是学校具体的运作形式，还是教育的标准和目的，对孩子来说都显得非常荒唐。弗朗索瓦兹·多尔多谈到学校问题时的严肃口吻——表明她非常重视此类问题——使我们能够理解她为何如此热情地赞成一切创新的实验性教育，并给予它们积极的支持。

---

① 2007年出版，据弗朗索瓦兹·多尔多与同事的对话整理而成。它促使读者尝试从儿童的角度去思考世界，学习如何更好地与新生儿交流 。——译者注

此外，就理论思考与临床实践如何协调一致的问题，本书提供了一些观察。为了理论而创造理论，这肯定不是弗朗索瓦兹·多尔多的风格。我们在本书中能够看到，她的理论确实对临床实践起到了补充作用，而理论只有被运用于实践才有意义。她并不满足于抨击作为主体粉碎机的"消化性学校"（l'école digestive）① 带来的破坏性，或者止步于揭露一种使人愚痴的有害的城市生活——哪怕在自己的作品中明确地发表这些意见可能令人非常惊讶。更进一步的是，她努力参与到实际行动中，给出很多具体的建议，冒险而又谨慎地迈出"革命的一小步"。比如在城市教育方面的应对。尤其是"绿房子"（La Maison Verte）②的建立，体现了弗朗索瓦兹·多尔多想要采取一种真正的预防措施，希望制定着眼于儿童（和家庭）心理健康的预防措施。

分析的经验让我们了解了那些诱发儿童心身紊乱的因素，而一旦发现精神分析的作用，我们如何能不追本溯源地预防紊乱呢？这正是"绿房子"项目的基本观点，也是弗朗索瓦兹·多尔多的思想在社会中扎根的重要体现。因此，以"绿房子"为题的文章出现在本书中并不是巧合。

---

① 弗朗索瓦兹·多尔多发明这个新词是为了讽刺学校里填鸭式的教学方法，批评把学生当作既没有意识也没有无意识的消化管道的教育系统。这个词在《一切皆语言》中首次出现。——译者注

② 1979 年由弗朗索瓦兹·多尔多发起并创建，是接待和倾听 0—4 岁儿童及他们的父母、陪同人员的心理健康维护机构。时至今日，它仍然是法国许多同类型机构的模板。——译者注

我们同样发现了弗朗索瓦兹·多尔多的思想显著的社会性。然而，这并未影响她做精神分析家。对于她而言，社会维度与精神分析维度之间不可能有根本性的区分，只要孩子进入集体，其主体的出现必定使他置身于社会层面，那么孩子就是儿童—公民。

　　本书的另一重点是宗教灵性的维度，它在弗朗索瓦兹·多尔多的思想发展及反思中占有一席之地。此部分的许多内容与威胁精神分析的《福音书》(Évangiles)的内容相对应，这些被发表在《加尔默罗研究》(Études Carmélitaines)上的文章表明了她在这一领域作出了重要的贡献。但是，我们也要知道，这些作品与弗朗索瓦兹·多尔多的个人宗教信仰无关，而是真实地汇集了她作为临床工作者在具体实践中获得的经验：可指导年轻的临床工作者，可用于辨读孩子想象中的魔鬼的含义；或者更通俗地讲，可消除那些成人因为不明白孩子为什么赌气而采用的错误教育方式让孩子产生的负罪感。

　　当然，这并不是在否认宗教主题的重要性。更恰当地说，它们有助于读者通过主题的多样性而意识到本书的整体性。事实上，这些不同主题的并置和重叠，展现出来的是将那些思想（及行动）深深联系在一起的基础，即对人的尊重。这指的并不是人类意识形态和信仰意义上的尊重（就像一些愿望），而是指在工作及实践中，首先在精神分析中体现出的尊重。

　　当大众把弗朗索瓦兹·多尔多的著作仅仅当作临床工作者的作品时，往往会对她产生一种千篇一律式的评价——其中的经验和实用主义被认为是不好的。当然，单一的精神分析临床实践缺乏真正让人反思的理论框架。弗朗索瓦兹·多尔多恰恰使其创造性和临床实践工作框架连接在一起。但是这个显而易见的特点，也正是弗朗索瓦兹·多尔多自身经验中不可传递的地方。此外，尽管概念传递非常重要，但她没有什么真正可以传授的了。

《生活的困境》可以帮助我们更好地摆脱陈词滥调。当然，我们并不否定实践工作者的角色，这一点我们已经强调过了。而且，所有那些来自临床实践的直接反思总是会在一种更加深入、更加广阔的视角中被重新提及，这使本书在展现弗朗索瓦兹·多尔多思想方面特别具有代表性——证据就摆在大家眼前。弗朗索瓦兹·多尔多重视具体的行动，始终在行动中表达愿望，总结理论，并拓展概念，以至于——就像我们读到的那样——没有任何一种临床实践或技术性想法是在没有经过深入阐述、获得理论论证之前就具有意义的。

弗朗索瓦兹·多尔多同时强调培养一种动态的思想，这似乎是通过很多路径完成的，当然，这取决于每一位读者。读者会按照各自的解码工具重构自己的思路。但是，我们只能把这一点作为提示，作为很重要的阅读理解的参照点。如果我们可以把它作为本书的主线，一种"哲学式"的主旋律，一个整体概念展开的出发点，也就意味着这是一个重要的构建模式。

这条主线认为，在本质上不能简单地把一个人划分到生物性的，即只关乎生理需求的领域。相反，应当强调不同于身体器官实用性的领域。也就是说，必须考虑那些与生理需求同时产生的另外一些东西，即象征性功能的欲望活动。"人类并没有动物性的本能，而是只有性（生殖）的欲望，即象征的性想象和对意义的创造。这种欲望超越了可以被满足的生理需求的感官联系，人类通过欲望的被满足或未被满足来赋予身体形式。"这就是弗朗索瓦兹·多尔多系统建立其主要理论的基石。这是一个基本事实，并且是根本性的——非常宏大、正式。它不仅对精神分析有最直接的影响，还涉及日常教育，使我们意识到要把儿童作为欲望的主体来看待。

我们可以说，精神分析和弗朗索瓦兹·多尔多发展出来的其他方面与宗教灵性方面的概念之间没有任何矛盾。事实上，这让我们理解到欲望从一开始就进入了象征界，成为升华的动力。因此，在话语的运作中，象征界是从属于语言的"交流"载体。

实际上，这恰恰解释了弗朗索瓦兹·多尔多与拉康思想的相似之处，从而证明了一种深刻的思想共通性。她并没有说过"词是对物的谋杀"之类的话，关于欲望的主体，她更强调对象征界的运用赋予了主体以活力。这当然不会没有陷阱，而这也正是她在本书中处理的问题：在解决问题的同时，尝试平息和超越这种必要的痛苦，这一切便构成了生活的困境。

热拉尔·吉耶罗
Cérard Guillerault

致读者的信：治疗与预防

尽管我是精神分析家，但我要明确地告诉各位读者，严格来讲，这并不是一本精神分析方面的专著。我希望读者在阅读时勤于思考，能在不需要进行特别准备的前提下领悟那些其实任何人都可以理解的东西，即我们身上存在的，一种以无意识的方式赋予每个人生命活力的性能量(力比多)。

今天，精神分析成为一种众所周知的特殊实践，使我们能够研究伴随着人际关系的情感交流的动力学。这些无处不在的过程仅能在某些条件下被研究，也就是被弗洛伊德创立并且组织起来的叫作"精神分析"的条件。这种特殊实践需要两个主体同时在场，一个倾听，另一个讲述，并且遵守约定，在定期的晤谈中尝试把自己的所思所感全部讲出来。

在治疗和督导的特殊框架以外，精神分析家也是一个人。尽管他接受过职业和教育培训，但这并不能使他免于在日常生活中像其他人一样对自己的无意识一无所知。我认为，必须把这一点指出来，因为大众有时会以为精神分析家善于躲避那些绊倒所有人的暗礁。

弗洛伊德的发现之一是：无意识的"移情"能在治疗期间把病人和那个倾听的人连接起来。此外，这种无意识现象很常见，总是发生在两个对话者之间。它在人类关系中无处不在，存在于交流的各个维度上，只是并不那么容易被觉察，而是需要一种分析情境。在此情境中，被分析者完全不知道，或者几乎不知道精神分析家个人的真实生活，目的是使移情得到研究，特别是使治疗产生效果。被分析者会对梦，或者关于此时此地所思所感的言说，以及沉默的联想产生一种有意识的情绪。对精神分析家而言，这些情绪都是一些被分析者在其他时间、其他地点与其他人有关的情感再现。精神分析家沉默地倾听，促使被分析者通过一场又一场晤谈，重新回到这些情绪的起源。

如果精神分析是一种实践，那么在工作中发挥作用的就是被分析者和精神分析家按照约定，在一次又一次相遇中建立起来的移情关系。精神分析家要受职业保密规则约束。被分析者不受保密规则约束，尽管所有涉及他与精神分析家关系的话语都会妨碍工作的顺利进行。虽然这么说，但是大量被分析者难以保持矜持，无法克制对"自己的"精神分析家的无稽之谈。更常见的是，被分析者在晤谈之外话非常多，尤其是在受制于分析框架而无法畅所欲言的情况下。

通过这些不同的途径，如精神分析家的著作、"处于分析中"的人的喋喋不休、拾起一些精神分析概念和主题的大众媒体，精神分析方面的词语渐渐成为社会流行语，并且日常人际关系中也出现了许多可以被称为"野蛮"的精神分析情景和态度。

现在，大众对人文科学，特别是对精神分析越来越感兴趣。后者——既不是生物学、心理学，也不是神秘科学，更不是纯粹的语言学——亦引发了许多怀疑、蔑视及误解。精神分析的方法引起争议，其作用被批评或被夸大，其知识或被僵化为精确的公式或被彻底抛弃。

依我所见，自从弗洛伊德把赋予每一个人活力的欲望源泉命名为无意识，精神分析就始终筑基于实践。它并不是要获得一些僵化的结论或知识，而是要进行某种类型的质询、批评和汇编。

大家经常问我，精神分析家是否可以解释一切。我个人相信精神分析家在这里并不是为了"解释一切"，而是为了帮助那些因为压抑欲望而陷入重复的人：帮助他们不再在生活中原地打转。分析是为了让生活重回正轨。如果我们自己去做分析，或带着孩子去见精神分析家，是因为我们感到痛苦，或者因为孩子成长停滞、不再有创造力。至于孩子，有时仅仅是成人为孩子的状态感到痛苦，而这种状态实际上不过是一种应该被尊重的过渡阶段。所以，在此意义上，精神分析家并不一定是孩子症状的治疗师。比如，有些孩子表现得抑制、兴奋、拒绝交流，但这正是孩子和父母都希望的结果。我们要尊重这些孩子必须经历的阶段，因为这是在为他们进入下一个阶段做准备。

这同样构成了精神分析家这一职业的一大困难：在接待孩子和他的父母时，我们应该马上搞清楚这个孩子是否能够应付他还无法完全承担但正在准备承担的局面，或者，原因是否是他在同龄人中失去了立足点，与自己或与其他人的交流出现了问题，并且对自己失去了信心。结果，今天我们经常把精神分析当作一种调味剂，使它变成一时的爱好和时尚。精神分析源自仔细研究人类焦虑的迫切需求。然而，人类时时刻刻都有焦虑：有些焦虑是必要的，会带来创造力；有些焦虑则会逐渐破坏生命力。只有后者才属于精神分析治疗的范畴。

精神分析使我们明白了在无意识里酝酿的动力学，而这一动力会在接下来与他人的关系中产生可见可感的影响。想走出困境，并去约见精神分析家的病人，应该扮演起积极的角色。因为，并不是精神分析家在进行治疗，精神分析家仅仅是使与主体的个人经历有关的真相呈现出来的中介者。

可能会有一些不好的中介者。有人会说，相较于其他学科，精神分析可能有着更多的中介者。那么，能否因为存在无良的医生，就彻底怀疑医学？或者因为有物理学家利用物理知识来制造炸弹，就否定物理学？在某些人造成负面影响时，应该被指控的并不是精神分析这门科学—艺术，而是在缺乏了解的情况下，轻信某个给他们带来片面看法的人。当一个人经历过真正的精神分析，也就是"被好好倾听"过时，如果他的确想走出困境，那么他就能从中脱身。

分析治疗揭示了一些无意识的动机：如果一个人因为自己的无意识而感到痛苦，那么他能够通过"言说"这些痛苦而走出困境。话语，正是精神分析的发现；话语，从它可以被讲述、被倾听、被言说、被承担的时刻起，就成为我们心中所有痛苦的中介。我们去见精神分析家是为了说话，而当我们走出分析室时，会解放一部分自己。精神分析家不会提供行为指导，他只是倾听被分析者的痛苦，并利用移情来工作。不要把精神分析和心理治疗相混淆。心理治疗师能以一种直接的方式"让人舒服一点"，精神分析家则完全不是这样。精神分析家仅仅是在倾听一个想与之交流的人。从被分析者找回自己的生活及欲望的意义那一刻起，他就找到了自己的道路……

本书收录的文章主要关注孩子与其发展中的问题，以及解决问题的方式。有些文章针对的是父母和他们的焦虑，以及在生活中如何抚养和指导孩子。现今的父母提出了很多问题，他们会怀疑自己。考虑到社会生活的快速发展，以及昔日的社会准则与当今时代的格格不入，父母不再笃信旧日准则，他们的怀疑也是完全正常的。父母不再像以前那样对自己充满信心，并且由于社会准则基本每过十年就会大变，同时变化速度越来越快，父母不再确定要给孩子准备什么样的未来。这样的变迁，也许始于无意识被发现的时代。我愿意相信精神分析正是因此而诞生的——为了人类可以重新汲取生命力，可以一天天地直面不断变化着的现实，可以维持与外部世界活跃的交流。

今天，越来越多的父母在养育孩子的过程中遇到难题。对于大部分父母来说，一个很重要的原因是生活条件的变化，但养育孩子始终是一件困难的事。当对孩子的成长缺乏信心时，成人会不惜代价地强迫孩子过一种严苛死板的生活。如果父母信任孩子的潜力，并且承认自己对孩子的欲望，他们就会成为能够完全承担而非隐藏自己的欲望和矛盾的人，从而起到榜样的作用。精神分析家可以通过与孩子一起进行的分析工作，间接地帮助孩子的父母；同样，父母若因此发现并勇敢地去承担自身的矛盾，孩子将会看到，自己面前的成人并没有声称掌握真理，而是坦然接受自己身上的矛盾。这是一项日常工作：质疑自身，与其他人合作，生活在现实中而不是沉溺于想象。要区分现实和想象，也许这就是我们作为人类必须知道的最重要的事情。我们也需要意识到，想象的真相和现实的真相并不总是匹配的，我们同时活在不同的层面上。

当涉及父母与孩子的关系时，问题就会变得复杂起来。关键是，成人是否真正地理解孩子。成人与孩子说着不同的语言，一些词对两者而言表达着不同的意思。孩子使用的词包含着完全不同于成人的情感、身体、空间和时间体验，表达的完全是另外一些内容。同时，大部分成人的童年期实际上并没有完结，而是受到压制。童年期仅仅是在表面意义上结束了。虽然身体长大了，可一个人仍可能在看起来是成人的人面前保持儿童的姿态……在漫长的职业生涯中，我发现一些来信讲述自己难题的成人坚信我才是一个大人。我应该告诉他们，我并不比他们大多少！所有那些向我提问的人其实都知道如何与孩子相处，可是他们自己并不知晓这一点。在给我写长信的过程中，他们可能逐渐明白了。很多人通过给我写信来分析自己的问题，可以说，这些人是在通过一种移情来运用自己的理智，从而帮助自己。

孩子是我们债务的持有人。这是一种未被偿还的动力学意义上的债务，是我们自身受到压制的痛苦经历。在积极的意义上，孩子继承了父母动力学意义上的天赋与才能。然而我们是否可以说，当一个孩子状态不好时，是父母的过去让他生病了呢？这种病又是什么？事实上，孩子并没有"生病"，他只是在利用自己的身体进行表达，想要以此对我们说些什么。身体是语言，身体的机能也是语言，而且孩子是父母的首席心理治疗师，因为孩子与父母是粘连在一起的。孩子，首先是在身体，然后是在情感和情绪上与父母自然地粘连在一起；接着他通过一些机能或身体健康障碍来表达那些父母投射在自己身上的不协调的东西。不管是在亲生孩子的身上，还是在领养孩子的身上，这种来自父母的投射都是一样的；这里涉及一种象征性关系，一种语言关系：孩子表达了父母自身无法表达的东西。孩子经常利用身体或心理的不适来表达这些东西，同样也可以通过身体或心理格外健康来表达。孩子会揭示出父母的无意识，那些父母自己不知道并且无法意识到的东西。这就是为什么孩子的出生总意味着对父母的质疑，有时甚至是痛苦的质疑。人的出生不仅是肉体上的，同样是象征性和语言性上的。

我坚信，精神分析家的作用不在于引导治疗的走向，也不在于以利己的目的使知识资本化，而是扎根于人类的痛苦，超越分析室和理论概念，延伸到社会和公众活动中。精神分析家的话语和文字，尤其应该被给予那些与现实生活做斗争的人。他们的干预应该唤醒成人，促使成人去寻找直面孩子困境的正确态度。这种态度应该是积极、柔韧、有活力的，是时刻准备去倾听孩子，并且可以根据实际情况灵活应变的。一旦有了这种态度，就可以预防某些紊乱，引导一些象征性的交流朝着创造性的方向而不是死胡同发展。防患总是胜于治疗。

理解孩子对自己象征着什么，辨别孩子在家庭框架中的功能或者在与其他孩子社交关系中的功能，这不仅能促使父母依照孩子自身的活力给予他合适的位置，而且是对孩子的权利及自由的尊重。

在某种意义上，成人代表着秩序，孩子则打乱了这种秩序。对于孩子来说，每天都在变化，无序才是永恒。在孩子看来，真正的秩序是生活永不停息地变换着；孩子会把自己的周围搞得一团乱，因为万事万物本就变化不休。孩子有点像环绕着岩石的潮汐：不断带来新石子和新贝壳，位置永远不定。成人的秩序是为了便利。一些事情之所以重复着，是因为我们的身体有一些重复性的运作：每天都需要吃饭、排泄、入睡、起床。的确存在一种服务于身体需要的秩序，然而生活就是一场孩子所感受到的、生气勃勃的欲望游戏，永远新鲜，永远多变。生命就是一场游戏，直到有一天被死亡终结。

目　录

第一部分

出　生

分娩之后的日子[1]

有些人可能不认识我，我是弗朗索瓦兹·多尔多，一名精神分析家。我很早就开始接触那些精神分析不处理的案例，因为精神分析最初只是处理那些俄狄浦斯式的神经症，也就是那些四五岁的、已经能说话的孩子的问题。摩根夫人[2]是我在耶尔博士那里遇到的第一位精神分析家。在我还是不住院的实习医生的时候，她就已经开始接待一些没有自闭症状，而是表现出严重的恐惧、缄默和强迫症状的孩子了。他们可以用手语进行表达，并且与母亲连接在一起。我们起初并不治疗那些与他人没有目光性语言接触的孩子，可是自从精神分析开始关注神经症和精神病最古老的创始期，我们也有了一些与这类孩子一起展开工作的经验。他们似乎承载了所有那些来自父母的压抑。在分析工作中，他们在谈到自己的问题之前，谈的是父母小时候存在的问题。和孩子们一起进行的精神分析工作带来的惊喜之一，便是他们的父母和哥哥姐姐恢复了健康。同时，我们会看到这个正在接受治疗的家里最年幼的孩子身体上的不协调，及某些奇怪的比例得到了改善。这只是一种身体外貌上的改变，或形体上的改变。尽管身体外貌已变得正常，以至于外人觉得他似乎完全变了个人，但是他和周围之人的交流方式并没有改变。孩子默默地变成了父母的精神分析家。也就是说，他使父母有机会向精神分析家讲述他们自己和孩子的经历，以及那些在孩子接受分析之前未曾说出的事情，或者那些他们本已忘记的事情。父母经常会抓住孩子接受精神分析的机会，以突如其来的回忆或让人心烦意乱的梦为借口，来和精神分析家交流，使自己重新体验到一些东西。父母以孩子为媒介来做自己的精神分析，孩子则能由此从家庭沉重的令人焦虑的无言中解脱出来。

这就是我想说的内容之一，因为它并不广为人知。我们还未曾拥有足够的分析经验来和同行一起实践和交流，而且讨论在世之人的案例是非常困难的。这个问题很麻烦，我们总得掩饰其中一些重要的事件，为所涉及的人更名改姓。为了对临床个案进行公开的评论和研究，同时保守职业秘密，一些特殊的修饰是必不可少的，可是这种修饰又会歪曲真相，干扰人们对移情的理解。与成人的精神分析相比，我们更加能够在和孩子一起进行的分析工作中观察到，每一个家庭成员都会按照自己的年龄、性别和在家庭中的位置，相对应于其他家庭成员扮演一个特殊的无意识角色。

这就是家庭辩证和动力学意义上的相互作用。一些孩子不是以自身经历被烙下印记的，而是以那些自己继承下来的、沉重的、不能言说的禁忌被烙下印记的。这些禁忌出现在孩子被孕育之前，或者伴随着孩子的诞生而出现。因此，孩子的身体（体型）会包含并呈现这种不可言说的印记。

我为什么要说这个呢（要考虑到孩子出生之后在家庭中的位置，被孕育时在父母关系中扮演的角色，父母和自己父母的关系，及他们和之前出生的孩子遇到的不同问题）？因为父母的无意识会从孩子被成功孕育的那一刻起产生影响，或者说，这种无意识的影响在母亲怀孕期间就已在胎儿身上烙下印记。孩子就像家庭的药。说孩子是药，并不是说他有治愈的功能，而是说他变成了吸收父母问题的海绵。这块活体海绵始终被禁止拥有属于自己的欲望，而其他人需要借着这块海绵苟延残喘地活下来。至少，当父母决定保留已孕育的孩子时，受孕这个事实就像密封的话语那样被父母接纳了，孩子成了他们相互之间不可言说的情感经历与黑暗面的汇合点。甚至有时候，孩子是在一些互相无法表达的恨冲动的撞击中被孕育的——这里并没有贬义，或者说，孩子是在生育者其中一方的恨冲动与另一方的死冲动的相互撞击中被孕育的。并不是说每个人都有"不出生"的冲动，而是说存在侵略性的无意识冲动，这些冲动被围绕着它们的外部世界唤醒了，或者受到外部世界的冲击。孩子继承了这一切（比如，性侵受害者生下的孩子会遭受一种以合情合法为由的威胁）。我们必须了解这些。虽然目前尚无观察报告，但事实上，这些一出生就被打上不幸印记的孩子需要我们通过和他们一起进行的工作去回溯过去。由此，我们能帮助那些因为孩子的"不正常"而痛苦的家庭。我们要通过探究家庭背后隐藏的悲剧和真相来帮助孩子。

与其让孩子的反常行为来说话，还不如去倾听孩子。如果孩子还不会说话，这里的倾听就是指通过观察孩子的行为，理解他想让我们知道的东西。这样一来，孩子的反常行为就会消失。孩子那些具有积极意义的反常行为可以使父母说出他们以前从未说出的话。之后，孩子就会恢复正常，他们的身体会重新建立"自然—植物性"的平衡。从家庭中的某个成员开始讲话起，孩子说话的能力就被开启了。这是一个过程漫长的工作……以我的年龄，我甚至不知道自己是否可以看到这些案例有最终的结果。年轻的精神分析家会继承我的工作，并且明白在无意识领域，我们每一个人都诞生于父母语言中的欲望。这是一种不可思议的联系。有时，为了家庭中的其他成员可以拥有语言，并且彼此交流，或者为了在社会中可以和其他人交流，孩子以沉默代替了话语，牺牲自己来拯救其他所有人（可是不要忘了，无意识中并不存在否定）。

"神经症"——由于某些原因，这个术语成了贬义词，可我们就是从这个词开始的——或谓"家庭性神经症"，曾经是拉福格[3]的研究课题之一。最初，大部分精神分析家都对这个术语不屑一顾："家庭性神经症"是什么？我们只知道那些由俄狄浦斯情结导致的个体性神经症。

为了展示精神的脆弱性，我接下来要讲几个故事。无论是对母亲，还是对孩子来说，这种脆弱性从分娩那一刻起就已经存在了，并且是一种令人难以置信却又内涵丰富的力比多式原动力。一些人会围绕着敏感的母亲进行一些产褥期的工作。

　　昨天，雷斯给我们讲述了一个案例，其中母亲抱怨孩子在分娩时使她痛苦。并不是孩子使她痛苦，事实上，这涉及她自己的出生，是她的母亲在分娩时痛苦万分：她抱怨自己孩子的那些话，也许正是她的母亲说出口或没有说出口的。无论如何，她需要把爱给予孩子，她和自己孩子的关系再现了她与自己母亲的关系。是她使自己的母亲感到痛苦，而不是她的孩子使她感到痛苦。为了理解母亲真实的感受，孩子有必要听到母亲的这些话。

　　我昨天没来，是我的女儿为我转述了雷斯的报告。它非常值得一听，因为大家总是、一直、刚好关注孩子从父母的话语中接受的"表面的"[4]的重负。孩子必须接受，这是父母在他们和孩子之间建立的由爱到恨、由恨到爱的力比多式能量的交流，以及一种确认真实关系的方式："对，根据遗传学的观点，他是和我连接在一起的，就像我和我的母亲曾经连接在一起那样。"

　　遗传会通过一些应当被表达的情感传递，而这些情感并不符合我们所观察到的事实，这使它们看起来是虚情假意的，至少对那些听到它们的人来说是假的。例如，在一个顺利生产的案例中，分娩在女人身上、在她与孩子的关系中，唤醒了她曾经给自己的母亲带来的痛苦，那么我们可以说，她当年同样经历了出生的艰难。

哺乳的故事

这个故事发生在我职业生涯的早期。当时我在布勒托诺医院彼雄[①]医生负责的部门里当不住院的实习医生，正是在那里，我完成了博士论文[5]。实习期间，我每周去医护休息室两次。

也许有些人知道这件事。那是在战争时期，我在医护休息室听说有产妇刚刚诞下一个非常漂亮的孩子，而她马上就有了充足的奶水。多好的运气！母乳非常难得，很多女人都因丈夫的离开、战争、食品的定量配给而受到精神创伤，没有了奶水。太好了，这个女人将会喂饱两个或三个孩子。为了给其他孩子提供母乳，我们和护理人员一起商量是否可以把这位奶水充足的女士留在产科。无论如何都要把奶源留下来！

我们商量着这件事，第二天听到他们说："你不知道昨天发生什么？只要她一给孩子喂奶，就会没奶。奶水被拦截了！"我说："我觉得这是心身问题。"于是，这成了医护休息室里的笑话："这是心身问题！"是的。如果她可以说说看的话，我们就会知道肯定发生过一些事情！多么充沛的奶量！多棒的一个女人！多么漂亮的婴儿！一定发生了什么事情。必须让她把这

---

① 彼雄，原名 Édouard Jean Baptiste Pichon，法国精神分析家、语言学家、医生，巴黎精神分析学会的联合创始人。——译者注

些事情讲述出来。这肯定是心身问题，千万不能只是把奶瓶塞给婴儿。她必须和某人谈谈。

大家问我："你可以过来一趟吗？"

"可以，我明天或后天过来。你们可以先问问喂奶对她来说意味着什么，以及她和自己母亲的关系。"

我就这样离开了，耳边还回荡着大家的玩笑："啊！这些精神分析家！奶水怎么可能涉及心身问题。"毕竟，当时是1941 年。

第三天，还没有进门，我就听到医护休息室里传出的议论，其中夹杂着我的名字。我一进门，大家就尖叫起来（你们看，这就是医护休息室的氛围）。我对自己说：这下好了，我再也没办法来这个休息室了。我讲了太多关于精神分析的东西，已经引发了敌意。这也让我很烦恼，因为休息室提供的午餐非常丰盛。战争时期，医院总是能设法弄到食物。

然而大家并没有攻击我，而是体面地招待了我，并向我讲述了接下来的故事。应该说，它令人印象深刻。我个人是不敢这样做的。

一位住院的实习医生非常苦恼，心想："说来说去，为什么不去试一试呢？"其他人则一直在讨论我午餐时说的话。这就是当我们在满是抗拒的地方谈论精神分析时会发生的事：唤醒一些东西！

那位实习医生返回工作岗位后，向产科的护理员转述了我的话，然后说："这是我们的一位女同事，一位精神分析家的建议。"我已经把自己的论文给他们看过了；他们觉得我有些古怪，写的东西也很奇怪。

那么，护理员做了什么呢？妙极了！她自己动手，给病人做了一次心理治疗。她去看望年轻的母亲，问了一些问题。最后，她说："哎，瞧，您的妈妈生了多么漂亮的宝宝。"终于，她开始让这个女人感受到自身的价值。女人哭了起来："我不行，我不能给他喂奶，我做不到……"

"为什么？"

"我一出生就被母亲抛弃了，我对自己的母亲一无所知。"

"什么！您如此漂亮，跟您的小男孩一样漂亮，这怎么可能呢！"

她继续在护理员的怀里啜泣。

接着，护理员——这就是她了不起的地方——把婴儿放进年轻女人的怀里，对她说："那么，我来喂您。这本来是给宝宝准备的奶瓶，但是现在我想用奶瓶喂他亲爱的妈妈。"

她像母亲一样对待这个女人，给她喂奶，同时慈爱地对她说话。年轻的女人枕在护理员的膝盖上哭泣着说："噢！您就是我的妈妈，您让我和宝宝和解了。"

自从不想喂奶，她就不想要孩子了；她不敢给孩子喂奶，直到通过护理员而重获自恋。只有获得自恋，她才可以把孩子抱入怀中，把爱倾注给他。三小时后，到了喂奶的时间，奶水立刻涌了出来。在此之前，孩子只喝了两咖啡匙的水。后来，她变成了布勒托诺医院产科病房奶水最好的妈妈之一。

就个人而言，我永远也不敢像这位护理员那样做。

作为精神分析家，我们听啊，听啊，认为被分析者可能只需要好好地哭一哭自己的妈妈。这位护理员是好样的！她比我们理解得更深刻，知道从心理上，从人的角度该做些什么。

得益于实习医生的转述，我对护理员有了些了解。她对这个因被母亲抛弃而感到痛苦的年轻女人产生了真正的移情。我不认识护理员本人，也许她也曾遭受被抛弃的痛苦？

无论如何，这件事情让我明白了奶水是属于婴儿的，是他使母亲的乳房出现了奶水。分娩的确会使身体发生一些荷尔蒙方面的变化，但是，如果母亲爱她的孩子的话，如果孩子没有被母亲拒绝的话，乳汁是会很充足的。这些因素都是连接在一起的，并不只是"不给婴儿奶瓶"，以及护理员"像母亲一样"对待年轻的母亲，也多亏了护理员把婴儿放入母亲怀里。出于负罪感，这个年轻的母亲在前意识里无法爱自己的宝宝了。如果在一般的"爱"的意义上，她主动去爱宝宝，那会发生什么呢？她会比自己的母亲更过分，会通过行动来谴责母亲的抛弃，也就是说，她会摧毁自己身上曾建立起的美好的母性的女人形象。只有在另外一个女人允许她讲述自己内在的痛苦，并使她接受这种痛苦，而且不谴责她的母亲，并且告诉她，她很漂亮，她的母亲应该也很漂亮，她的宝宝同样很漂亮，以此建立起一种三元关系的情况下，她才能去爱宝宝——婴儿处于两个关系和谐的成人之间。这个女人和新生儿一起重新体验了自己的童年；因为有一个女人可以听到她的心声，并接受她对孩子所做的，就像她母亲曾经对她做的那样，所以她终止了无意识的认同，并且通过移情快速找到一种积极的母子关系，让自己的身体真正地听到孩子吃奶的请求，并回应了这一请求，而不是通过拒绝喂奶的方式遗弃孩子。

请记住这个故事。我们可以把它放在心里，多想想。这是一件真事。

后来，我还在一两次会议上遇到过这个医护休息室的人。我其实早就忘了这件事，对方却立马认出我来，说："你不记得这件事了吗？就是那个轰动一时的、被妈妈抛弃的女人回奶的事？"我必须承认，当被提醒时，我的确完全忘了这件事。在我最开始学习精神分析的时候，发生过非常多类似的事情！我已经忘记了，可是其他人还记得。自从被提醒后，我就对自己说：这个故事的确值得讲一讲，它能让我们反思一些无意识的过程，以及一些必需的中介过程——为了让痛苦带来一些领悟，产生一种能够超越痛苦的身体上的理解，而不是因为痛苦而失去生命的原动力。痛苦的影响不仅仅是负面的。当然，对于那些超越痛苦的防御过程，我们需要既不让它们重复出现，也不把其中无用的过程合理化。

人类的生活，就是超越那些父母因为我们或者我们因为父母而遭受的痛苦。我们应该行动起来，尽量使新生儿保持完整，而这又取决于孕期的最后阶段、分娩的时刻以及分娩之后的日子。这是对女人而言非常敏感的时刻。在这样充满变化的时期，新生儿对自己和周围人的关系，对母亲及周围人的一言一行都非常敏感。

一个小精神分裂症患者的故事

这是一个十三岁男孩的故事。当他在比夏医院的时候[①]，我负责给他做心理治疗。他在很早之前就被诊断患有"精神分裂症"。

这个孩子有非常严重的恐惧症，只要一看到刮刀或剪刀就会失去理智，不停地打哆嗦；和很多精神分裂症患者一样，他的空间运动能力很好。过马路的时候，他虽然看起来漫不经心，但并不会被车撞到。他是家里三个孩子中的老大，我们每周见一次面。为了节约时间，我就不细说每次的晤谈了。

我直接跳到关键的地方，说一些重要的事件。我观察到他的失眠只是其整个极度混乱和恐惧的状态的一部分。哪怕是在他熟悉的环境里，只要街上传来一点声响，他都会非常惊慌。在这种情况下，他自然没法去上学。

在一次晤谈中，为了向他展示如何做泥塑，我挪近他，然后成功地让他触摸到我拿着刮刀的手。他非常害怕，就好像是自己在拿着刮刀一样。我引导他用刮刀在我手背上戳了一下。他看着我，我对他说："你并没有戳痛我。这一点儿也不疼。"他又试着在我的手背上戳了些小印子。没关系，没关系。他安

①　1947年，弗朗索瓦兹·多尔多成为比夏医院儿童精神科主任。——译者注

心地凝视着这些小印子。这个孩子只有以我的手为媒介，才敢用刮刀弄出小印子。我趁他走神，也用刮刀在他的手背上戳了戳。他看着我，说："就这样？"我回答："是啊，就这样。"

一阵沉默过后，发生了我永远不能忘怀的一幕：他嘴里发出了两个声音，两个。

（弗朗索瓦兹·多尔多模拟了一段让人无法理解的对话。一个声音年轻、尖细而带着哀求；另一个声音年老、低沉而专横，像是在阻止什么。）

"你不能留下他，不，不，不行！"

"行行好，妈妈，我想要留下他！妈妈，妈妈，妈妈，我想留下他。"

我完全没有听懂这段对话。这是一个在战争期间出生的孩子，他出生于 1941 年。我猜，这是一个曾被安置在其他地方，战争过后才回到自己家的孩子。年轻的人和年老的人发生了可怕的争吵，这一切都发生在摇篮旁边，让孩子变得有点精神失常。晤谈结束，我和他说再见。他的动作看上去不那么僵硬了，可还是像游魂似的对我说："下周见！"

第二天，他的母亲打来电话。

"哦，夫人！我需要见您，发生了一些事情，出事了……"

"是很严重的事吗？"

"不，不，没出什么严重的事，可是我必须见见您"

"好的。"

"我等不了一个星期。"

"那您最好单独来一趟。"

她来到我家，对我说："您知道吗，他回到家，飞快地吃完饭，然后就去睡觉，从中午一直睡到第二天中午。我太吃惊了。我和您说过他失眠，之前他从来没安稳地睡到过一小时。据我所知，从来没有。"

"婴儿时期也是如此吗？"

"是的，婴儿时期也一样，而且就算长大了，也是如此。"

"他的变化是从那天开始的吗？"

"从那天起，他变得很好，很安静，完全不一样了。"

"上次治疗中发生了一些重要的事情，他没有告诉您吗？毫无疑问，他还不能和您谈这件事。"

"是的，他什么也没有说。当我问起时，他只是回答了下一次晤谈的时间。"

一般情况下，我并不会打破职业保密条约，可是这件事情太重要了。我说："有些事情您没有说，也许是您有意或无意地对我有所保留，也许是您自己也不记得了。"（就是刚刚我给大家谈到的问题，孩子提起了一些成人不愿讲的事。）然后，我对她说："孩子似乎经历了一场围绕着摇篮的争吵；一个年轻的声音在和一个年老的声音争吵，老人拒绝把孩子还给年轻人。是不是在他还小的时候，您把他委托给过奶妈，或您的妈妈，或您的奶奶，后来她想要留下孩子？是不是之前发生过两个女人的争吵？"

我看到这个女人痛苦地俯在桌上。

"夫人，不要提这个！"这个矜持的女人变得歇斯底里。

"这并不是悲剧呀，回想一下，也许……"

"啊！"

"可是，和父母吵架很正常……"

"不要和我说这个！"

后来，她平静了下来，说："那么，我需要把所有事情都告诉您？"

"是时候了。"

"好吧，夫人。这件事情除了我，没有任何人知道。"

"什么事？"

"我没有告诉过您，我的三个孩子都是收养的，并且都是以非法方式收养的。在一个快要生产的女人以流产的名义住进一家私立诊所时，我也把枕头塞在裙子里，住进同一家诊所，然后他们把孩子登记在我的名下。"

她就这样收养了三个孩子。我见过的一些以这种方式收养的孩子，他们都很正常，只有这个孩子情况特殊。其中当然存在权力的移交；生母是同意的，她也是为此而来的，而且双方都避开了麻烦的行政手续。

总而言之，她为了收养而入院，诊所把她安排在产妇旁边的房间。事情的经过是这样的。女孩受孕时只有十六岁，十七岁分娩。她想要留下这个孩子。她的父亲在她年幼时就去世了，她由非常苛刻的母亲抚养长大。她怀上了自己老师的孩子，而后者已经有五个孩子了。他爱着这个女孩，曾向女孩的母亲保证，自己会付费做公证，会对孩子负责。他希望女孩留下这个孩子，因为这是他们爱情的结晶。只是他不能承认这个孩子，因为当时的法律不允许他承认非婚生子女。

女孩的母亲什么也听不进去。整间诊所的人都为女孩难过，尽量拖延着给孩子做出生登记，希望她可以带走自己的宝宝。有人提议注册一间妇幼之家，帮助她脱离自己的母亲，可是没有什么用，最终孩子被登记在了养母的名下，跟着养母的姓。养母回家后什么也没有告诉丈夫。她牢牢地守着这个秘密，直到某一天，这个秘密被孩子不自觉地表达了出来。

接下来发生的事情很有趣。男孩选择了什么职业呢？他成了裁缝。在对别针、刀这一类尖的东西的恐惧消失后，他选择当了裁缝。

另外，可以看看那些口吃的人——在分析中我遇到过这样的案例。有趣的是，不再口吃后，他们往往会选择一些话语在其中扮演重要角色的职业。[6]这个男孩虽然有机会从事各种不同的工作，然而他却对父母说想成为裁缝，也就是整天做一些剪、缝、钉的事情。

这些记忆的痕迹或许就像磁带。当他再来的时候，我试着和他谈起这件事情；我没有做任何阐释，而是接受他所讲的话，并告诉他，我对他失常时演绎的两个声音的心理剧很震惊。

他回答："可是，我什么也没有对您讲呀。这是什么？"听完我的复述，他说："我不知道。我不记得了。"很明显，他什么也不知道。他开始非常平静地做泥塑，也能忍受汽车恼人的噪声了，不会再因此而跳起来。他不再恐慌了，也不再相信外面的噪声会弄碎玻璃，不再相信打针会要他的命。症状都消失了。他变得安静，并且重新找回了睡眠。

失眠也非常重要。怎么说呢？它像一个早发性的自身"不协调"的信号，代表着这个孩子的焦虑。在理论上，有很多东西可以讨论。这样一个故事，说明在某种程度上，有些东西没有通过话语被表达出来，于是只能通过症状进行讲述[7]。

很可能，如果母亲在他还是婴儿的时候就告诉他这些事情，并且与儿童精神分析家谈谈的话（现在我们经常看到一些很小的婴儿，十四、十五个月就想让自己死去），如果母亲知道可以通过话语对孩子复述这些事情的话，孩子就不会精神分裂；孩子将通过话语和一个能够让他移情的人分享自己生命之初的事情，并且这个人和他的母亲也会有一种移情关系。我们可以利用真实的话语重建三元关系，也就是说，让孩子摆脱这个当他从爱他的母亲那里被夺走，再被交给另一个也爱他的母亲时出现的活着的禁令。虽然养母真切地爱着他，但还是被这一切深深震撼了，于是她保留了年轻妈妈给孩子取的名字。这肯定也是一个帮助孩子存活下来的因素。

孩子之所以有这样一个名字，是因为年轻妈妈没有了父亲，她与年长情人的关系就像女儿和父亲的关系。

在这种情况下，收养是一种合适的方法。但是，要怎样做呢？这是一个源于"乱伦"的孩子，年轻的妈妈自己都还没有从母亲那里解放出来，并且在事件发生之初就陷入了绝境。这是具有双重压力的绝境：一方面是已婚的情夫，这个男人在年龄上可以做她的父亲了；另一方面是母亲，一个受挫又严苛的人。

我们可以说这个孩子承载了母亲的问题。在他幼小时，我们没有告诉他这些事情，没能让他及早解脱。

话语的作用

通过告诉幼儿他们真实的个人历史，我们能够治愈他们。我见过的一些来自公共救济事业局[8]的幼儿可以做证。这些孩子来到图索医院做心理治疗，而我们对他们的个人历史几乎一无所知，仅仅知道他们被弃养，及最后一次看到父母的日期。我们会使用一些与空间、地点、时间以及季节相关的词语，把所知有限的事实都告诉孩子们。

有一个孩子拒绝吃东西，他把自己盘成一团，一心求死。当有人和他讨论死亡时，孩子在注视中再次找回了活下去的欲望。孩子被重新抱回育婴院，看到了熟悉的女育婴员——我不知道孩子有多久没有看到她了，然后吃了一些其实适合更小的孩子吃的食物。几天以后，他恢复了生长。

这让很多育婴员感到震惊！其中一位对我说："我受不了了。听到您讲的这些话，我吐了一下午；我从没想过用这种方式对婴儿讲话，总是避免提起父亲、母亲对孩子做过的事情，以及被抛弃之后，明白父母永远不会再回来时感到的绝望，更别说讨论死亡了!"事实上,这个孩子的母亲已经失去了音讯,但孩子并没有为此陷入绝望。他是在曾经目送他的母亲离去的育婴员被调到另外一组时才陷入绝望的,因为受到了双重丧失的打击:在失去母亲的同时,也失去了自己的育婴员(育婴员曾在母亲来探望孩子时同她说话,育婴员、母亲和孩子形成了一种三元关系)。并且,这个孩子所在的小组里,他熟悉的一两个小孩也离开了。周围的人总是在变。所有这些因素集中在一起,使孩子再也无法承受了。他再也无法这样孤独地活着了。如果还有一种中介性的联系,存在某个中介者的话语,孩子也许是可以承受这些丧失的。我相信许多孩子都会受到育婴员调动的影响,尤其是在没有预先告知孩子的情况下,育婴员突然调走了:某一天,不管孩子多大,在既没有通知孩子本人,也没有和孩子解释原因的情况下,育婴员突然换了。更有甚者,如果孩子发现自己旁边的床空了,而我们在未提前告知的情况下随便安排了一个新的婴儿,那他就不能再用先前的名字来称呼旁边的孩子了。这会使孩子陷入"迷失的状态",这是一种与空间和时间交错在一起的、与身体意象[9]连接在一起的存在感的丧失。孩子进入了一种精神病的状态,被一种精神分析所说的死冲动支配着。死冲动并不意味着力比多返回个体自身去摧毁自己,而是意味着在孩子身上,既没有主体也没有客体的力比多缺乏欲望和锚点,导致了主体的迷失。[10]最终,孩子因不能在外部世界找到让自己变得和谐统一的因素——自己感受的反馈,也就是活着的意义——而变得身心俱疲。孩子只有通过自己依赖的那个人，把自己体验到的感受用真实的话语表达出来，才能找到活着的意义。

这些死冲动存在于与外部世界没有任何联系的个体中：身体虽然好好地活着，其主体却因为缺乏与外部世界的联系而死亡。如果这种情况过早地发生在孩子的生命初期，那么孩子会活不下去，因为他还尚未被"完整地"[11]构建起来。

这些死冲动如果出现在六七岁的孩子身上，主体是可以很好地带着它们一起生活的，最糟糕的情况也不过是阵发性嗜睡症。对于一个婴儿来说，这却会让他活不下去，因为如果那些认识这个婴儿的人一直到俄狄浦斯期，也就是说到婴儿进入性生殖期的时候，还没有让他认识自己的话，那么他就是不存在的；这些死冲动对婴儿来说就意味着自我毁灭。如果他没有毁灭自己，便会通过不再让自己继续拥有健康的身体来摧毁自己。通过缺乏食欲，通过肠胃不再蠕动，主体被连根拔出。不断增加的焦虑让孩子失眠，接下来便是厌食、抑郁。

然而，话语是不可思议的。这种对孩子讲述他所遭受的痛苦和历史的"真实的话语"，可以利用想象，通过和讲述人的真实关系来修复孩子的象征性结构。

当然，磁带本身并不能对孩子转述他的个人历史，这还需要在一种与他者的关系中进行——不仅是在一种与他者的关系中，还是在一种三元关系中进行。这也就意味着，除了和正在照顾他的身体、倾听他的那个人的关系之外，还要有与另外一个人的关系。比如，某个育婴员说："我不能再听多尔多夫人讲下去了，她让我吐了一下午。我派了个实习生过去。"为什么不呢？我对孩子说："这名实习生会代替先前的阿姨，因为我说的话让她很难受，可是她很高兴我可以治疗你，你已经好多了。你看这名年轻的实习生，我的话并没有让她难受，而且她很高兴我对你说这些。"

任何一个人都可能成为另外一个更重要的人的媒介：我提到的这个育婴员非常爱孩子（用自己的胃去爱他）。当我们和孩子讲话时，真正的目的是对他说一些真实的东西。这正是她没能做到的，所以她会呕吐（她把孩子和口水一起吐出来了），但这并不防碍她在日常生活中继续亲切地照料孩子。吐完以后她会感觉好很多。她拥有很多像母亲一样照顾孩子的方式。

这很好。育婴员用自己的胃去爱这些孩子，并用爱吞噬他们，这是很好的，因为孩子也正处于吞噬的年龄。如果孩子状况不错，为什么不可以这样呢？他们会看到其他一些这样的人。但孩子又必须摆脱育婴员，让育婴员依恋上其他孩子。这就是这些孩子的生活，他们被从一双手里转到另一双手里。这并不一定会带来孤独症，或者死的欲望。有一套完整的能指系统在运行着：尽管育婴员能给予孩子物质及身体上的照料，但由于没有同时提供在面对重大不幸时能支撑孩子的话语，因此，这些孩子在遭遇丧失时就会失去活下去的动力。

当然，总有一些孩子比其他孩子更敏感。我相信，从生命早期开始，就有一些孩子可以通过进食来弥补或承受心理上的痛苦。对于他们来说，和育婴员身体上的关系是一种能指的关系。可是，也有一些孩子过早地在心智上与其他人形成差异。所有的孩子都需要情感和话语的联系，而有些孩子尤为敏感；我们会在一些很小的孩子身上观察到这一点。这就是我想通过这个身体纤长、皮肤敏感的精神分裂症患者的故事告诉大家的。

并不是每个人都会发生类似的事情。我见过他的养弟，棕色头发，矮壮结实，皮肤粗糙。虽然他的养弟五六岁还在尿床，可这也会发生在非收养家庭里——他在其他方面都很正常。大家需要明白，每一个孩子都有独特的地方，所以心理现象一定是我们所观察到的生理状况的隐喻，也正是我们可以通过身体类型学了解到的。我们可以在婴儿那里很早就观察到构建其潜在人格的成分：皮肤的敏感性，对目光的反应，嗅觉、听觉、味觉、触觉等的灵敏度。第二则故事是为了展示，男孩由于没有被告诉真相而一直背负着秘密。

接下来，弗朗索瓦兹·多尔多（以下简称“多尔多”）回答听众的提问。

玛丽·玛德尔娜·香奈尔：您是否可以更明确地指出，是什么让您确信可以用这种方式和孩子讲话的？

多尔多：是话语的作用，以及从话语的作用中得出的经验给了我信心。我也正是因为这样才成为儿童精神分析家的；以前，我们只培训面对成人的精神分析家，而且把孩子完全看作成人。最开始，并没有“游戏—治疗”[12]，什么也没有。仅有一张桌子，没有躺椅，因为孩子们并不想躺着。现在，精神分析家可以说："如果你有烦恼，而且想说说看，那你可以用语言、图画、泥塑把想说的事情讲出来，甚至可以通过沉默把它们表达出来。如果你有东西要讲，我会静静地倾听。"。

于是，孩子开始做精神分析，从不同的困境中脱身。我由此完成了博士论文，并且对这种方法的有效性感到震惊。孩子是如何被治愈的？曾经发生了什么？孩子一点点地转变，而我记下了发生的事情和自己的感受。事后，我重读这些笔记，试着理解转变的过程。

和更小的孩子一起进行分析工作也一样，但必须和他们讲话，这就是特别的地方。必须讲给幼儿那些他们的父母告诉我们的话。令人吃惊的是，孩子身体里的"磁带"①会因此倒带；孩子并没有在智力上整合他们听到的内容，而是把它们复述出来；精神分析家只有完成大量的前期工作，才能理解这些话语涉及的真相。

玛丽·克莱尔·比松莱：当您讲必须告诉他们时，具体指多大的孩子？

多尔多：我不知道。可能是八天、十五天或是刚出生。比如，一个拒绝吃母乳的婴儿，即患有所谓"新生儿厌食症"的孩子。

---

① 指患精神分裂症的孩子只是如同磁带一样录下周围的声音，并不理解这些声音。——译者注

当然，这是一种需要在母亲怀抱里进行的工作，也是一种在三元关系中进行的工作。我会把所有母亲讲的话复述给婴儿。母亲常会说："您瞧，孩子什么也不懂，为什么要和他说话呢？"

目前，一些儿科医生告诉我，他们尝试了这种一开始觉得没什么用的方法，心想："多尔多真是荒唐，可是我们可以试试……为什么不呢？"

于是惊喜出现了。一旦他们对着孩子本人讲话，并告诉他那些母亲刚刚说过的话，不再把孩子晾在一边而只和母亲谈论他，医生和孩子的关系就有了完全的转变。对于和孩子讲话，永远不要嫌早。人是话语的存在，从胎儿时起就是如此了。我很理解父母对着还在子宫里的宝宝说话的行为。也许，这里有他们的幻想。但总之，话语的作用是巨大的，实话实说是非常必要的。

你们知道，我现在和法国国际广播电台合作，在那儿做节目。有许多父母来信诉说他们的惊愕！他们听了节目，思忖着："至少可以试试。"例如，有的孩子失眠非常严重[13]。他们整夜哭叫，吵得整栋大楼鸡犬不宁。父母晃动摇篮，或抱着孩子晃来晃去，甚至打孩子，给他们用药（让他们安静下来）。我们要理解这给生活带来的影响。父母白天都得上班，晚上为了避免邻居敲门抗议，只得一直抱着孩子晃悠。多累呀！于是，他们想："还是按多尔多说的试一试好了，总不会有坏处。"结果是孩子安静地睡着了，因为我们告诉了他实情。我们讲给孩子那些让他痛苦的事情，那些他想通过哭叫，通过扰乱父母来表达的东西。我们要承认孩子的欲望，而这会为孩子带来安全感。

不论是谁，我相信出生的时候都比我们认为自己最聪明的时候，比如二十岁，还要聪明十倍。这样的智力后来被分解成各种欲望和兴趣。这就像下一盘棋，开始的时候有各种可能性，随着棋局的进展，棋子越来越少。尤其是在面对聪明的对手时，我们要提防意外，这样才能走得远一些并赢下这盘棋。

这就是话语。说"实话"从来不会太早。应该如实说出那些发生在孩子身上的事情，或者那些别人告诉我们的关于孩子的事情。父母如果在孩子面前告诉了你一些事情，你必须再对着孩子讲出来："你听到了，你父亲说了这个，但你也许并不像他说的那样经历了这件事。"要对孩子本人讲话，并为他保留我们无法听到的回答的位置，因为尽管可能还不会说话，但他却能通过欲望来进行回答。欲望和主体就在他身上。一个人受到了召唤，就会开始构建自身，变得有自我意识，最终变得内外统一——我更想说的是自身统一，从而变成一个人，变成"话语性的存在"，被打上话语的印记。虽然发音器官尚未发育成熟，喉部和口部肌肉的协调还不完善，还不能说话，但孩子仍然可以表达。此外，母亲讲的许多东西都是孩子可以感受到的，而且孩子感受到的这些对他们来说有意义的东西也同于母亲的感受。这里是有交流的，只是我们常忘了孩子也有话要讲，至少会想一些事情。孩子是沉默而敏感的对话者，有着与成人同等的对话资格。

我们知道孩子置身于父母的欲望，这甚至都变成了口头禅。但我们常常不知道的是，孩子也有自己的欲望，并且想展示给成人；唯一承认他是主体的方式就是和他本人说话，并且为他留出回答的时间。成人需要用心甚至用身体去倾听。我们可以说："是的，当然，你是对的。多么不幸呀，但是我们没有其他办法，我们必须休息。至于你这个小可怜，我们不会把你放在我们的床上，你的母亲也不会把你抱在怀里。你必须自己睡。"这意味着我们承认了孩子的痛苦。此时，他就不再"迷失"了。这就是我可以回答的。

有的孩子会在家人去世后变得体弱多病。我在电台节目中获得了例证。我早知道有这样的事情，但并不清楚它们这么普遍，而且发生在一些看似和精神分析毫不相干的人身上，发生在日常生活中。有父母来信说："自从我讲了实话，告诉他奶奶的去世让我非常伤心，而我觉得他太小了，不可能理解这件事，这个病弱的孩子就变得健康起来。"（必须补充几句这样的话："之前我认为你太小了，没办法对你说这件事，现在我觉得你已经够大了。"）我们必须告诉孩子整个家庭所经历的悲伤，以及他个人的悲伤，并且和他谈论死亡。[14] 如果孩子提到了，我们就告诉他实情。两三周以后，曾经表现得像是从来没有听到"奶奶去世"消息的孩子开始提问。父母可以回答自己知道的内容，不知道的时候就说"我不知道"。

"我害怕死亡。"

"所有人都害怕死亡，不仅仅是你。"

如果我们说了实话，而不是为孩子的话感到焦虑，孩子的虚弱就会消失，一切都将回到正轨。我们可以对孩子讲实话。对于那些他针对某些事情提出的问题，我们常常以不让他受伤为借口隐瞒实情，或以沉默来代替回答。正是我们的沉默让孩子有了创伤。即使是非常残酷的事情，说出来也总比不说好。不幸的事情也许会让孩子非常痛苦，但我们必须说出来。父母在离开的时候，如果什么也没说，这会在孩子目前以及未来的生活中留下后遗症，如严重的分离焦虑。虽然孩子从未被真正地遗弃，但是他身上表现出来的严重的分离焦虑却变成了一种神经症。一些父母在必须把孩子交给某人时，为了避免孩子哭闹，总是在孩子睡着时离开。这会带来非常严重的被遗弃型神经症，并且比那些知道自己被遗弃的孩子的问题严重得多。

被遗弃型神经症源于父母幻想出来而没有说出来的"遗弃"。父母假定孩子无法承受这种痛苦，于是回避了分离。他们可能会反驳："不是这样的，遗弃是指母亲放弃自己的孩子，让他被收养，或者在孤儿院长大。"相反，这样的遗弃并不会让孩子放弃自己。遗弃孩子的父母有时出于偏执，有时是没办法做孩子的父母，而这并不会让孩子放弃自己。

分离焦虑是未曾被父母言说的遗弃幻想。这样的幻想使父母不能以这样或那样为由，对孩子说"我们把你留在这儿"，并忍受孩子大声哭叫。父母其实可以向孩子解释："我们没有其他选择。我们很爱你，但不得不这样做。我们会回来接你。"这样一来，痛苦就通过话语被表达了出来。因为父母可以把它说出来，所以痛苦就被赋予了人性，从而变得不那么让人难受了。这让父母和孩子之间始终爱恨交织的关系变得可以被承受；它所带来的结果是积极的，有益于孩子的生活。这些分离的痛苦必须以话语的形式被讲出来。

热拉尔·阿杜安：您是否可以确认第二个故事中关于遗弃的一个小细节？孩子是在出生几天后被遗弃的？

多尔多：四十八小时后。孩子出生四十八小时内发生的事情已经能被印刻在记忆中了。我曾问孩子的养母："您确定没有对任何人讲过吗？"她回答道："从来没有。我永远也不可能对谁讲这件事，这太可怕了。"

当时身处隔壁的她十分震惊，那些医疗人员同样受到震动……孩子的养母甚至说："我想让她留下这个孩子。有一次，我想把他还给她。"这是她收养的第一个孩子。虽然她生理结构异常，不能生育，但从情感角度讲，她非常有母性。

就领养问题而言，这也是非常有意思的。这位养母不同于某些收养孩子的女人，她完全没有要求母亲的身份。她理解有些母亲无法养育孩子，所以她所做的就像是在接力一样。这样的养母是非常稀有的。比如，关于名字，她说："因为年轻的妈妈想给孩子起这个名字，所以他就叫这个名字好了。"她并没有重新给孩子取名。

同样难得的是，她一直独守着这个秘密。我认识她的丈夫，相信他要是知道的话，会非常不安。就像她曾经说的那样："我丈夫非常敏感。我不能告诉他，这对他来说太可怕了。"

磁带的问题在于，孩子只是"录"下了一些对话，并不理解，甚至完全不记得。这些话一旦被讲出来，事情就过去了，伴随着这些话语的使个体不得安宁的禁令也就消失了。一旦某些东西被说出来，身体就会获得平静。否则身体会表达那些本来应该说但不能说的东西，那些反生命的东西。在这些事情中，也出现了象征着反生命的人——孩子的外祖母。但是，就像我们在女孩受孕这件事上观察到的，这也是一个俄狄浦斯式移情的故事。在我们的文明中，带有"乱伦"幻想的母亲生下的孩子会被打上禁忌的烙印。可是，冲动又是在被压抑、被象征化之后重新活跃的客体。一个被有着"乱伦"幻想的母亲生下来的孩子，他自己也幻想着自己源自"乱伦"。如果这些幻想没有通过话语被讲给孩子，如果这些幻想没有在话语中和另外一个人分享，并赎去深藏在无意识中的负罪感的话，孩子是不可能走出困境的。"因为这些幻想通过话语被说了出来，所以身体不用再扮演活着的禁令了。"

贝尔纳·雷斯：要理解父母的经历和孩子的具体表现之间的关系是非常困难的。给大家举一个我刚刚想起来的例子。

战争期间，有个小女孩被藏在洞里。这是一个地窖深处的洞。轰炸过后，收留她的人都被炸死了，只有她被救了出来。二十年后，她结了婚。她的孩子出生后只想把自己藏起来，只念叨着墙上的、地上的、脑子里的洞。在做心理治疗时，孩子的母亲重新想起了可怕的过去。她狠狠地用头撞墙，大吼着："不，不，不！"她变得焦虑，晤谈也变得非常艰难。她怎么会忘记呢？后来，她看似有智力障碍的孩子发生了转变："我正在从隧道里爬出来。"她问母亲："婴儿是怎样出生的？我是如何出生的？"

让我惊讶的并不是母亲忘记了自己五岁时发生的事情，而是母亲被压抑的记忆给孩子带来的影响。从母亲开始言说那时的焦虑起，她的孩子就从焦虑中解放了出来。

阳具①和感受性

米歇尔·杜苛内尔：把自己封闭起来是否就是精神分裂症患者的一个特征呢？

多尔多：这是个有意思的问题。精神分裂症患者并不总是把自己封闭起来。他们要么是洞，要么是阳具。他们恰恰是在个人历史的时空中，由于洞和阳具没有交汇才精神分裂的。

我们既是洞，也是突起。我们也正因此而联系在一起。男人更加凸显突起的特征，女人更加凸显洞的特征。就生命的目的而言，这些特征是从生殖性生活启蒙的时刻开始凸显的。从身体方面看，这些生殖性活动是功能性的。并且，在外形上，

---

① 阳具或阳具崇拜，又名菲勒斯，指人类文化中对男性生殖器的崇拜。我们可以在许多古老文化（如古希腊文化、古印度文化）中发现这些因素。在本文中，此术语强调男性与女性的特征，因而被翻译成"阳具"，而非"石祖"。——译者注

在心理上，我们都存在性别和身体固有的性器官的隐喻。

不管是男性还是女性，精神分裂症患者都没有更加凸显其性别特征。一些精神分裂症患者只想攻击其他人，对他们的欲望来说，其他人的身体就是一种侵犯。正是由于他们焦躁不安、没有责任感，以及他们不负责任的欲望只有通过暴力才能与外界建立联系，我们才被迫把他们关起来。归根结底，这是一种突然与外界接触的方式，也就是让自己对他者实施暴力，从而获得"死亡高潮"的方式。这种方式聚焦了他们所有的欲望。

一些精神分裂症患者则是希望吸引他人或被他人吸引。这就是我们讨论人身上这种深深的异性性欲，以及两性的一些被动或主动的同性性欲的原因。

正是这个原因导致了产褥期精神病。对于某些产妇来说，女人是接收器，并且只能是接收器，不应该向外发送。但事实上，她发送了孩子，这是无意识的、具有阳具特征的行为。孩子从诞生那一刻起，就成了女人的阳具。有些女人恰恰无法忍受这点。在她们俄狄浦斯期的情感中，以及之后在和男人、女人的关系中，这与她们的心理结构有着深刻的矛盾。对她们而言，拥有阳具是不可能之事，于是孩子让她们"发疯"。

有位在我这里做过精神分析的女士，总是在怀孕第三个月时流产。在未查出器质性疾病的情况下，医生建议她做心理治疗。十八岁时，她偶然在悲剧性的情境下知道自己是被收养的。这对她造成了创伤。我们从分析中获知，她的生母从未把她"公之于众"，因为她是私生女。她被藏了起来，直到三个月大时被收养。她的生母不能让人看到她，不能"暴露"自己是她的母亲。问题的症结就在这里。她聪明、美丽，非常有女人味，总是流产。此外，在养女十八岁时才告诉她真相的养母总是说自己经历了多次流产，最后才终于有了她！养母之前从来没有说过她是被收养的。至于生母这边，她是生母的第四个孩子，然而却是私生女，是生母在当官的丈夫入狱期间怀上的。这就是她的生母所吐露的实情。为什么不能生下自己已经怀上的孩子？对于一个完全建立在女性接收性能上的女人来说，怀孩子是否太富于阳具特征？

你们看，洞和阳具带来的接收和发送的问题在人际关系动力学中是非常有意思的。

参会者：我想知道，阳具—孩子是否也是男性的幻想？

多尔多：当然，这只是这个女人的某种幻想。我相信，这经常是一种男性的幻想。但它是否也常常是女性的幻想呢？是的。

保证让胎儿顺利出生，这的确来自想象的发送性领域，也就是说，女性的阳具特征需要被纳入其自恋。由于自身性器官的特征，女性的身体更倾向于接收，可是在做母亲的时候，她必须认可自己的阳具特征。如果不这样，就不会有人类诞生在这块大地上。

一个在意大利陷入昏迷的男孩

参会者：您认为，应该如何理解在没有去学一门语言的情况下，我们就"会"这门语言？

多尔多：我也不知道。但是，我想讲一个故事。[15]一位老先生为了十六岁外孙学业上的事来见我，告诉我孩子八岁时经历了一场可怕的车祸。

老先生的女儿已婚，有两个孩子。有天，女儿一家在南斯拉夫的一个小村子度完假，晚上穿越意大利回法国，路上发生了车祸。他的女儿当场死亡，女婿在昏迷了八天之后去世。外孙女当时睡在后排座位上，受到冲击，之后立即被送回法国。八岁的外孙则在意大利当地医院接受救治。外祖父母一接到电话就马上赶到了医院：孩子深度昏迷，多处骨折（包括颅骨），脑灰质损伤，一只眼球被摘除。医生告诉外祖父，昏迷会持续六周到两个月。

在当地，外祖父母得到了意大利医院的热情接待和细心照顾：院方在孩子的病床旁安置了一张小床，这样外祖父或外祖母就可以陪在外孙旁边。外祖母和外祖父不会说意大利语，他们轮流在外孙旁边念一些杂志、报纸，试图唤醒他。在这所医院里，医护人员尽了最大的努力来医治他。

不同于巴黎大医院的医护，这些意大利人非常热情。这是外祖父母观察到的。孩子从昏迷中醒来之后，为了进行整形手术又在巴黎儿童医院待了一年半。在这期间，外祖父母甚至无权进医院探望。孩子经过多次面部整形，奇迹般地恢复了；外祖父母给我看了孩子的照片。

孩子在昏迷两个月之后醒了过来。外祖父母和他说话，他却用意大利语回答！他不会讲法语了。他讲意大利语，而且不是像初学者一样讲话，是像意大利人一样讲话。当外祖母用法语和他讲话时，他用简单的法语词来回答，如外祖母、姑姑、尿尿，总之是一些幼儿期使用的词。孩子听得懂外祖母的话，可是却用意大利语回答。同时，他否认出了车祸。他的反应非常奇怪。他当时八岁，在班上成绩很好，是一个很有天赋的孩子。

他看到旁边放着的法语杂志，会拿起它们大声用意大利语说："你看，爸爸在这儿。妈妈在这儿。汽车在这儿，它没有被撞毁。"他否认所有关于车祸的事情，指着杂志广告的照片或图片说："这不是真的。爸爸在这儿，妈妈在这儿，妹妹……"

他就像意大利人一样和医护人员说话。到了巴黎儿童医院，他把曾经记得的几个法语词也忘了，只会讲意大利语。他花了一年时间重新学习法语。这个孩子经历了一次又一次麻醉，也有可能是因为麻醉而失去了之前获得的知识。苏醒后，他简直变成了一个意大利孩子。转到法国医院时，他智力发育迟缓，既不会走路，也不会讲母语，并且几乎听不懂母语。

他需要重新来过。

外祖父母来见我，是希望我给现在已经长大的男孩一些升学方面的建议。实际上，他已经痊愈了，状态也不错，只是学业滞留在七八年级的水平上。是否有必要继续学业？应该往哪个方向升学？

他的外祖父已经八十岁了，外祖母年轻些。他们来是为了讨论孩子将来的发展方向。这个孩子没有任何性格上的问题。就社会发展的角度来讲，不管是在情感上还是在性的问题上，以他的年纪而言他都发展得很好，不羞怯，也没有被父母遗弃的创伤。他有很多朋友，也有女朋友，并且对许多东西都有他这个年龄该有的兴趣。他和自己的妹妹也没有任何矛盾。

所以，这些非常有意思，因为在人类关系的层面上，他完全是健康的。至于外祖父母，我认为抚养孙辈让他们变年轻了。在我看来，他们既不呆滞，也不古板。

当然，回到你提的关于话语的问题上。

在见到外祖父母的那天晚上，我见到孩子带着人工呼吸器。我问这是怎么回事。他解释说里面有一些蛋白质；在昏迷期间，他被输入过蛋白质。由于所有的感知觉都附着在蛋白质上，因此，输入蛋白质能帮助他重建感知觉。

他为什么没有变成一盘意大利语磁带呢？"这个可怜的小家伙，必须给他安个导管。"在被抢救时，他可能听到了那些意大利语。但是为什么他没有像患精神分裂症的新生儿似的，在毫不理解的情况下一字一句地存储和重述这些话呢？或者如我之前所言，像磁带一样重述未被理解的话语呢？这个孩子没有变得那样，他讲话结构清晰，仿佛母语就是意大利语。

这个八岁的男孩，在昏迷的两个月里学会了一门外语。这种语言，他之前一个字也不会说。他去过南斯拉夫，而不是意大利。小女孩是和哥哥一起度假的，身上什么也没有发生，一句意大利语也不会说。这一切都非比寻常！不是吗？

贝尔纳·雷斯：可是，我们常常想要忘记这些非比寻常的事情。

多尔多：我们不会到处传播这些事情。它们会慢慢过去，然后被忘记。如果我们让外祖父说，他肯定一到医院就会讲这些事情。可是，我们很少给他机会来说一说，比如男孩是怎么醒来的，中间发生了什么。

丹尼斯·德桑笛尔：谁可以证明这些是真实的？他的外祖父说的是真话吗？

多尔多：我见了这对夫妻，他们轮流叙述，很连贯。的确没有确切的证据，但是您知道，他们告诉我这些并不是为了卖弄。因为我询问男孩经历过怎样的事故，为什么来做咨询，他们才讲述了这些。

丹尼斯·德桑笛尔：我认为这值得怀疑。

多尔多：也许您是对的，我们应该带着怀疑的态度对待我们听到的事情。

丹尼斯·德桑笛尔：如果是您亲耳听到的，我会相信。

多尔多：这当然是我亲耳听到的……

贝尔纳·雷斯：她可能只是谵妄发作……

多尔多：当然，就像他说的，我可能真的是谵妄发作。

丹尼斯·德桑笛尔：如果是谵妄发作，我们早就发现了。

多尔多：不过，这位老先生并不是谵妄发作，而且他妻子也没有那么老。她比他小十五岁。老夫人也告诉了我同样的事情。她说，不能和自己的外孙交流是多么痛苦啊。

丹尼斯·德桑笛尔：这些事情肯定已经被多次讲述，我们必须当心。

多尔多：这些事情是我从当事人那里直接听来的；老夫人也在场。我相信要编造这样一个故事并不容易。我也不懂为什么有人会编造这样的不幸，告诉我不能和讲意大利语的外孙交流的痛苦。

丹尼斯·德桑笛尔：好吧，但我还是会保持怀疑。

多尔多：当然，你可以保留自己的看法。我之所以把它作为案例告诉你们，是因为它给我留下了深刻的印象。

玛丽·玛德尔娜·香奈尔：学话的孩子某天突然开口说话，总是会让我们大吃一惊。

多尔多：孩子早已沉浸在语言中了；即使他还未说出一个字，语言也早已存在了，这种隐含的语言是完美的。

丹尼尔·哈波波柯：语言并不是在孩子开始说话时才出现的。昨天我们讲到了走路的问题。孩子在十五个月开始走路之前，就已经完成站立的准备过程了，并且处在身体直立行走的想象中。孩子在行走之前拥有的经验，会促使其直立行走。产生语言的条件也是在语言出现之前就准备好了的。各种接收语言的、理解语言的，以及各种发音方式的潜力都已经各就各位：这些潜力会在某一天统统呈现出来。这就如同生物发展的规律。

多尔多：确切地说，心理学恰恰是生理学的一种隐喻。

丹尼斯·德桑笛尔：恕我直言，这个故事令人惊讶的地方就在于，从原则上讲，男孩说的是一门自己不了解的语言：他听到的只是一门技术性语言（医学术语），如"平整的轨迹""不正常的轨迹"。

多尔多：的确，他有可能变成意大利语回声筒。他之前一点也不会说意大利语。我很惊讶的是，他完全没有使用医学术语。

参会者：您试过同几天大的孩子说话。我们在对婴儿说话时是不是可以使用任何一种语言？

多尔多：当然，条件是我们要对婴儿说由心而发的话。不用太考虑词语。我们在说一些需要被讲出来的事情时，不用刻意遣词造句。我们与孩子是平等的，孩子甚至更善于理解。

丹尼斯·德桑笛尔：我们不这样对待从昏迷中醒来的病人。我在重症监护病房工作过。一个从昏迷中醒来的孩子并不能马上出院。我们会让他留院观察八天、十天，甚至半个月，他在昏迷期间听到的话语会在这段时间获得意义。

多尔多：是的。他会听到周围人的交谈。比如，一位护士说："我今天下午要去妈妈家，去看看我的侄子。"在昏迷以及最初醒来的日子里，他总是能听到一些类似的话。

米歇尔·杜苟内尔：意大利人说话的时候从来不给别人插嘴的机会。

多尔多：我这里还有一个昏迷的故事，是最近发生的。

（出于职业性的保密需要，这个故事经过了缩简和改写。）

一个女人生产时陷入深度昏迷，随后转移到重症监护室。她的丈夫从岳父那里得知，妻子出生时曾遇到不幸的事件，于是把事情转述给了昏迷的妻子。这个女人渐渐从昏迷中醒来，没有留下任何后遗症。在此期间，心电图多次显示心律变平，有一次甚至长达十分钟。医生也曾提醒家属，就算她醒来，也很可能截瘫。[16]

孕期母子关系

热拉尔·阿杜安：我们来换个话题。您怎么看待孕期母子关系？

多尔多：您是指我对自己怀孕时母子关系的看法吗？

在孩子出生之前，我和孩子就已经建立了关系。孕期有两个时段令我非常惊讶，就是在孩子五个月和七个月的时候，尤其是在怀第一个孩子的时候。第一次怀孕总是会让女人记忆犹新。怀第二个孩子的时候，我们会意识到有些感受自己先前体验过。

让·比安内梅：我们现在谈的是孕期母子关系。我有幸听到一组由托马蒂斯声学小组制作的声音，是对胎儿在母体内听到的声音的模拟。[17]

这个装置能精确地模拟胎儿听到的很多声音，如电唱机的声音，母亲、父亲以及周围人的声音。胎儿能听到母亲身体内部消化的声音，还能非常清楚地听到母亲心跳的声音。值得一提的是，这些器官发出的声音彼此分明。胎儿听到的一些呼吸的声音则顺序颠倒。母亲呼吸的声音让所有在场听到的人都印象深刻，简直完全再现了海浪打在沙滩上的声音……

同样，这种海浪打在沙滩上的声音肯定对某些人来说具有特殊的吸引力，或许能唤醒被孕育期间对母亲呼吸声的记忆。

多尔多：很有意思。这告诉我们，所有的孩子，不管他与母亲的关系如何，在这种情景下都会感到自己是待在子宫里的。但是，如果谈到母亲与孩子在思想和话语上的关系，这就取决于母亲了。

如果您问的是母亲如何确定这种关系，那么我也不知道，我能告诉你的仅仅是我个人的经验。对我而言，怀孕第五个月就能感到胎儿的心跳了。第一个让我惊讶的时刻是在怀孕快五个月的时候。当时我正在卢森堡公园散步，突然，我感觉有人在我旁边。那种感觉非常真实，就像出现了另外一个自己。

我对自己说有人，于是左看看、右看看。周围并没有人。我继续散步，身边有人的感觉也一直持续着。回家后我告诉丈夫："你看，也许就是宝宝在那里。真是奇怪，我不知道是男孩还是女孩。"从那一刻起，这种感觉一直陪伴着我；我体验到一种在场感。

这种感觉在我后来两次怀孕到第五个月的时候都又出现了。它并不包含性别的概念，而是一种毋庸置疑的、愉快的在场感。

到了第七个月，这种在场感变得更加明显，如同一场精神上的斗争。我在整个孕期没出现什么问题，但经历了一场精神上的斗争；就好像有人在对我说"我受够了。你休息一下吧"。我一直工作，非常忙碌，可是宝宝要求休息。对于我来说，我原本希望继续工作，可同时又感受到"需要休息"。这并不是我的身体对我的请求，因为我的身体里储存着许多能量！可是还有一个人，他并没有像我一样储存足够的能量，他想要我休息。我意识到自己怀孕七个月时出现的早产征兆，很可能是因为对孩子的需求"置若罔闻"。

　　那是在第二次世界大战期间。我的前两次怀孕发生在战争时期。第一次怀孕时，我每天都骑自行车，直到生产的前一天。第二次怀孕时，我每天都骑摩托车，一辆小小的摩托车。我把鼓胀的肚子靠在油箱上，听天由命！随它去吧！这只是正常的疲劳罢了。我感觉孩子就在肚子里。我的头脑或身体其实并不觉得疲劳。

　　也许正是因为这样，我的第二个孩子非常喜欢摩托车。摩托车让我省了不少力。怀第一个孩子的时候，我骑的是自行车，需要爬圣—雅克街的斜坡（我住在圣—雅克街，那里的斜坡很陡）。从怀孕第七个月起，宝宝就在肚子里动得很厉害！我费力地骑着自行车，而他在我的肚子里指手画脚地表示不满，这让我更累了。我对他说："听着，求你了，不然我们做不到。如果你安静点，不动来动去，我是能骑上去的。否则，我会骑不上去。我做得到。我很累，你需要像我一样休息。"

他马上就不动了。到了门口，我从自行车上下来，说："现在，你可以动了。"于是他又手舞足蹈起来，好像在里面跳伦巴一样。这就是我跳伦巴的长子。[18]他曾经因为我的话而暂停动作。至于父亲的声音，它总是能让婴儿感到惊讶！胎儿能够接收到父亲的声音！父亲的声音会使胎儿立即停止动作，全神贯注地倾听。

这让我非常震撼。不过这也只是我个人的经验，靠不住，毕竟所有的东西都是有投射的……就像女人总是癔症性的，不是吗？我也不确定自身经验的价值。在孩子出生以前，我不能定义母亲和孩子的关系。有些人或许可以理解这些话，有谁想讲一讲吗？

大家思考一下，特别是父亲们，想一想当和妻子等待孩子出生的时候，您的声音和对孩子说的话会产生什么影响。我相信增加这些见证是非常重要的。

产科医生的倾听

罗歇·罗·利候展：我想针对您所讲的做些补充。

我们发现孕期有一段潜伏的过程。这种潜伏是必须的。女人没办法省略这个步骤。大部分早产的危险看起来都是因为缺乏这段潜伏的过程。在倾听这些女人——这正是我努力在做的事情——的时候，我惊讶地发现，她们会冒出许多幻想。孕妇会用一种非常慎重的方式谈论自己的父亲、母亲，特别是父亲。另外，她们有大量关于死婴或畸形儿的幻想。这类幻想特别容易在孕期冒出来，并且在被说出来的时刻蒸发。这是常常发生的事情。

后来我有幸对这个领域有更多了解，可当我对一些精神分析或心理学领域的同事提起这些时，常会受到指责："冒失的年轻人，你不知道自己在干什么。怀孕是非常特别的事情；孕妇没有防御机制，所以非常脆弱。"事实上，通过对孕妇的倾听，一些流产和早产的危险"消失了"。这同样可以用于解决过期妊娠的问题。我可以举一个非常典型的例子。

有位正在等待第二个孩子降生的教师。她告诉我，第一次怀孕很顺利，其间母亲一直陪在她身边。这次怀孕，虽然产期已经到了，她还是没有发动。她来做检查的时候有点疲惫，有点抑郁。我觉得不太对劲，给她做了检查，看了羊膜镜检查的结果，一切正常。然而这一次她的情绪明显与上次不一样。她解释道："我也不知道为什么，觉得很累、很抑郁。我母亲不在我身边，而且我做了一些很傻的梦。我大部分时间都在做梦。比如，我梦到自己坐在教育局视察员的膝盖上，他有点像我父亲。"接着，她补充说："好吧，我还做了一个关于分娩室的梦：我不想分娩，什么也不想做，然后您就在这儿责骂我。请原谅我这种很不体面的说法。"我没有回答。

四十八小时后，我又为她做了一次羊膜镜检查。她讲了其他一些梦和幻想。第三次接待她时，她完全不一样了。显然有些事情发生了。她向我道歉，说："告诉您这些让我觉得非常不自在，可我还是想告诉您。昨晚，我又做了一个梦。它非常奇特，与之前的梦相反。我在分娩室里，一切都很不可思议。我分娩得很快，而您也在那里，正在把孩子取出来；一切都很平静、很从容。我感到孩子从水里出来，同时从我的身体里出来。真的，这太不可思议了。"

第二天晚上，她用了一个半小时，像花朵绽放那样顺利地分娩了。让我很惊讶的是，她在行为上有了很多改变。她很快地消化了一些个人问题。稍后，她在我检查时肯定了这一点："现在，我不是之前那个人了，我已经完全不一样了。"她会心地对我眨了眨眼，补充道："是水改变了这一切。"

在这个例子中，我看到这个女人通过某种方式，以惊人的速度结清了对父亲的固着。我完全被弄糊涂了。有一次她对我说："在梦中，您有点像我的父亲。"这就带来了一个问题：她是如何看待产科医生的？我们也可以提出另外的问题，就是今天您谈到的孩子紊乱的问题。这是一些痛苦的孩子，以一种可怕的方式承受着苦难。那么如何预防这些痛苦呢？我也自问在哪种程度上可以预见这样的障碍，并给予孕妇口头表达的机会。这里并不涉及某些愚蠢的小技巧，我们已经被灌输了太多这样的东西；而是涉及赋予她们话语的权力。在日常工作中，我经常会感到吃惊。这些问题越来越吸引我。我发现，如果能让孕妇说一说，许多极端的焦虑是会消失的。我认为，勒博耶[19]的案例说明目前人们在这方面有很大的需求。然而，我的某种直觉恐怕也是准确的，即尽管我们说和做了很多，孕期母子关系还是会回到那些"育儿秘籍"上去。

多尔多：您是完全正确的。正因如此，我们在给予指导的同时，也要明白自己仅仅是通过倾听来帮助人们的。我们需要明白倾听并不危险，尽管也有精神分析家并不这么认为。

对病人来说这并不危险。但是，当涉及一些幻想，而医生的形象在其中被用来支撑一些病人在过去的关系中的情绪时，如果医生把这些幻想当作针对自己的，那么倾听对他而言就可能是危险的。

罗歇·罗·利候展：也许还有一些因素会介入其中，比如医生觉得自己似乎进入了完全不熟悉的领域，即精神分析领域。

多尔多：精神分析家听不到您所听到的，因为您和精神分析家处在不同的情境中。这涉及"身体"。事实上，您在与这个女人的"裸体（学区）"①打交道，您是她的学区（裸体）里的督学，而一个新的身体即将诞生。毫无疑问，对于已经熟练掌握语言的女人而言，她所说的话很重要，因为在教学中，语言就是知识的媒介；语言并不是指一些身体行为。这说明她那时正处在一种未曾在学校遇到的情境中。

遗憾的是，我们没有教过她关于身体的知识。在学校里，我们并不会教授孩子们生理卫生知识。

罗歇·罗·利候展：今天早晨，您特别强调了关于话语、

① academie 常见的含义是学区、学院，以前也有裸体模特的意思。多尔多在此处做了一个同形异义词的隐喻游戏。——译者注

倾诉及倾听的问题：要给予女人倾诉的机会。我有点担心的是，所谓"新婴儿潮"中并没有"倾诉"的概念，这很严重！既没有时间，也没有空间让我们说话。

多尔多：确实如此。

贝尔纳·雷斯：这几天，我们发现并体会到了什么是倾诉和倾听。对于心、耳朵及技术而言，这并不是仅属于专家的问题，而是每一个人的问题。产科医生或助产士，本质上都处在活生生的关系中。孕妇在孕期会一下子陷入冲突——孕期冲突与童年冲突产生共鸣。即便她永远不可能躺到精神分析家的躺椅上，可是她仍然需要倾听。也许他们不能在理智上理解她所讲的那些事情，但这并不重要。重要的不是理论，而是和她一起经历……这也是为什么我惊讶于一些精神分析家对您的倾听感到不快。许多年来，我一直都在倾听孕妇，并且认为倾听是必不可少的。产科对于孕妇的接待工作应该是和对新生儿的接待工作齐头并进的；这并不是不可调和的。

死冲动—杀人冲动

罗歇·罗·利候展：在这方面还有一个例子。一个女人因为被判断有早产的危险而住院观察。她状态很不好，总是哭，并且不想要这个孩子。我找机会和她聊了聊。她说之前生其他孩子的时候都很顺利，她非常有母性。但是，突然之间，她忍受不了这个孩子了。她对其他孩子，甚至她的丈夫，也忍受不下去了。经过这个星期的三次晤谈，她渐渐发现自己身上有一种无法理解的冲动。按照她的说法，这是一种力量。她不知道它来自哪里。她完全不明白发生了什么，不知道是什么让她如此恨这个孩子。这让我觉得有必要给她一个倾诉的机会。她意识到了自己身上的死冲动。

多尔多：这涉及一种杀人冲动，而不是死冲动；不要把它们混淆起来，它们完全不一样。

死冲动，我们所有人都只有把自己托付给它才可能入睡。这也是大部分人失眠的原因，即害怕沉湎于死冲动带来的安全感中。欲望的主体逃脱了自我的控制，结果让身体在没有意识参与的情况下像植物一样活着。[20]

另外，幻想性欲望控制了想象和失眠的焦虑。

杀人冲动则完全不同，它是一种发送性的主动攻击冲动，有时候以摧毁对方为目的。例如，"我一见他就烦"，"我讨厌他"，"他让我心烦意乱"。这种冲动并不为人所知，我们总是把它和死冲动混淆起来。弗洛伊德也是如此。另外，死冲动可以通过焦虑，诱发和唤醒杀人冲动，直至自残或自杀。

例如，有些人在缺乏目标时会把目标放在自己的身体上，也就是这个自我的场所上，为的是避免陷入虚弱感、死冲动。这会导致主体自杀。他们仇恨这具脱离他们的身体，但又想以与其他人没有任何交换性自恋的方式保护这具身体。这是矛盾的。他们在想象中保护这具身体，同时在否认欲望的欲望中通过行动摧毁这具身体。死冲动和杀人冲动并不是同一个东西，我想要强调这一点。[21]

顺从地接受死冲动有益于健康。至于杀人冲动，如果它不会让主体成为他人的毁灭者的话，那么就不会受到前意识和意识中超我的禁止。超我不会阻止主体去讲述它，甚至不会禁止主体去想它。这样就形成了致命的被动性压抑，有时甚至会造成冲动性的自杀。恨是我们难以启齿的情绪之一，会带来说不出的躁动。因此，我们会用自己身体意象的一部分来代替别人，把它当作靶子。从痉挛到癫狂，以及所有自残行为，追根溯源，都来自对死冲动的防御。这是必需的，并且是健康的，它能让主体平静下来。此时是一个忘记时间和现实客体的时刻。

如您所说，这个女人身上表现出来的恨也许让她更加疲惫，因为她还有其他孩子。年长的孩子在她的孕期扮演了重要角色。一般来说，他们并不希望有这个孩子。您在倾听时，可以让她谈一谈大孩子的反应，尤其是正处于俄狄浦斯期的孩子。母亲可能吸收了大孩子无法言说的焦虑，也就是说，大孩子对恨有负罪感，产生了焦虑。或许我们可以和大孩子聊聊："你并不需要爱这个即将出生的孩子，你完全可以讨厌他。你不是他的父亲，也不是他的母亲。他有自己的父亲和母亲。"这样会减轻大孩子对母亲腹中胎儿的怨恨。因为这种怨恨已经被说了出来，所以也就减轻了他因讨厌这个未来自己并不需要也不属于自己的结晶而产生的负罪感。俄狄浦斯期的力量会使孩子认同于成人，他相信自己也应该用一种快乐的心情等待这个新的竞争对手。

丹尼尔·哈波波柯：昨天，倾听的问题有点被敷衍过去了，现在您又重新提起了它。我想，这样说的确很重要，即对孕妇的倾听并不危险。但许多医生觉得这对自己来说是危险的，他们不愿意倾听。我们是不是应该尊重他们？

玛丽·玛德尔娜·香奈尔：在这个案例中，应该强调这是一个"对的人"。她对愿意接纳其话语的产科医生倾诉，而不是对随便一个人或所谓"心理学家"。这一点同样很重要。

多尔多：您想说的是要有一个适合的人。在这个时候，适合的人当然是产科医生。

罗歇·罗·利候展：令人惊讶的是，我们除了是医生，似乎还有其他身份，好像有些东西只能对我们说；但这种情况又是暂时性的。这些孕妇在与我们谈话时经常情绪激烈，而且她们的情绪来得快也去得快。

我们不是精神分析家，但是可以吸收某些接近精神分析的观点。当然，我们也可以使用某些精神分析的方法，但这和做分析是两回事。关于这一点，还是有一些特殊的东西需要被深入研究。

贝尔纳·雷斯：在这种情况下，精神分析家是被选中的。我们并不只是像产科医生那样简单地回答"我听着呢"，因为这个女人会说"瞧，除了这些，我还有些东西要讲给您听"。她本来可以选择去和助产士说话的。有些女人需要对女人倾诉，有些则需要对男人倾诉。

对她来说，"教育局视察员"应该意味着什么……

多尔多：是的，并且她对使用"责骂"这个字眼感到抱歉，因为这不是学院式的用语。

围绕着摇篮的话语的重要性

多尔多：我想告诉大家一些事，尤其是在场的助产士，因为你们的话对新手妈妈来说非常有影响力。助产士同时也是照顾婴儿的重要的人，特别是当助产士是女人时，她第一次对婴儿说话及照顾婴儿的方式是非常重要的。

我见过很多孩子有严重问题的女人。她们总是说："在我分娩的时候，助产士早就这样对我说过了。"这些最初的话语有着巨大的影响力！仿佛在这一刻，人类活在与大他者①早期强烈的关系中，也就是所谓"贬义话语"中。这会影响母亲和孩子的关系，使孩子产生重负，导致他做出防御的反应。为了与母亲进入一种社会性关系，孩子将……[22] 比如，有母亲对我谈起过自己"令人难以忍受的"孩子（正如我们所见，这些令人难以忍受的孩子，从开始稳定行走、开始对母亲说"不"起，会变得令人更加难以忍受）。

众所周知，孩子有一个对母亲说"不"的阶段。通过行为或表情来表达"不"，是孩子对自己成为主体的"肯定"。这种肯定

---

① 大他者（Autre），拉康的重要概念之一。在早期讨论班中，大他者被看作话的地点，是在主体之外却又限制着主体的象征性秩序。在后期讨论班中，大他者对立于小他者。在此句中，大他者指带有贬义的话语。——译者注

只有通过向自己对母亲致命的依赖说"不"来完成，因为这种依赖会使人在一种歇斯底里的方式中迷失。如果孩子说"不"，母亲回答"我说是"，这并不会造成敌对的悲剧。不一会儿，孩子就会服从母亲。作为一个人，孩子需要时间去"肯定"母亲的建议。一岁半到两岁半是我们熟知的特殊的年龄段。在这个时期，由于母亲对孩子言语上的对立所产生的某种焦虑，大部分孩子会变得"倒错"。母亲总是说："噢！可助产士就是这样对我说过，说他会叫人受不了！""有许多孩子的于娜黛尔有次在摇篮旁对我说：'看着吧，她会让你明白的。她让你头痛的还不仅是这些呢！'"

母亲起初养育孩子时并不会出现什么问题，直到一个女人对她预言"他会让你明白的"。这句话让母亲开始等待这种痛苦。然后，只要她的孩子如同预言那样"让她明白"一次，接下来这种痛苦就会像滚雪球一样变成一种紊乱的关系。

有一天她们终于把这些话说了出来，而孩子就这样被贴上了标签，似乎他的命运早已注定，就是反抗母亲，让她痛苦。

这些话语会作为一种对命运的揭示，被铭刻在新生儿的摇篮上。

贝尔纳·雷斯：就像是那些预言并决定命运的仙女！

多尔多：就是这样。这让我想起童话故事中那些摇篮旁的仙女或巫婆。

艾迪安·让伦克：也许我们可以认为，在这种情感强烈的阶段，主体会特别敏感。那些特殊的情形能通过其导致的环境和直接的情感反应诱发一种状态，即主体通过感受到的不同方面的记忆而获得一种特别的"觉悟"。

从分娩开始就已存在一种强烈的情感负荷，每一次助产士所说的话都会被牵涉到这种强烈的情感负荷中，并造成严重的影响。所以，要试着和病人以一种积极的方式讲话。

我有一个相反的案例。

我在阿尔及利亚意外救了两名溺水的军人。我先对第一名军人做了人工呼吸，他苏醒了过来。在我对第二名军人做人工呼吸的时候，旁边围了一群人。就在他的心脏正要重新跳动起来时，一个女人突然在我旁边说："这些都没有用了，他已经淹死了。看，他都变紫了。"接下来我再做什么都没有用了。他没有被救回来。我想，如果我把握住了黄金急救时间，肯定能把他救回来。在决定命运的时刻，这个女人坚定地宣称他已经没救了。唉，什么都完了！

孩子完全能够感知到母亲重复讲述的一些东西，以及特定情形所包含的某种意思。我还有一个孩子的案例，他有学习障碍，害怕念书。"这会杀了我"，这就是他对阅读的感受，好像真的有人要来杀他一样。我完全找不到问题的原因。最终，原因伴随着他的一种情感被揭露了出来：他曾经非常害怕母亲会杀了自己。

他的母亲和我一起做过分析，我又见到了她。战争期间，她过得非常艰难，动过杀死孩子的念头。为了避开和消除这个念头，她把孩子抱在怀里，给他念故事……她从来没有说过，然而孩子却感知到了她的想法，并且出现了念书上的问题。而从这件事被揭露的时刻起，问题解决了……

可见，孩子可以精准地、直接地感知到一些东西。

玛丽·克莱尔·比松莱：今天早上您所讲的，以及让伦克刚刚告诉我们的，说明对分娩前的谅解和倾听非常重要。从生理角度讲，分娩前这段时期，婴儿的听觉神经系统尚未发育成熟。但实际上，哪怕只有八天大，我们也是可以和婴儿讲所有事情的……不过，我们不能随意对他讲某种语言。雅克·米勒证实了从婴儿出生后的第一个月开始，很有可能在这之前，如果我们对孩子讲他的母语，他心脏的跳动会产生一种独特的节奏。婴儿是知道母语的。这更加有力地证明了母亲声音的影响。

我们可以说新生儿认识母亲的声音，毕竟他是在母亲的子宫内成长与发育的。总而言之，他认识语言。菲茹①针对胎儿对父亲所说的词的再认的研究，发现胎儿储存了这些词。这促使我们开始研究这个问题。

贝尔纳·雷斯：在子宫内？

玛丽·克莱尔·比松莱：是的，在子宫内。

---

① 菲茹（Benito Jerónimo Feijoo，1676—1764），西班牙本尼狄克派（天主教的一个隐修会）牧师，同时也是作家，对语言、历史和西班牙波旁王朝文学作品有所研究。——译者注

"小宝贝的眼睛比星星还要美"

多尔多：现在，我要讲一个很像故事的案例，可以证明您所讲的。

这是一位我非常尊重和欣赏的精神分析家，她对精神分析有巨大的贡献，最后死于霍奇金淋巴瘤。当时，她还不知道诊断结果，我同样不知道（我只知道她已经病得很重了）。靠着可的松，她攒了一点力气来见我。她为了继续自己的工作，需要一位可以倾听的同行。她在原先的精神分析家那儿没有感受到鼓励，对方说："没有什么用，这不是精神分析的工作。"她来找我。我说："为什么不呢？"之后她每周一次来找我倾诉。

我们的谈话总是因她要去妇女救济院而被打断。再回到我这里，她说："他们给我做了化验，改变并重新制订了治疗计划，同时调整了可的松的剂量。"直到去世的前三天，她都没有提到过自己的死亡；她只谈生活，以及与疼痛做抗争的话题。她甚至在治疗方面很节省，这让家人很担心。她说不想花费太多，因为可能需要四五年才会痊愈。截瘫后，她还是在痊愈的希望中坚持着。她从来没有想过会一直病下去，在去世的前两天还曾做爱。可见，即使重病，我们也可以充满力量地活着。

一天，她来找我，这是她最后一次来我家（当时，她正为骨髓移植手术做准备）。一周后，她截瘫，再也过不来了。就是在这一次，她告诉了我一个梦："昨天夜里，我在梦中体验到了一种不存于世的幸福，一种我从来没有体验过的幸福。您没法理解，这种体验非常奇特。"她沉浸在兴奋、舒适和奇迹之中。"我为了重温同样的兴奋而活着，但怎样做才能让这个世界也认识它？"躺在椅子上讲这些话时，她发出了一些没有意义的词语，一些没有意义的音节。我记下了这些音节。她说："这些音节是如此美妙，令人赞叹。"

她从躺椅上坐起来，问我："这些是不是印度语？"她出生后不到一个月就被父亲带去了印度，她的父亲在那里被叫作英国人；在她九个月大的时候，父亲带她回到了英国。在印度，需要工作的父母为她请了一名女佣，一个十四岁的女孩。她是家里厨子和园丁的女儿。这个女孩全天候地照料她，整天抱着她。当然，母亲也在照顾她。她到印度后开始用奶瓶喝奶，母亲不再需要亲自喂她。她整天和这个女孩待在一起。她都想了起来，还找到一些照片。

"噢！这多有趣呀。"

"是吗？"

"怎么才能知道这些音节的意思呢？"

"可以去大学城，那里有印度学生的宿舍。"

她去了印度学生宿舍，遇到了一个印度学生，对他说："您知道吗，印度有这么多种语言，而我根本听不懂……您来自印度哪里？这里有些音节是这样的……您知道，毕竟印度有几十种语言。"然后，她去了这个男生的宿舍，男孩笑着回答道："是的，这是所有保姆都会对小婴儿说的话：'小宝贝的眼睛比星星还要美。'"她离开印度小保姆的时候只有九个月大！

女孩因为要离开自己照顾的婴儿而伤心，雇主也考虑过带着女孩一起走，但最后并没有这么做，因为远离家人同样会让女孩陷入孤独。他们把女孩留在印度，带走了婴儿。

在她的直觉中，肿瘤检查会带来身体被一分为二的意象——她不能再用自己的腿走路了。因此，在等待检查时，她返回"被抱着"的状态，就像无意识的身体意象，而且伴随着这句"小宝贝的眼睛比星星还要美"，做了一个令人赞叹的、涅槃般的梦。[23]

最终，我们明白了这并不是某种语言，而是被印刻在孩子身体意象中的有关母爱的记忆。并不是她自己的双腿在支撑这种爱，而是双腿作为被爱着的部分客体进行着支撑。这句话曾是她用印度语对自己讲的："去—成为"女人。如果"去—成为"完整而成熟的身体，她就依然是被爱着的女人。正是这点让我们明白了这个梦。病人随后就长卧不起了。我们两个人都深深地被这个梦打动。她也是精神分析家，也许比我优秀，非常值得尊敬。她对我说："在九个月大的时候能拥有这些东西，是多么美好啊。"二十多年来，我们仍处于理解婴儿的咿咿呀呀的初步探索阶段，这些含糊的话语会在身体意象里明确地分划出一段肉体化①时期。在这段时期，成人以自己的需要为准则为婴儿提供额外的保护，婴儿将以成人为榜样建立自己的欲望。如果成人爱着婴儿并且同样被婴儿爱着，那么他就会成为婴儿

---

① Charnalisante，这是多尔多自创的词。——译者注

欲望的启蒙者，成为婴儿分享情绪的对象。

参会者：请允许我回到母子关系的话题上。孩子，人类的胎儿，不仅会和母亲形成联结，同样会与生活环境产生关联。有些人声称母亲的梦也会影响到孩子。我不想变成机械论者，可是我很好奇这种影响体现在哪里？并且我认为，孩子存在辞说先于母子之间的关系，而不是仅有母亲和父亲的辞说。

多尔多：这正涉及我提到的兄弟姐妹。

参会者：你更多是在强调母亲的重要性……

多尔多：这种辞说主要是通过母亲传递给孩子的。孩子没有被隔离起来，他并不在试管内……

我也会用"你"来称呼你，因为你也是这么称呼我的。

参会者：媒介是不是母亲的思想或一种表达性语言？

多尔多：思想是否拥有独特性？女人是否拥有独立的思想？女人拥有共存在的整体性。我们认为思想要通过话语被表达出来，其内容是个人生活的经验。如果你像磁带一样对孩子重复一些没有思想的话，那么对于孩子来说，我们就不是活着的存在。活着并不仅仅是一种思想，而是情感、智力、肉体的集聚。这些作为整体被呈现在孩子面前，并且是通过一种我们使用的语言被呈现出来的。其中有一种口语，当它在个体某一时刻的人类关系和心理关系中被重新认出时，就会唤醒个体当初所有的感受，紧接着会成为一种满足个体听觉冲动的方式。

这仍然是通过母亲发生的。你不能说孩子仅仅是在听。

参会者：孩子当然不仅是在听，孩子和母亲之间有着某种关系。怎么说呢？或许就是机体的秩序。

贝尔纳·雷斯：不仅仅是这样。

母亲的梦是和孩子的实际体验联系在一起的。我举一个我朋友的例子。她在怀孕七个月的时候开始讲述一些奇怪的梦："有个小家伙被关在厨房里；他打开冰箱，是空的，里面一点吃的东西也没有。"第二天，这个梦又来了："小家伙被关在火柴盒里，他很小很小。"我不知道精神分析家要如何回应，或如何分析。分娩的日子到了，她对医务人员说："请准备一个保温箱，这会是一个很小的宝宝。"

"为什么？您的孩子没什么问题呀。哎，这就是医生的妻子！你们总是这样！"

结果我的朋友生了一个重量不足的婴儿，我们不得不把他放进保温箱。孩子的脐带上有一个结。产科医生说："这个结并不是临产那几天才形成的，它已经存在很久了。"

孕妇是怎么知道的？孩子身上并没有能通往母亲大脑皮层的神经纤维。她是否觉察到了孩子过小？她的大脑皮层是否像机器一样在梦里计算并思考着，结论是"真小，这孩子真小"？我无从知晓。

参会者：显然，她不可能轻易地觉察到这些。

贝尔纳·雷斯：但她还是做了这些梦，并且把它们讲了出来。

参会者：是否她早已觉察到一些东西？或者这些其实都来自欲望？

贝尔纳·雷斯：我并没有说因为她做了这些梦所以脐带打了个结。更恰当地说，二者是反过来的。看来你是在另外一种意义上思考的。我不知道。你们可以提出疑问。但我个人的确无法忘记这件事情。

多尔多：这仍然是一个问题，但可以肯定的是，母亲和胎儿/孩子之间有一种粘接式的关系。在这种关系中，那些被保存在记忆中的幻想、梦都是母亲夜间的想象，这些想象尽可能地表达了她和胎儿的关系。胎儿传递给母亲的那些存在的感觉，又来自她先前的那些幻想。这些早期幻想和现在的想象、梦，在痛苦、消极的状态下很相似。母亲所意识到的感受，就是我告诉过你们的那些我怀孕到第五个月、第七个月时的感受，它们往往都是积极的。从第五个月起，孕妇会感到好像有某种存在正陪伴着自己，我自己在三个孕期中都经历过；到第七个月，那个存在会为了保护自己而让我感觉到他的存在。这并不是我的臆想。它在第一次发生的时候，完全不是我能预料的。在我怀后面两个孩子的时候，类似的体验又出现了很多次。于是我记起："是的，这就像第一次那样。"然后我算了算时间，发现就是从第五个月开始的。

参会者：可是亲子关系并不是一个难题。

多尔多：它是难题，是孩子生长发育的难题。在我的情况中，它是一个孩子生长发育到五个月时遇到的难题。在前面的例子中，因为脐带上的结，孩子营养不足，他让母亲通过一些梦"感受"到了这种痛苦。

我们无法知道这究竟是如何形成的，但我相信人是有欲望的，就像你昨天在报告中提到的"欲望的缩写"。[24]

我认为，孩子的降生离不开父亲的无意识及意识的欲望。为了成功孕育孩子，必须满足三个条件：父亲的通行灯，母亲的通行灯或橙色的灯、闪烁的灯，以及孩子的上帝的灯①。孩子被真正地欲求着，并在其中化为肉身。[25]孩子是有发言权的。他的欲望是从哪一天开始表达的呢？欲望从身体开始生长发育时就被表达了出来，使孩子成为一个整体；如果他无法成为一个整体，就得符合一种伦理特性，一种我们对胎儿假定的伦理，也就是我们在精神病结构的孩子身上所发现的"吸血鬼"式伦理：通过进食血液来增强整体性。这种生理学伦理会带来某种幻想。当孩子不能进行交流时——就如同我们经常看到的，他会通过这种伦理告诉我们，他正重新过着胎儿的生活，用血色来侵蚀生命的篇章。他就像胎儿一样不停地汲取和排泄。

参会者：我的问题是，某些人断言母子之间有一种思想上的关系。

多尔多：是有人这样断言，可是我们对此并不确定。我们讨论的是在异常但有意味的行为之后，在事件的残留中这种关系对身体和精神的影响。

（之后是一场有趣的讨论，但很遗憾，录音有些模糊不清。

---

① "上帝的灯"是法语习语，表示一个人精力无限。根据上下文，"灯"比喻着一种无意识和有意识的欲望。——译者注

这部分讨论涉及对某些体液信息交换形式的假设。这曾经是关于涡虫体液和其动物性经验的研究课题，证明了"记忆"和学习是通过脱氧核糖核酸进行传递的。）

米歇尔·杜苟内尔：出于职责，我想稍微改一下会议的调子，把它变得更严肃些。这两天我们听到了一系列故事，当然它们非常有趣，可是我们也要避免完全相信这些故事，因为它们是被精心挑选出来的，用于阐释及证明某种思考。这让我想起一个令人遗憾的事实：法国医学这十几年来并没有取得进步。一些人只是在思索自己的案例后得出结论，以此教育并要求他人依样画葫芦。只是因为有人遇到过类似的情况，曾经这样治疗，这些个案和做法就被当成了范例。

我认为应该试着用另外一种方式看待事物。昨天，当米歇尔·欧德描述黄疸的发病率降低时，我非常震惊。很遗憾他今天不在。其他很多人却认为黄疸的发病率升高了。我发现，出于礼貌，他临时对黄疸发病率做了一个比较。当他做对比的时候，我们可以讨论，如有必要，也可以提出一些假设。

要讲述一些事情并不容易；而从早上开始，我们所做的总是添油加醋地叙述，然后给出一些概括性的结论。

多尔多：您认为我们得出了一些结论？或者我们是在教大家怎么思考去做有关孩子的工作？

米歇尔·杜苟内尔：第一阶段我们提出一个假设，第二阶段我们试着去肯定、证明或推翻它，但后者正是我们没有做的：我们只是有一些空想或总结。

多尔多：当然，我们需要工作实践，并且在工作时相信自己所做的。这并不妨碍我们保持一种批评的态度。

丹尼尔·哈波波柯：最终，当人们痊愈时，我们会意识到它。

米歇尔·杜苟内尔：不。你之所以认为孩子们在微笑，只是因为你相信他们在微笑。

丹尼尔·哈波波柯：我并不会相信孩子们在微笑，它们之间并没有关联。我想说的是，多尔多夫人和这里其他人所讲述的，是我们在精神治疗中经常遇到的，我们非常清楚发生了什么。

米歇尔·杜苟内尔：可是这些故事就如同一些格言，我们通过它们来讲一些我们想要确信的东西，我们总是去感觉……

丹尼尔·哈波波柯：当一个接受治疗的孩子好转的时候，你会很清楚地看到。我们也一样，当心理的痛苦停止时，我们也能看到。

米歇尔·杜苟内尔：可是就像我刚刚提到的"坏医生"，他同样认为自己治愈了孩子。还有一个令人难过的例子：产科曾经使用己烯雌酚来进行治疗。那时医生非常相信一些没有被证明的推测，会给孕妇注射雌激素。你们知道接下来可能发生的事情。第一个结果，二十年后有些女孩死于阴道癌，因为她们的母亲在孕期做过这种治疗。第二个结果，接受治疗的孕妇的儿子不育，而且大部分是无精症。因此，治疗当时的效力是其次的，不能忽视它可能导致的可怕后果。

幸运的是，我并不认为你们很危险。但我们还是需要弄明白这样的"治疗"是不是有用。

玛丽·玛德尔娜·香奈尔：米歇尔，以医学的观点来看，临床上有很多东西都是非常神秘的，我们不会对这些做任何总结；在医学方面，我们的工作是做力所能及的事情。如果想要控制、战胜疾病，并马上看到效果，那么后果只能是长期而有害的。更困难的是不要对我们所掌握的庞杂神秘的内容进行粗劣的、知识性的推断……

米歇尔·杜苟内尔：一些概念性的知识是非常重要的，它们同样需要进一步发展……

玛丽·玛德尔娜·香奈尔：请让我讲完。

丹尼尔·哈波波柯：非常感谢你的鼓励，我们会再接再厉。

多尔多：从新生儿在自己和周围环境之间重新建立关系起，无论新生儿的身体发生了怎样的变化，他都能更好地面对它们。如果我们只考虑生理医学和检测，就无法思考这种关系了。这就是精神分析家的贡献：在话语中表达感受的关联性。这是没有任何一种器质性治疗可以替代的。我并不是说不要做应该做的器质性治疗。我希望人们不要忘记象征性关系。对于人类而言，它是生命的源泉，是语言性的存在。

人类作为哺乳动物，在没有欲望主体[26]的情况下，其身体也是可以好好活着的。事实上，主体仅仅存在于一种表达性的论证，唯有使用孩子一出世就理解的母语，利用话语清楚地表达出隐藏在话语中的幻想，主体才能成为语言性的存在。这里，我们要强调这种与生俱来的象征性关系。但这并不是否定可能出现的错误，以及拒绝反思和批评。我认可的是，当这种关系恢复了一个人和周围环境及与其他人的交流二十年后，被发现是有害的！

米歇尔·杜苟内尔：我讲的是方法论，如果你们同意心理学是一门科学……

多尔多：它和其他科学是不一样的。

米歇尔·杜苟内尔：我认为需要选择好方法：或者选择一个合适的词，一首诗，或者挑战某些严谨的主题。

贝尔纳·雷斯：是的，可是说到职责，昨天你讲过"你们一贯提倡在家里分娩"，而这并不是我们想做的！在你的想象里，我们是民众的威胁。为什么？

米歇尔·杜苟内尔：不要讲一些我没有说过的话。我说的是，你们将来会要求产妇在家里分娩。

贝尔纳·雷斯：你说我们不讲统计学，但你也只是在想象一些灾难性事件。你令我厌烦，你仅仅是在执拗地进行想象。

多尔多：可他正是因此而在这里的……每一个人都有自己的职责。

贝尔纳·雷斯：多么可笑！我受不了了。

丹尼尔·哈波波柯：令人作呕……

多尔多：我并不这样认为。听着，二十年前，这里所有的人都"令人作呕"。我熟悉这个。1940年，在医护休息室里，我讲过一些关于精神分析和早期关系的东西。看看现在，所有人都在认真地听，每个人都在力所能及地讨论。与其马上把人扔出去，不如听听他们的意见。这仍然是一种交流，不是吗？

艾蒂安·贺伯内特：我想来回答一下米歇尔·杜苛内尔。关于己烯雌酚，我们同意你所说的。就这一方面，你强调了一种危险：我们必须警惕我们所做的事情。但是这种关联领域的类比又很可能阻碍人们说出"我们可以出错"这样的话。

如果精神分析家会带来你所强调的灾害，那么就是因为阻止了一些需要被讲出来的话语。

艾迪安·让伦克：好吧，应该缓和一下气氛。我觉得你们是在不同的层面进行讨论的。

我们在这里是为了传播和交流一些东西。讨论发生在两个层面。第一层是临床的基础，就是指导我们实践的普遍性原理。第二层是这些故事，就是我们尝试交流时所使用的方式。事实上，这些故事所呈现出来的，正是我们的实践最引人注目的部分。

米歇尔·杜苛内尔：完全可以与人体医学相提并论……

艾迪安·让伦克：你们讨论了米歇尔·欧德提出的关于钳夹胶带的问题，认为它或多或少会引发小儿黄疸。表面上看，这些经验并没有可比性，因为不存在一模一样的环境。

米歇尔·杜苛内尔：当然，可是对他来说，这样做便于统计黄疸发病率。

艾迪安·让伦克：可是这些经验并没有可比性。

米歇尔·杜苛内尔：我们一个说自己的印象是什么什么，一个说自己清楚地感觉到什么什么，这太肤浅了。

贝尔纳·雷斯（极其激动）[27]：我们除了统计还有其他事情要做！生命不是复制……我永远不会去进行统计。

玛丽·玛德尔娜·香奈尔：也许有必要澄清一些观点。昨天我们讨论了许多与安逸相关的问题。今天，多尔多夫人讲的更多倾向于如何成为一个存在。她还分享了一些特别的案例，正是这些内容促使我们去思考。但是我们不应该陷入必须让女人"说话""烹饪"和为了拥有关系而必须建立关系的观念。我相信应该再前进一步，明确到底什么是"合理的倾诉"。

多尔多：我们应当准备好倾听。

有时我们理直气壮地只关注卫生和身体护理，对孩子的其他需求置之不理，仿佛孩子只是小小的哺乳动物，被隔离在玻璃瓶里；正因如此，才出现了如此多患精神病的孩子。患有精神病的孩子从生理学的角度来看，总是拥有不错的身体，但他们在与人的交流上是断裂的。

我们观察到，所有患精神病的孩子都与那些本来应该成为他们和世界的中介者的人切断了交流。很多患精神病的孩子都来自中产阶级的、受过教育的，甚至非常有教养的家庭，身旁总是守着用人。这并不是社会环境的问题，而是"承认"并尊重这些作为个体的孩子的问题。这也完全和中产阶级没有关系。正是这点非常有趣。这总是与一个孩子的存在所依赖的交流的中断有关。孩子的主体在交流中断的同时消失了，他的身体却仍然很好地存活着，而这迫使我们去思考生殖和精神之间的关系。

米歇尔·杜苛内尔：需要鼓励人们学会宽容。

我既震惊于存在一种本质性的观点，又非常庆幸能听到这些。但我在表达另外一种观点时，遭到了贝尔纳·雷斯的辱骂。这让我很失望。

丹尼尔·哈波波柯：是你最开始和我们说必须谦虚之类的话的。

多尔多：我们就是这样的，这是真的。

丹尼尔·哈波波柯：我们就是这样的，米歇尔。也请你回想一下你讲话时的语气："我请求你们谦虚一点，先生们、女士们。"

我其实在不断反思自己的行为，并且相信需要时间去理解自己的工作。我不提供数据，也不做心理测量。我们讨论生活中那些小小的改变。我们是一群非常谦虚的人。

米歇尔·杜苛内尔：有人问我的职业经历，我可以讲一讲。在我学习传统医学的时候，指导老师总是说："我遇到过这样的案例，所以必须这样治疗。"因为他是指导老师，所以他的治疗方法就是正确的？我们不做讨论。我在美国看到了非常不同的东西：真正的研究。在指导老师说"我是这样做的，我是正确的"之前，我们先研究相关案例，然后用严谨的态度得出结论。这一点正是精神分析需要改进的。瑞典医学的进步，正是源于有严格的方法，而我们总是原地踏步，因为总是被告知："我遇到这样一个案例，我是这样治疗的，然后成功了；因为我是指导老师，所以必须这样治疗。"

多尔多：这里并没有指导老师。我从来不是任何人的指导老师。

凯瑟琳·多尔多：米歇尔，一个快要生产的女人向旁边的人倾诉，这是非常重要的。请和我们讲讲你的想法。对于那些被证明的或无法被证明的概念，你会怎么把握。

和我们分享些什么吧，而不是单单说："给我这些东西的证明，然后我才会完全赞同。"

贝尔纳·雷斯：这还是第一次，在一所医疗服务机构中，我们可以这样畅所欲言。感谢所有邀请我们的人，同样感谢他们允许每个人发言！当然，米歇尔，我理解你在某些方面要求严格。我为那些过分的话向你道歉。

米歇尔·杜苛内尔：可是一部分人突然不再讲话了，这是不正常的。

多尔多：其他人会继续讲下去的，肯定会的。

热拉尔·阿杜安：这让我们意识到，产科医生和心理学家的交流并不是那么顺畅。

即便有好的意愿，但也肯定会有一些东西是我们不太愿意接受的。我们不是以同样的方式去感受事物的。

艾蒂安·贺伯内特：然而还是需要完成我们的工作。虽然专业不同，但我们做的都是以人为对象的工作。我们所有人，包括助产士，都关心分娩的安全问题。有句玩笑话：就算一个孩子变成"疯子"，我们还是要让他的大脑完好无损……

热拉尔·阿杜安：这是我们的强迫症。

多尔多：是的，一个精神病患者在解剖病理学上是正常的。

艾蒂安·贺伯内特：我们的强迫性在于要拥有一个健康的、大脑发育完好的新生儿。可是生命并不仅仅是这样，一个人在降生后会经历很多事情。

也正因如此，我们不愿看到心理学家、儿科医生和助产士的对立。难道我们不可以相辅相成吗？

米歇尔·杜苟内尔：在急救分级体系中，我把大脑的完好放在首位。大部分新生儿都很健康，可是有些问题在分娩之前是无法预知的。这就是在家里分娩的危险所在。

在医疗服务中，针对那些可以很好地在家里分娩，以及已被预见到危险的孕妇，我们正在试着做一些研究和评估的工作。大部分事故看起来仍然是无法避免的，而且人们需要有可以及时到达医院的交通工具。

凯瑟琳·多尔多：可是，你不能用这些技术上的问题来掩盖其他问题。你总是把技术性问题放在首位，而避免去讨论其他东西。作为产科医生，你在分娩的女人面前始终是一个男人。除了施展专业技术，你还能做什么？

米歇尔·杜苟内尔：我并不是一个野蛮人，我总是会和孕妇做一些交流，并且注意倾听她们。这间会议室里有一些人可以为我作证。

热拉尔·阿杜安：困难恰恰在于只有那些做这项工作的人——助产士和接生员——知道如何做综合判断。而且这是唯一在这两天没有被论及的。请问要如何做综合判断？

多尔多：我相信，在这方面，接生员比助产士更擅长。①

另外，保温箱也会对早产儿产生重要影响。根据我在大部分国家所观察到的，很多精神病患儿都曾长期待在保温箱里。

在美国，索尔克医生②尝试改进保温箱，在里面置入成人的心跳声。这些是母亲心跳的替代品。我有位女同事在美国的私立诊所工作，在那个地方，医护人员会让保温箱里的早产儿听到成人的心跳声，一直持续到他们九个月大。根据他们的统计数据，在心跳声中成长的早产儿会非常有生命力。[28]

这里并没有什么话语。可是为什么我们不能给予母亲另外的机会，每天三次或四次，允许她在保温箱旁和孩子说说话？我相信这样做并不会增加患孤独症的孩子。

玛丽·克莱尔·比松莱：我们已经这样做了。这样做不仅减少了孩子患孤独症的概率，同样减少了感染病的发生和孩子的死亡。

多尔多：从身体健康的角度出发是非常好的。19世纪末，

---

① 助产士一般受过医学培训，拥有学会认证，在医院环境中帮助产妇分娩；接生员一般在家里或医院里为产妇提供情感与身体上的支持和安慰，辅助产妇分娩。——译者注

② 乔纳斯·爱德华·索尔克（Jonas Edward Salk，也译作沙克），美国实验医学家、病毒学家，最先制造出安全有效的脊髓灰质炎疫苗。——译者注

伴随着儿童身体治疗科学的发展，我们有必要这样做。可是，也需要加入话语（话语性的治疗），因为话语是基础，它和身体是同质的，而且孩子是需要话语的，就如同他的身体需要新陈代谢。这是一种始于胎儿形成初期的心理上的代谢。[29]

第二部分

家　庭

现代家庭[30]

　　在我们生活的时代，大多数精神分析理论家对于痛苦的人（特别是孩子）的研究和理论，与日常实践的关系已经不再紧密了。一方面，我们致力于研究弗洛伊德文本中大量的注释。另一方面，我们质疑他的一些基本概念。比如，我们质疑弗洛伊德在健康人或者神经症患者的无意识运作中发现的俄狄浦斯情结的主要作用。

　　当前的心理学虽然完全处在精神分析的影响下，但是更倾向于研究社会对个体的影响，并反对俄狄浦斯情结和社会分析成为一种流行趋势[31]。我们错误地认为，在俄狄浦斯情结产生冲动的基础结构中，无意识的功能可以忽略不计，因为今天的家庭结构不再像弗洛伊德所处的年代那样坚固了。也许正是人口的膨胀让我们把人类个体之间的相互影响看作群体性动物之间的相互影响，由此忽略了人类的特殊性——欲望。欲望的象征性功能和其想象的力量在所有人身上都能引发特殊的情感，从而使每个人都能以一种主观和个性化的方式看待真实的世界。

弗洛伊德发现了生冲动和死冲动的作用。它们保证了个体肉体的延续。个体的肉体是与语言的无意识主体交织在一起的——如同经线和纬线。弗洛伊德指出，在心灵交流中，在这个已经有了自我意识（可以意识到自己和他人）的主体身上，是欲望及其与能指的关系占据了优势，让主体拥有存在和自由的感觉。这种自由感超越了时间与空间对个体的限制，而这些限制表明肉体仍然依赖于某种现实法则，以及依赖于这具必将死亡的肉身所感受到的快乐与不快乐。主体通过象征性关系超越了这种依赖，因为所有人类心灵的交流都被打上了欲望的烙印。在某些文明消失之后，留存下来的遗物有力地证明了人类欲望的存在。这就是为什么任何物种都无法与人类这种语言性的存在相比较。其他物种只是通过本能，根据一定的规则机械地聚集在一起。所有那些仅仅把个体当作社会学、经济学、心理学研究对象的系统，都忽略了存在于每个社会阶层的个体的独特性，忽略了家庭中每个孩子的独特性。甚至是那些最先把孩子看作家庭情感氛围之反映的教育工作者，也对这种独特性不甚了解。因为人类主体的这种独特性，来自主体在他人欲望中占据的位置，主体通过自己获得的满足（经验）和幻想来阐释这个欲望。事实上，孩子和家庭环境的互动，来自人们觉得孩子想要说的话语和想要提出的请求，以及孩子觉察到的其他人想要对他说的话或孩子身上被唤起的话语。孩子周围的每个人都在根据自己无意识和有意识的欲望行事，我们可以观察到，孩子也会根据周围人对自己行为的看法而自发地做出反应。孩子基于那些让自己有活力，并满足需要的口腔或肛门的冲动，让自己的行为符合或回避其他人的欲望。孩子是父母和哥哥姐姐欲望的客体，也是他们的焦虑和爱的客体。他们对孩子的将来有着不同的期盼。然而，孩子永远也不会完全变成他们所渴望的那个人。孩子拥有象征性关系，也是自己欲望的无意识主体，而且从被孕育的时刻起就呈现出这个主体。

在现实中，孩子的身体有着与其年龄相符的生理功能。由于一些植物性神经系统的节奏和重复性，这些生理功能是可以预见的，即一些生理需求。孩子永远都在追求心灵的交流，会通过无意识的行为——始终是语言性的——来满足自己在熟睡之外活跃着的欲望。

孩子为弗洛伊德提出的快乐原则（无意识）所引导。它产生于孩子内部的紧张缓和下来的时候，也出现在孩子想象性沟通网络的微妙发展中。后者将以一种独创的方式为个体构建其无意识和身体的意象。它也是孩子身体图式的象征，犹如活着的诗歌。[32]它与孩子感受到的、他者语言中的欲望交织在一起，变成一种表示主体存在的语言。同样，孩子为了获得快乐，为了让自己被理解，会回应、唤起、接受并调整这种语言。

弗洛伊德发现了俄狄浦斯情结，并把它描述为一种初始的、完整的力比多构造，包含之前被发现的以获得快乐为目标的所有局部冲动。当生殖性冲动占据优势时，突然出现在身体上的局部冲动就被语言象征化了。一些孩子混淆了生殖性冲动与其他局部冲动：孩子通过在生殖器区体验到的快乐发现了生殖性冲动；这些冲动与一些微妙的、没有任何一种重复的生理需要可以唤起的情绪连接在一起。

男孩和女孩体验到的对父母中与自己同性别者既妒又爱的矛盾情感，以及对父母中与自己性别不同者的占有欲和生殖欲，导致生殖性冲动进入一种紧张状态。

自弗洛伊德以来，那些对健康和有表达能力的、超过三岁的孩子的观察从未与他的发现产生矛盾。弗洛伊德促使精神分析家研究俄狄浦斯期之前的阶段，也就是涉及童年期力比多的前俄狄浦斯阶段，以及确认这些阶段存在的可能性。[33]弗洛伊德把它们命名为口欲期和肛欲期。这些命名来自和有机体的紧张和满足连在一起的占据优势地位的局部冲动，它们都是在一些有物质交流的场所和身体的孔洞——口腔、肛门和尿道——中产生的冲动。这些皮肤黏膜孔能够刺激性欲。在渴望孩子存活下来，并认为要为他们负责的人——母亲、父亲或他们的代替者——的关注下，和这些区域连在一起的，由于生理需要而进行的重复的哺育行为，就此获得了生存和交流的重要价值。更进一步讲，除了对这些力比多式结构的阶段命名，我们不应该忘记，孩子通过细微的感官在自己与成年保护者之间编织出了语言式的交流网络。在日常生活的变化中，细微的感官[34]让孩子认识并明确了嗅觉、视觉、听觉、触觉、来自全身表面的被抚摸感，以及内部胀满或空洞的感觉。

弗洛伊德发现，对最原始的、强烈的生殖性乱伦欲望的禁止，使肉体欲望以爱的方式被象征化。[35]同样，在前生殖期的断奶的过程中，身体与身体的分离①唤醒了孩子的象征性关系。正是这种象征性关系使孩子的欲望（把自己的身体与母亲的身体分开）通过发音器官（以母语口语为中心）得到升华。就像所有的哺乳动物一样，得益于神经肌肉的生理发展，孩子开始独立行走，开始控制自己的大小便，这就使成人与孩子分离，孩子不再需要成人为自己清洗私部。孩子把肛门冲动转移到了语言交流上来。他们能够通过肢体语言、游戏和杂技般的技巧获得快乐，也能够通过叫喊来改变声调，从而和远处的人进行交流并获得快乐。

事实上，从出生到进入俄狄浦斯期的过程是漫长的内源性力比多演变的过程。它源于欲望早熟的想象力，也源于孩子对于那些现实中照料自己并让自己存活下来的人的记忆。幼儿作为拥有交流欲望的主体，和现实中的人一起构建起了一张包含手势和动作的语言网络。

拥有象征性关系是人类重要的特征，如果有人从小被动物抚养，如狼孩、鹿孩，他们永远都不再能适应人类之间的交流。所有生物，即使是家畜，都保留着与同类交流的潜在性及繁殖的本能。对于新生儿来说，当身体完成生长发育时，负责

---

① 　此处指孩子的身体与母亲乳房的分离。——译者注

喂养他们的监护人会直觉性地预先变成他们想要成为的形象（孩子很晚才有性别意识）。这个孩子自己的形象源于监护人的形象，后者是孩子欲望的原型。孩子会吸收一切，把它们变成自己的，并从身体的需求中获得快乐。他们在维持身体发展的物质交换的同时，也在进行着细微的感官交流。孩子渴望获得一些生命存在的模式，变得像家庭中的榜样：日复一日地锻炼，能力逐渐完善，直到中枢神经系统、感觉神经末梢的精细辨别力、身体下部和下肢外围的肌肉神经系统完全发育成熟。孩子可能三岁时就具备了运动协调性。

依靠人类了不起的模仿天赋，以及使用喉和颈部肌肉的可观潜力，孩子想方设法地模仿自己的榜样。孩子周围有生命及无生命的客体，以及所有他能观察到的个体，都可能被他当作模仿的对象。

孩子回应所有的召唤。在感觉安全时，孩子非常高兴通过与周围世界的交流来发现自己。养育者的行为和家庭形象成为活的镜子，孩子会从中认识自己。孩子熟悉他们的气味，理解他们的节奏，会记住他们重复发出的、称呼孩子姓名的音素。在一段时间里，他们的形象和面孔是为孩子服务的，直到有一天孩子在镜中发现了自己的形象的面孔。孩子通过成人的帮助认出自己，同时辨认出这些与自己亲近的成人。[36]

孩子日复一日地学习语言；调整节奏和音色，模仿养育者的用语。孩子渴望与养育者交流，以他观察到的养育者与其他人交谈的方式。在生殖性冲动占据主导位置之前，孩子就已经渴望成为其他人的同谋者和竞争对手了。为了满足局部冲动，以及战胜其他人，孩子与养育者建立起他早已渴望的心灵交流。从孩子被孕育开始，这就已经是一场欲望的游戏了，欲望在这个实在的三元关系中推动着孩子前进。孩子对差异非常敏感，会逐渐意识到自己的表现是不完美的，而这个事实是他在竭力想与之平起平坐的人身上观察到的。

有些孩子在惊讶地看到自己的养育者（如父母）更关注比他小的孩子时，生长发育的欲望可能受到惊吓。在此之前，孩子总是认为发展得好才更吸引养育者的关注。

最小的孩子在家庭里好像享有一种奇怪的特权，扮演着家庭成员欲望的对象。父亲、母亲、哥哥、姐姐都承认对他过分亲热。哥哥姐姐的欲望处于冲突中，是否要朝着成人的形象发展，直到变为成人的模样，或者朝着相反的形象发展，来战胜这个不寻常的竞争者？我们通过观察了解到，最小的孩子的出生是其他孩子要面对的生成象征性[37]的考验。如果有些孩子身上那种与退行欲望相连接的关于爱的反应始终未被理解的话，那么他们的一生都会受到影响。独生子女或者家里最小的孩子则或早或晚，会在爱情或者社会关系的嫉妒中①面临这种考验。无论有着何种社会和经济地位，无论置身于何种政治制度和家庭，我们每个人都不得不应对这场考验。[38]

---

① 在夫妻家庭结构里，最小的孩子能揭示出最大的孩子在配偶眼里是爱的竞争者，就好像父母也曾在自己的童年期与幺弟或幺妹竞争。

在考验面前，拥有欲望的主体只有通过语言、自信（相信自己有与别人不一样的地方）以及和爱的同谋，才能使主体的力比多继续发展。但是，如果一个孩子——无论出于哪种原因——没有从他熟悉的人那里获得和自己的感知觉相对应的话语，那么其固有的象征性功能就会一直在孤独中运行。如果这种孤独出现得太频繁，或者持续时间太久，孩子便会使用一些童年早期幻想性的语言痕迹去表达。这些语言痕迹是与消化道运动知觉，与作为监护人的母亲的在场，或与一些奇怪的对于声音、动作的感知觉连接在一起的。表面上看，孩子极少参与家庭生活；他在家人中无法找到有意义的与自身历史的共鸣。家人对孩子来说逐渐变得陌生。他们之间的心灵交流再也无法维持原状。这里既有孩子自身的原因，也有周围的人没有恰当回应孩子的原因。事实上，在陷入孤独以前，孩子总是期待着找到自己和他人，期待着他人帮自己认识自己（也认识他人）。[39]

正是在这样一些事件和奇特的经验中，孩子三岁以前，其力比多的发展可能会出现停滞。冲动不再被象征化，而是成了一些不能交流的幻想和身体症状。孤独症可能就是在父母某一方长期缺席的情况下出现的。身体也可能突然出现无关器质性病变的疼痛。一些让孩子周围的人惊慌不安的家庭和社会的创伤，会因没有得到任何话语上的解释而间接地使孩子受到影响。儿童精神分析发现，孩子一出生，就已经是对其他人的在场、话语和声音十分敏感的主体了。

孩子理解那个帮助自己把感受语言化的人的语言。这个人（保姆、护理人员或父母的代替者）在孩子生命中的一些重要时刻和他说话，帮助他表达自己的欲望。此人可以通过提起孩子不在场的父母的名字，以及他们和孩子一样感受到的分离的痛苦，来帮助孩子重新找到自己的父母。

一些在婴儿发展阶段遭遇重大事件的人，即使他们通过象征性关系保存了主体的完整性，促使力比多恢复了发展，这些事件还是会在他们身上留下印记。今天，这些印记表现为语言和运动能力上的发育迟缓。这些问题不仅出现在低收入家庭中，也常出现在高收入家庭里——出于各种理由，父母依赖不停流动的保姆照料孩子。频繁更换保姆会给孩子带来创伤。保姆在离开时也带走了一些口头和动作语言沟通上的参照。[40]这就像是把孩子丢在孤独的荒漠中。每段新的抚养关系和监护关系都不得不建构起新的同时又很脆弱的言语和动作沟通网络，而这些不牢固的关系会削减孩子心中他人的价值和意义。

如果孩子获得了那个爱自己、渴望自己成为存在于语言中的个体的人的支持，他就会对自己和其他人产生信任。孩子会在与其他人玩耍和交流的默契中巩固这种信任。熟悉并充满爱的家庭会激发孩子的欲望（在他们体验到的考验之外，孩子总想在某些事物中获得快乐，而这也经常导致失败和沮丧）。在孩子遇到挫折的时候，家庭的鼓励，以及细心的安慰和拥抱可以使他们重新产生力量。

孩子会观察成人的动作和姿态，以及他们的话语。他会记下所有这些行为，在独自一人时进行模仿。在与成人短暂分离时，他可以练习掌握空间和时间感。孩子等候着成人归来，他爱他们，害怕他们不高兴，渴望获得他们的赞赏，想要拥有和他们一样的能力，希望像他们那样掌控事物。独自一人或在成人旁边时，孩子也会在想象中练习掌控事物和人。同时，身体的成长会使孩子更容易实现一些欲望。孩子扩展着自己的安全空间和区域，变得独立自主，知道如何满足自己的需要，也知道在社会环境中如何为人处世。孩子为自己的身份感到骄傲，为拥有自己家庭的姓氏而自豪，高兴地接受自己是一个将会变成男人的男孩，或是一个将会变成女人的女孩。孩子的姓和名，以及其他个性特征会通过语言扎根在他心中。孩子会把一些愉快和不愉快的经验、行为植入自身，而这些会构成他过去的经历。

孩子——被心灵交流的欲望推动着——在进入俄狄浦斯期之前，能够用母语准确地表达，并且掌握灵活的动作技巧。当孩子确定自己对他人而言是不可或缺的，他人对自己也是必不可少的时候，他们会很乐意谈论自己的幻想、看法、渴望和行为。

从一出生，孩子就已经是母亲欲望的接收器了，他同时也是自己欲望的发送者。因为想让自己被理解，所以一种同谋的关系在新生儿与母亲之间建立起来。这样一种同谋关系同样可以建立在新生儿与父亲及其他亲密的家庭成员之间。一种完全错误的说法是——就像我们经常听到的那样——新生儿仅仅是消化道。事实上，象征性关系的紊乱可以像身体疾病那样，引起消化等功能的障碍。强加给孩子生命功能的过度的感官刺激，以及对这些功能的节律上的干扰都可能在孩子身上造成比营养不良更严重的问题。

人会在童年期被打上整体性反应（包括生理和机能反应、情感和心理反应）的印记。冲动通过这些印记得到表达。

在与其他人的关系中，孩子对自己的性别是不自知的。享乐或性冲动的兴奋此时并不可见。男孩身上仅仅会出现勃起。他会把这些欲望的冲动，或多或少同与尿道需要相连的冲动混淆在一起。在女孩身上，阴蒂和阴道的性冲动是不可见的，它们与被动的口腔和肛门冲动混淆在一起。

如果不能直接通过身体（我们称之为快捷途径）去缓解这些冲动，孩子就只能把它们象征化——通过声音、表情和动作。孩子在象征化的过程中体验到了快乐，并发现了其他人的快乐，接触到了语言的规则。语言并不局限于口头交流，而是有着丰富的形式。

只有当孩子有能力进行自己渴望的心灵交流，并通过一些方式，和自己的养育者一起找到更大的快乐，尤其是找到比自身更加优秀的形象时，所有由快捷途径形成的满足延迟和禁止（如断奶）才能成为象征性的。

必须把这些新的局部冲动放置在整合的过程中，并在这一过程中获得满足。这就让我们认识到过早禁止的危险。过早地要求孩子控制大小便，会导致性器官在心理上被嫌弃。在这种情况下，孩子会认为性器官和粪便是同义词，或者认为它是"丑陋"的器官。

同样，为了激励孩子，成人必须成为活榜样。这就意味着放弃肉体上的快乐，并在面对孩子时阉割掉自己童年时期的享乐。[41]有多少母亲为了得到孩子的爱、拥抱、亲吻的专有权，而与孩子的父亲或祖父处于敌对的状态？有多少母亲在孩子已经到了可以发展潜在能力、独立自主的年龄时，还不愿放弃对孩子的操纵，继续把控孩子的身体，给他擦屁股，比孩子自己更了解应该吃什么，喝什么，做什么？就算孩子长大了，这些母亲依旧坚持过度照料。这无疑会阻碍孩子青春期性的发展。

事实上，这些孩子是值得同情的。然而，社会却站在养育者这边谴责孩子，孩子不得不通过躲避父母的严苛要求，通过让这些多情的父母（其实是在轻薄孩子的父母）痛苦，来挽救自己，来让自己成为欲望的主体。

这样的父母与自己父母的前俄狄浦斯期和俄狄浦斯期的关系还没有完全结束。早期被压抑的冲动在他们与自己的孩子接触时被唤醒。他们口头上禁止孩子获得这些快乐，但自身却又以孩子为代价寻求着这些快乐。

然而，孩子从来不是父母的所有物。无法以身作则的、言行相悖的父母——他们必然被青春期之前的孩子当作榜样——会让孩子倒错。这发生在俄狄浦斯期之前。这些父母竭力通过阻止孩子明白自己有权获得非乱伦的性的快乐，来延续、拉长孩子的俄狄浦斯期。

孩子在发现了婴儿的出生后，会渴望知道自己是如何来到这个世界上的，并且渴望拥有一个自己认为有价值的、像父母的男性或女性的形象，这也代表了父母的欲望。这些欲望使孩子自然地渴望取代家庭里与自己性别相同的成人的位置。这时，孩子会想方设法表现出乱伦式的过分亲热的行为，或者说出相关话语。

孩子总是会通过曾经的尿道、肛门和口腔，以及局部冲动的、碎片式的满足来幻想。在这些冲动的影响下，他同样沉溺于生孩子的幻想。这些对分娩的荒诞幻想在童话和神话中被延续了下来。

孩子幻想着拥有乱伦的客体，并且与这个客体生出神奇的后代。孩子认为和乱伦的客体结为有生育能力的夫妻，预示着他们未来可以成为有价值及被尊重的公民，并获得实现所有愿望的无限权力。事实上，他们猜想自己的父母拥有这种权力，因为父母总是使孩子相信，他们掌握着所有关于孩子的权力。孩子相信是自己的父亲和母亲构建起了法则，不知道父母也和他一样服从于法则。也正是在这个年龄，孩子进入了学校。

如果孩子还无法独立自主地使用语言和完成动作，也还未清楚地认识到自己的性别，那么学校（或幼儿园）可以接替家庭，帮助孩子把那些口腔—肛门的冲动象征化。这些冲动仍然深藏在对母亲身体的满足中，或者相反，孩子对冲动的满足因母亲的焦虑而被过度严格地禁止。这个年龄段的孩子与社会的第一次接触，应该在教育工作者认真、宽容和对话式的指导下完成。遗憾的是，由于具体实施或制度方面的问题，父母等人常常不理解学校的作用。

有些还没有独立的孩子进入幼儿园后会遇到一些困难，我们可以在他们身上观察到退行现象。这些尚未"成熟"的孩子会被幼儿园退回托儿所或家里。有时候，这些困难造成了孩子的双重个性——对应于一种伪装成力比多式的退行。孩子看起来适应了学校，但事实上是整个班级承接了孩子对母亲的依赖，老师占据了孩子的父亲的位置。孩子在俄狄浦斯期的发展遇到了阻碍。没有人理解为什么孩子在学校里看起来适应集体，在家里却退行了，失去了沟通能力、创造力以及刚刚出现的自主性。

孩子在这两种成长环境中无所适从，可能会出现身心障碍，有时甚至要进行住院治疗。可是，身体的康复并不能促进孩子力比多的发展。

父母作为个体的身份对孩子心理系统的影响，只有在其开始发展的时候才能发挥作用：在校期的发展和俄狄浦斯期的发展相互影响。家庭和教育机构之间的鸿沟迫使孩子成为客体，推动了孩子主体的消失。这些尚未独立的孩子进入学校后遇到困难，有了心理创伤。他们把自己封闭起来，不再向父母敞开，就好像父母的价值低于教师。他们的力比多更多用到了死冲动而非生冲动上。

如果孩子能在家人不在场的情况下与其他人建立人际关

系，就应该对孩子说出乱伦禁忌了。八九岁以前，在必须面对适应社会的一些困难时，孩子仍是需要父母的爱和支持的。在这以后，只有融入同龄集体，才有可能承受与家庭的分离。

孩子在俄狄浦斯期发展到高峰时进入小学，是有很大益处的。在学校里，孩子会通过技能学习来升华这些冲动。他们会在学习符号的练习中（口语和写作）、在灵巧的手工活动中、在对社会关系和世界的认识中去升华这些冲动，激发和满足自己的好奇心。

小学教师最好——他们常常有机会——在教授规定性的大纲课程之前，让孩子坦率地提问：关于生命与死亡、身体、生殖、母亲身份与父亲身份、家庭关系的问题。我们之前所提及的，作为支配人类这一物种的重要法则的乱伦禁忌，应该在学校里被明确地告诉所有孩子。

如果学校能教授关于身体和性的卫生知识，那么六到八岁的孩子会非常受益。事实上，在得不到任何关于俄狄浦斯情结及性的问题的答案时，孩子会转而发展那些主动或被动的口欲期的幻想，可能会出现具有肛门—虐待性质的行为（或称肛门—虐待性行动化[①]），因为孩子想要像成人那样行事。

---

① 行动化，法语为"passage à l'acte"；英语为"acting out"；德语为"agiereri"。弗洛伊德1905年在洛伊的案例中首次使用此术语，1914年把它定义为一种病人对已经忘记并且压抑着的内容的行动表达，病人会无意识地重复这种行为。拉康区分了"acting out"和"passage à l'acte"，认为前者可以成为一种口头表达的行动（一种有意义的行动），后者则是一种无言的行动（一种无意义的行动）。——译者注

孩子觉得自己是唯一有情感问题和肉体问题的人。如果孩子发现自己的所谓"秘密"是普遍存在的，就可以很好地缓解不必要的焦虑。

如果孩子明白了父母和哥哥姐姐都服从于强制性的乱伦禁忌，他就会避开成人（父母，甚至包括教育者）的欲望。

我们声称要在学校里进行性教育，但却并没有让青春期之前的儿童，甚至是青春期的青少年接受性教育。因为仅仅被告知一些关于性器官的知识，孩子经常对自己整个的身体一无所知。

教师在目前的性教育中，似乎没有讨论过关于同性乱伦或异性乱伦的禁忌，没有讨论过要警惕成人对孩子过分的亲热态度，没有讨论过诱奸未成年人的问题，同样没有讨论过手淫及其影响。

然而，孩子应该在青春期开始之前就了解这些问题，从而告别乱伦的欲望。因为从这时起，他们终于可以升华这些欲望了，也就是说，能够把这些欲望转换成无关性欲的亲情，并且开启自己与外部世界进行交流、建立社会关系的欲望。

之所以强调学校的职责，是因为我作为精神分析家看到，很多孩子都认为，父母和教育者拥有在他们身上享乐的权力。有些孩子觉得，父母可以抛弃他们，或者因为一些小过失把他们囚禁起来。这样的孩子缺乏安全感，处于焦虑中，甚至有精神错乱的危险。我们必须告诉孩子他自己和他的父母各自的义务与权利。孩子们必须明白，长大以后，他们能在物质上帮助年老的父母，他们和父母是同样平等、自由的。

　　俄狄浦斯期会由于缺乏这类告知而延续下去，从而在孩子的无意识中留下对欲望和生殖快乐的威胁。爱上家庭之外的人可能会使孩子产生负罪感，导致主体遭遇失败，出现心理障碍。这是受到了来自一些未解码的、夸大的俄狄浦斯期幻想所产生的具有威胁性的阉割的影响。

　　至于青春期的孩子，则需要从大众媒体中了解爱和性，以及与之相关的责任感和相互尊重的信任感，这能赋予他们身上发生的一切以意义。也许几十年后，成人的性爱会变得更成熟，会少一些无意义的痛苦和失败的婚姻（心理不成熟而造成的离婚），少一些幼稚的症状和不负责任的行为。

母亲和孩子[42]

20 世纪以来，那些关于在卫生学和法律方面保护孕妇、母亲、受虐待儿童、新生儿等的酝酿工作，包括亨利·哈维洛克·艾利斯①叙述的初期的尝试，得到了广泛的发展。很多国家都通过了相关法律，有效降低了新生儿死亡率。与此同时，公众舆论强调了孕妇和母亲在孩子智力和情感方面发挥的重要作用。社会经济形式的转变也改变了妇女的状况，妇女普遍开始工作。20 世纪的两次世界大战使我们损失了许多男性劳动力，女性于是占据了男性在工厂和作坊中的位置，获得了一些权利：加入工会和投票。女人差不多在各个方面都拥有了与男人同等的公民义务。家用设备快速迭代，交通日益便利，重体

---

① 亨利·哈维洛克·艾利斯（Henry Havelock Ellis，1859—1939），英国医生，研究人类性行为的社会改革者。——译者注

力工作逐渐消失，房屋面积变小，再加上成衣行业的崛起减少了缝缝补补的时间，这让女性有了更多的闲暇及工作的机会。就目前来看，兼职仍然存在很大的问题。有相当一部分女性拒绝兼职，或者说是女性工会的代表拒绝兼职：代表们担心，除了一些特殊情况，女性兼职的酬劳比男性的低，或者侵害男性劳动力的正当权益。但是，这是唯一人性化地解决女性工作问题的方式，兼职能帮助母亲履行教育子女的职责，能让母亲有足够而必要的时间照顾孩子。托儿所也可以帮助父母或劳动者解决一部分照顾孩子的问题。[43]

全职工作迫使母亲把孩子托付给陌生人、机构或寄养家庭。如果想自己（至少是花一部分时间）抚养孩子，由于半天式的托儿所经常远离住所或工作地点，母亲的时间就会变得非常紧张。

很少有女孩在青少年时期跟着女老师或家人学习做家务，因为家政和带小孩子的培训已经让这些家务变成了某种职业。但是，这些日常劳作需要的是心灵的智慧，而非知识，所以家务小难题可能会让女性束手无策，一切都需要学习。这会让伴侣失望，让孩子产生负罪感，而母亲自己也精疲力竭、焦虑不堪。孩子的笨手笨脚、调皮捣蛋，以及游戏时造成的小损伤或小事故，都可能在母亲心中变成一场悲剧。由于存在自动防御机制，这些心理上的压力会导致母亲变得有攻击性，或陷入抑郁，并且在家庭中引发一系列不良的连锁反应。无论是哪种类型的兼职（半天或半周），它对女性来说都是必要的，并且与女性必要的社会生活和家务劳动是兼容的。尤其是相对于男性而言，女性为孩子扮演着更稳定的角色。

在法国，孕产期休假问题很晚才引起立法者的关注。妇女长期没有投票权，萨利克法①（男性公民仅仅因为旧时国王掌握的政治权力，就或多或少地赞同他的决定）阻碍人们关注妇女的遭遇。在当时不公平的和令人难以忍受的情况下，尽管女性没有与男性平等的权利，但是在城市或乡村不同组合形式的家庭中，大家都相互认识，明白如何根据实际情况做出调整和提供帮助。现在，尽管女性逐渐有了法律上的保障和经济上的救济，但是由于上下班时间和工作效率的要求、住处和工作地点的分离，以及城市居民间的陌生和冷漠等，女性在感情上变得孤立无援，单身或已婚母亲的情况变得越来越悲惨。另外，我们还注意到，背井离乡者的婚姻关系非常脆弱。这些女性无法承担应有的责任，她们既不能与爱人，也不能与孩子建立一种稳定的爱的关系，只是因为怀孕而被迫结婚。从巴斯德时代以来，人们经常把"怀孕"和"细菌感染"这两个词联系在一起②；从表面上看，精子的结构不正和细菌相似吗？

缺乏性和卫生知识、拥有强盛生育能力的女性，由于对配

---

① 萨利克法（Salic Law），中世纪以来西欧通行的法典。萨利克法主要是刑法典和进程法典，规定了对各种违法犯罪行为的罚款数额，其中对人身伤害、财产损害、偷盗和侮辱的罚款规定得尤为详细。——译者注

② 法语口语中，"tomber enceinte"（怀孕）和"tomber malade"（生病）使用同一个动词"tomber"（成为）。——译者注

偶物质上的依赖和自己情感上的不成熟而顺从配偶，这种情况会发生在每一个社会阶层。我们应当如何看待这种夫妻之间的合法关系呢？我要在这里触及一个复杂的问题。生育完全屈从于粗野的欲望，这些欲望被"神圣的创造者们"①提升到了人类命运的程度。例如，在瘟疫和霍乱爆发后，人们恢复并修复了针对身体及其文化的意义，肉欲的意义和身体美学，以及许多人与人接触（身体在这里同样具有重要性）的禁忌。在隐秘的兴奋中，人的身体似乎除了吞咽食物或酒精之外，还有强烈的肉欲，这就意味着拥有追寻欢乐的权利。当自身的荣誉受到挑战时，个体就会大肆攻击和挫败对方。当前的单身者把这种感官享受变成了一种运动，这似乎更有益于健康。

19 世纪，贵族和平民很少为过度生育和滥情产生负罪感。第三阶层，即中产阶级，应该说是唯一节欲的阶层，他们把美德的标准建立在节制性欲的基础上。虽然女人必须维护贞洁，但这并不意味着她们对性或爱情是无知的，也不等于女性或母性的本能是无用的。如同我们在 19 世纪末 20 世纪初所看到的那样，也许除了资本家和每日劳作的农民、贵族和共和国的统治者，几乎所有社会阶层的女人都是这样的。

在弗洛伊德和哈维洛克·艾利斯的时代，女人把自己对（在场或不在场的）男人的欲望隐藏起来，并且通过在行为上顺

---

① 根据上下文，这里指法国宗教传统中的神父。这个词具有反讽的意思。——译者注

从男性以及生儿子来让自己的生活有保障，同时在社会上赢得好名声，为孩子的未来护航。这些孩子在合法但凑合的婚姻中被孕育及抚育。当时的女人几乎从童年起，就注定要成为合法或不合法的"妓女"。我敢说，随着时代的发展，在今天合法的婚姻关系中，在某些国家，是男人变得像19世纪末的女人那样痛苦地遇到情感和性的问题，尤其是从他们成为父亲那一刻起。对于他们而言，性和爱情的诱惑都变成了陷阱，给妻子和孩子提供生活费用是为了赢得家里的一小块立足之地，只是现在这一小块地方从火炉旁边移到了电视机前面。与性欲有关的爱常常是被禁止的，而在青少年不负责任的情况下，这样的爱和以道德为代价的爱都是沉重的。

让我们回到20世纪全球性的社会主义浪潮中来，它带来了对出生率的重视。妇女被视作人类健康的护卫，单亲、已婚或被抛弃的母亲开始获得经济上的补助。我们注意到，对于立法者而言，健康的标准只涉及新生儿的重量、母亲奶水的质量、孩子的身高和体量（这些标准总是落后二十多年）。简言之，我们追寻的健康并没有带给我们所希望的结果。严格来讲，这些并不符合生物学标准。医学的进步减缓了自然的优胜劣汰，但幼儿精神病却变成严重的社会问题。西方的心理学家、特殊教育学家、社会治疗学家，以及犯罪学家都表示无法避免这种疾病。这些孩子身强体壮，却无自主的创造性。他们有充足和适合的食物，但是从在摇篮里开始，就因为情感问题而陷入困境，在学龄前经历了个体间象征性关系的断裂和缺失。这使他们陷入早发性的情感孤独，漠视或者拒绝所有情感，并导致一系列恶果。在儿童面对社会情感性身心衰退的危险时，社会运动仅仅热衷于限制出生率，立法者则继续鼓励不负责任的生育。一些心理健康方面的预防措施给夫妻造成了情绪冲击，打破了他们之间的情感平衡。这不仅让夫妻感到惊讶，也让鼓吹节育的人吃惊。夫妻们从心里相信它们是有效的，并天真地决定学习这种预防措施。具体要怎么做呢？

精神分析对于性欲的新发现所带来的意识革命，表明欲望从人类心脏跳动的第一拍起就已存在。日复一日的临床实践表明欲望的象征性关系比肉体关系更加强烈，意愿比行为和动作更加重要。和孩子讲真话也十分重要，这些真话会因其包含的常识而比被灌输的话语发挥更好的作用。精神分析同样指出，真正的爱——不是对新生儿投射一种恋物癖式、自私的爱——的姿态不只是提供外在的帮助，也不会强加给孩子一种安全感，而是将孩子放在心上，在孩子真正地欲求冒险时允许他自由地去冒险。爱的话语和姿态能让孩子变得有创造性（如果成人想对孩子进行人性的培育），孩子需要的并不是完美无瑕的喂食动作和照料技术：爱的话语和姿态只能在一种超越主体的爱的视角上，通过成人的人性来赋予。它们让孩子得以全面发展，其意义超越了本身，超越了给孩子提供的帮助、给予和支持。母亲禁止的话语和动作会给孩子带来挫败感。不是为了安全着想，而是为了更加长远的爱，成人应该成为孩子构建自身的榜样，而不只是给孩子提供一些"物质上的东西"。

如果与母亲的关系是启蒙孩子存在感的基础经验，那么这种母亲和孩子的二元关系（根据安德烈博士的术语）[44]，只有在母亲发挥母亲的功能，并同时是一个独立的个体时才有可能起到启蒙的作用。我想说的是，只有母亲在成人社会中继续发展自己的兴趣爱好，这种母亲和孩子的二元关系才能使孩子的发展结构化，尤其是对她的伴侣和孩子产生情感和身体上的吸引力。如果母亲只是为了孩子而活，并且这种母性功能（或父性功能）成为其行动和思想的动机，那么孩子会因为这种排他性的二元关系变成倒错者。孩子不知不觉成为色情的恋物癖对象，取代了母亲或父亲的配偶。这种残缺的关系剥夺了孩子活下去的力量。就算目前没有出现任何异常，一种或重或轻的神经症以后也会出现在孩子的心理与社会化发展中。人类身上并不存在动物意义上的本能，只存在一种被性别化的欲望，也就是说，人是想象和象征性关系及意义的创造者，其性别特征通过与这种欲望互补或者不互补来赋予身体形式，并引导他超越那些可以轻易满足的感觉器官的需求。如果人把自己的身体作为与提供和回避需求的外部世界连接的所在地的话，那么他的养育者则是中介。人具有构建自我形象的欲望，会利用与他人关系中不完整的性经验构建起自己的真理，并保持自己的欲望。当孩子因感受到母亲的诱惑而发出召唤时，如果母亲专注于伴侣，没有回应孩子的话，那么孩子就会有一种不满足的经验（正是这种经验促使孩子形成自己的欲望）。如果孩子是母亲兴趣的中心，她通过孩子的生理需求来拥有自己的欲望，那么孩子就会被囚禁在母亲的欲望中，由此变成母亲的小上帝。在一所五十个小上帝组成的托儿所里，成人的工作看起来仅仅是维持孩子生理上的迫切需求。在这样一种倒错的情形中，成人和自己以及和他人之间关系的目的与意义，变成了以孩子为借口去满足自己的欲望。在这种情形下，所有被命名的客体、所有可感知的运动、所有发送和接收的感觉、所有与亲子间关系相伴随的认知，都是为了把孩子的身体和心灵放置在这种倒错的需求—养育者的状态中。

孩子会无意识地在身体意象上模仿养育者。所有身体内部的交流都被其感受和想象为一种对吞食、排泄、奶瓶、粪便、衣服的渴望，简言之，就是对"有价值东西"的原始冲动。这种孩子和母亲的二元关系是冰冷单一的，孩子身上会出现封闭的环形监狱，二者的情感交流缺乏人性的价值。孩子渴望知道成人欲求着什么。如果成人的欲望聚集在孩子身上，那么孩子自己的欲望源泉就会干涸，残存的活力将被投注在身体器官上，导致孤独症。也就是说，成人这种聚集在孩子身上的欲望使孩子参照的时空和交流产生了紊乱。突然被剥离参照物，会使幼儿出现精神错乱。不论严重程度如何，我们都把它命名为"病态化"[①]，实际上，它也被称为"欲望的疾病"。[45]基本的生理需要在孩子身上被保留下来，其欲望却丢失了。我们在家庭中也能观察到这种病态化。母亲就像神经质的雇员，排他性的占有

---

① 指儿童由于过早与母亲分离而产生的抑郁状态。——译者注

欲使她强迫性地占有新生儿，或者完全把新生儿当作被照管的物品。从行为角度来看，抑郁的母亲仅仅是在不开心地、机械地照顾新生儿。但是，孩子的心灵只有在一种人性的三元情感关系中才能得到发展。这是因为母亲只有避开孩子感情和能量上的吸引力，才能在对她有生殖性诱惑，并与其女性气质相适合的人身上找到另外一种吸引力，并与孩子以及这个人形成一种三元情感关系。在"磁体化"[46]过程中，父母应刺激孩子欲望中的人性，支持孩子成为创造者的欲望，并帮助孩子超越身体需要的满足。婴儿善于模仿，或者说善于模仿母亲。这里存在一种新生儿行为的身体认同过程。另外，生机勃勃、皮肤白皙并且声音洪亮的成年男性，他爱着孩子和妻子，构成交流氛围的一部分，能为孩子提供语言范本。声音和动作在新生儿的心理和感情生活中发挥着作用，即使提供相关营养的成人不在场，新生儿也会记住他的存在。正是在这些促进对情绪变化的早期认知中，有关婴儿社会意识的元素才被组织了起来。婴儿的肉体虽然来自胚胎，但是他也代表了父母语言观念的相遇，及其象征性的意义。精子和卵子相结合，先是形成胚胎，然后变成新生儿。渐渐地，新生儿变得独立自主。他并不会去表达自己无法感知到的人或物。新生儿在这种语言观念的相遇中感知到的东西，以及相遇带来的影响，将使他变成一种人与人相遇[47]的，有时外在有时内在的象征。上述内容，使我们对"母亲"这个概念有了一定的理解。"母亲"并不一定是将孩子带到世界上的那个人。如果母亲没有其他方式，只能像爱宠物或布娃娃那样爱她的孩子，或无法像真正的养育者那样对待孩子的话，那么她对孩子就是有害的。

同样，相关机构中的教育者，无论作为雇员多么完美，也无法给予婴幼儿父母般的爱。我再强调一遍，新生儿需要的是一位父亲和一位母亲，他们被新生儿视作朋友。相对于父母中与孩子性别不同者，与孩子性别相同者易被孩子视作爱的竞争者。孩子需要一对固定的父母，一对熟悉而关系稳固的夫妻。所有精神科医生和精神分析家都可以证明这一点。孩子在五岁之前需要和一对有性关系的夫妻生活在一起，从而建立一些前逻辑概念。在此期间，无论物质条件如何，以及之后可能出现怎样的创伤，成人之间有效的性关系都会把这对男女约束在一起，他们会共同对孩子负责。这样一来，孩子的创伤会很快被治愈。针对母子关系的心理疾病预防，并不只是给予金钱方面的帮助。母亲必须从有效的，既是夫妻也是父母的关系角度，或者父母家庭位置的角度为孩子考虑。即使不完美，可是至少要把这种既是夫妻也是父母的关系维持到孩子五岁。

科学发现的原子裂变及其连锁反应，开启了人类对宇宙物质之无限的认知。自弗洛伊德以来，精神分析也发现了一系列巨大的破坏性力量，或者说一系列创造力。它与人的欲望连接在一起。留意或不留意欲望的召唤，都是对欲望的回应。人依靠欲望的召唤与对召唤的回应生存了下来，带着身体的活力创造爱的意义。如果理性逻辑，或者本身的机体运作停止了交流，那么人的欲望将会引发心理障碍。人投入了一场避免个体的身体死亡的比赛。谁会弃权？但是威胁人类文明的另一时刻到了，这便是拥有生与死的、创造性交流的、生命喜悦源泉的意义的死亡。如果喜悦没有通过微妙的语言性交流，源源不断地从心与心的碰撞中涌现出来，那么交流仅仅是必然消失的身体的运作。无论是在授精的瞬间，还是在日常生活中，相对于获得身体上的快乐和物质上的舒适，人更需要被交流性的情感表达包围着。相对于营养均衡的食物，人更需要坚信爱，更需要承担危险和痛苦，以及必然的考验和焦虑。相对于身体的存活，人更需要以人性为前提的安全保障。

心理健康状态将在新生儿的生命中留下印记。新生儿的心理结构形成的最好条件是，他作为两个相爱的成人的欲望的果实被孕育出来。我们希望社会可以创造条件，开展针对年轻人的情感教育、公民教育、性教育。在年轻人还没有准备好组建家庭的时候，或年轻夫妻还没有准备好要孩子的时候，或妻子还没有准备好接受母亲的身份、丈夫还没有准备好接受父亲身份的时候，我们应该教他们一些避孕的方法。有些人担心生育"威胁"的消除会引发性的色情化。我并不这样认为，因为所谓"性的色情化"所导致的只不过是一些可见的危险，更加值得警惕的是那些仍然处于心理性青春期的、不成熟的父母与自身力比多的隐形关系对亲子关系造成的不可见的危险。他们的孩子总是出生太早，或者在孩子出生时，他们已经不再相爱或分开。

母亲和孩子之间的联系并不是一种装腔作势的口号，金钱上的帮助无法补偿那些今天我们听到的婴幼儿发出的攻击性吼叫和呻吟。他们的父母不堪重负，被指责无法胜任教育者的角色。人口统计学家总是说出生率比人的素质更重要。难道精神分裂症患者、神经症患者、生病的人都不算公民吗？难道治疗和再教育不能促使科学进步吗？20世纪，"物化的孩子"正在被批量生产。被消费、被物化的孩子成了我们文明的新产物。

孩子对父母的依赖

孩子对父母的夫妻结构最初的依赖

彼埃尔的孕育，可以说是源自强迫。订婚三年，年轻的未婚妻一再推延婚事。她的确爱着未婚夫，可是却希望彼此之间维持一种兄妹般的爱，没有肉体上的关系。她想要把他当作知心的朋友，而非丈夫。

在被推诿多次后，彼埃尔的父亲看到双方家庭都赞成这门婚事，决定通过怀孕促使未婚妻同意结婚。怀孕后，女孩陷入了绝望。她甚至请求父母帮忙堕胎，而堕胎在她所处的社会阶层是闻所未闻的事情。她恶心的并不是自己怀孕，而是被迫发生性关系。在父母保证帮忙离婚的情况下，她接受了这个孩子。怀孕期间，有个想法一直在她脑中萦绕："我的丈夫是个混蛋。我并不想要这个孩子，我永远也不会想要一个被当作勒索而强加给自己的孩子。"

孩子出生了。在成为母亲的幸福时刻，她惊讶地感受到了对丈夫强烈的爱，这是一种全身心的、永恒的爱。看来，分娩这一身体上的创伤一下子清除了那些作为婚前恐慌源头的曾经发生的创伤。面对婴儿，她非常有母性，但是婴儿并不喜欢被她抱在怀里。

四年之后，经过一段幸福的孕期，她的小儿子诞生了。像大多数婴儿一样，他唯一的快乐是被母亲爱抚。弟弟出生后，彼埃尔看起来没有一丝嫉妒。彼埃尔聪明伶俐，在公园里结交了许多朋友，并且一直是头头，被所有人喜欢。可是他好像并没有特别喜欢某个人。彼埃尔的性格很特别。他从来不在任何人面前发脾气，但对事对人又总是坚持自己的看法。更恰当地说，他对弟弟没有一点攻击性，对母亲也很冷漠，既不亲近，也不抗拒。当母亲提出要求的时候，他总是服从，可一旦远离家庭环境，他就马上忘记了。有时，母亲问他："你不想让我像亲吻弟弟一样亲吻你吗？"他回答："我对这个不感兴趣。"开始说话后，每当母亲想要亲吻他，他就会说："你让我喘不过气来。"

彼埃尔六岁时，母亲把他带到我这里。一方面，她认为彼埃尔不机灵；另一方面，她希望做一个测试，因为他上学才几个月，就面临要不要跳级的选择了。

测试表明，彼埃尔的智商明显超出同龄的孩子，并且在对父母形象的认同上没有任何心理冲突。父亲的形象在他的认同过程中占据支配地位。我也了解到，他的父亲具有非常强的社会意识，并且有许多朋友。事实上，彼埃尔认同父亲，表现得像一个小领导。这个六岁的孩子，在社会性、情感性、象征性水平上拥有八岁孩子的成熟度。但是，我也看到了突兀的东西。彼埃尔画了一张非常完整的风景画，其中有一个比例正常的男人。画里的一切都充满了活力，但看起来又很像一张底片：太阳是黑色的，脸是黑色的，衣服是白色的。母亲一口咬定彼埃尔从来没有见过底片。这也是她第一次看到他画这样的画。孩子由此表达了这样的真相，即他看到的世界是负面的。[①]他接受的这个负面的世界，先验地在他身上引起了消极的情感，这实际上就是他爱的方式。我们甚至可以说，他一出生就告别了母亲，但并不是成了被遗弃的孩子。这是可以理解的，因为母亲的意识中的确有着消极的地方，但实际上她是在积极的情绪中怀上彼埃尔的。彼埃尔是一个漂亮的宝宝。他的母亲有充足的奶水——有些消极的母亲并不会有奶水，充满喜悦地喂他，并且在孩子出生后爱上了丈夫。

我认为这个孩子不会出现任何障碍。也许他将来在面对女人时会有些冷漠，可是他不会有任何适应社会的问题。他对父亲的情感态度随着成长日益明确。至于他的智力和敏感性，看起来并没有受到损害，除了缺少年幼的孩子身上通常有的想要被母亲爱抚的需要。虽然他需要成为领导，但他并没有流露出

---

① 这是说他的出生缺乏来自母亲的欲望。——译者注

过分的自恋欲望，也并没有希望别人只照顾他而不顾其他人。

我们面对的是一个极早期情感依赖的案例，其影响会在以后表现出来。被以消极的方式孕育的孩子在社会适应方面，比起那些被爱着的孩子总是积极得多。彼埃尔是在一种三元关系中被孕育的，他的父亲是先被厌恶然后又被喜爱的中心人物。因此，他并没有被封闭在二元关系中，也就是说，他并没有像许多孩子那样被母亲轻易地封存在二元情境中。

当彼埃尔还是胎儿时，重要的也许是，尽管双方家庭都很担心，但他的父亲从未怀疑过自己对妻子的爱，以及夫妻的未来。因为母亲没有表现出分析的意愿，所以我并不知道是什么导致了她对生育的恐惧。[48]

孩子的心理结构对母亲的依赖

在我的儿子约纳[49]两岁半的时候，我们有次受邀去朋友家吃晚餐。我忘记了邀请，没有去。第二天，当朋友给我打电话时，我才意识到自己忘记了这回事。约纳看到我狼狈的表情，在旁边转来转去，非常不安。他对我说："妈妈，你的脸看上去'一点，一点'。"这是每当他看到像奥林匹亚神山一样的母亲的脸被乌云笼罩时所用的表达方式，意思是"发生了什么事"。我回答："你看，我对自己很不满意！"他问："爸爸会怎么说？"我说："他会说'我不能指望我的妻子。她应该记得晚餐邀请的'。而且他有理由这样责备我。现在，你知道了吧！"我当时真的很生气。约纳懊恼地跑开了，我继续纠结着忘记晚餐邀请的事。不一会儿，约纳又回来了。他戴着头盔，身上挂着一支假枪、一副假弓、一条皮带、一把假剑，真是武装到了牙齿。总之，他把所有能够找到并代表权力和荣耀的东西都挂在了身上。他站到我面前，挑衅道："好吧，如果你不高兴，那么……"他把头盔、皮带、剑统统摔到地上，"我要变成坏人，我一辈子都是坏男孩。"他用力大叫："我会变得什么也不是！行了吧！"我对他的反应很生气，对自己也很生气，于是愤怒地对着这堆玩意儿踢了几脚，说："我可不会为了哄你开心就换上一张笑脸，让我安静会儿！"约纳默默地收拾起所有的东西，离开了。我继续做星期天早晨的家务，心情渐渐平静下来。一小时后，约纳返了回来，继续围着我打转。

"你对自己有一点点不高兴……可是过一会儿，今天晚上，当爸爸训斥你一点点，你就会高兴起来了。"

"当然啦！"

"爸爸是不是会问'你是一个好妻子吗'？"

"当然会！"

"然后你们要做什么？"

"我们会带上一束花去致歉。"

"然后，就好了，你会再次高兴起来吗？"

"是的。"

"那么你是一个好妈妈，我可以再戴上我的头盔，佩上我的枪了。"

当孩子的心理结构在理想和道德上完全依赖于某人时，如果这个人变得抑郁，那么孩子就会依赖其抑郁。这种抑郁导致孩子变得消极。他会自我贬低，甚至认为自我贬低是有价值的。

约纳认同于与父亲和谐共处的母亲。这件事中有两方面使他焦虑：一方面，我犯了一个社交上的错误；另一方面，我回答他爸爸会斥责我不是一个好妻子。然而，如果我为了安慰约纳而说谎，或者回答说这不关他的事，孩子会觉得孤立无援，没办法对我暂时性的抑郁做出反应。相反，当看到我并没有被他试图打破等级地位的尝试干扰时，他心想也许还有解决办法，所以他捡走了那些武器①。对于他来说，一个可能变成创伤的事件，变成了一种适应社会的经验，他也从中学会了让自己承受所依赖之人的价值和能力暂时性削减。

孩子的心理结构对父亲的依赖

保罗十四岁。他的父母带他来见我，因为他总是"在月亮上（心不在焉）"。他的症状在精神病学上被称为"类精神分裂"，可以导致精神病。保罗笑眯眯的，作业常常晚交，也不怎么听讲，但十四岁就上了九年级。我和他的父母谈了谈，感觉保罗的生活环境缺乏人与人的联系。父亲是乡村医生，工作繁忙，几乎不堪重负。为了有生活的勇气，他会喝一点酒。每次到病人家里，他都会小酌一杯，为的是让自己能继续去下一家。回

---

① 指约纳重新找回了心理平衡。——译者注

到家里，他就大声嚷嚷着要求安静，抱怨没有人帮他，或为了菜太咸或不够热而发脾气。对他来说，家必须是一个庇护所。他没有尽到父亲的责任，无法倾听别人讲述自己在日常生活中遇到的小困难，也没有能力帮助妻子。这就是保罗接收到的父亲的形象。同时，他从众人口中得知，父亲是受到病人爱戴和欣赏的好医生。家里还有其他孩子。三个女孩为了少待在家里而经常外出，她们睡在同一个房间，互相依靠。五岁的弟弟有严重的孤独症，在八九个月大时非常聪慧，但似乎突然遭受到悲剧性父母的打击。母亲再也无法忍受做家庭主妇，返回城里重新开始工作。保罗经历了这对夫妻的混乱关系和弟弟的出生。弟弟表面上看起来很好，但一直不说话，与人没有交流。他或者待在家里，或者像小动物似的在乡间游走。保罗非常孤独，和父亲不亲近，和母亲也不亲近。有时他会受到父亲的斥责，剩下的时间则是面对焦虑的母亲。她总是走进他的房间，说："你不该躺在床上睡觉。""你不该听这张唱片。""你要学习。"他没办法学习，一坐在书桌旁，脑子里就一片空白。

在晤谈中，保罗表现得非常积极，很高兴和我说话，虽然实际上只是讲法语作业等学校里的事情。当告诉我家里的事情时，他眼睛里充满了泪水，没办法继续讲下去，因为这"太让人伤心了"。一天，我接到一通警察局的电话。他们抓了保罗，因为他偷了拉丁区一家书店的书。什么书？两本作文指导手册。"我应该怎么做？"警察询问道，"他说和您有一个约会。这是个彬彬有礼的小家伙，他第一次干这事。我扣下了他的证件，为了保证他完成晤谈后再回来。如果您希望的话，事情也可以到此为止。书店倒是希望我们继续介入。"我说："书店是对的，你们继续吧，我来处理他父母那边的事情，希望这样做能帮到孩子，而不是对他造成伤害。也许这是他第一次接触到现实。"

男孩喜气洋洋地来到我这儿，说："您知道吗，我刚从警察局出来。"

"发生什么事了？"

"噢，就是一些蠢事，我偷了两本书。我不敢买下它们。我怕妈妈训斥。所以，我偷了它们，因为我觉得它们棒极了。书里解释了所有的作文知识。"

"你真的认为如果买了它们，妈妈会训斥你吗？"

他思考了一下，说："噢，当然不会，她不会真的训斥我，可是她会要求我解释，然而我也不知道为什么想要它们。您知道，我没办法和妈妈说话。当她让我反省的时候，我总觉得我是犯了错，但什么也说不出来。"

"你不觉得偷窃更糟糕吗？"

"不，我很高兴见到警察。您觉得我每次从这儿离开之后再去见见警察的想法是不是很蠢？"

下一次晤谈时，我见到了他的父亲。他爱儿子，认为这次偷窃是由与现实缺乏接触造成的。他已经和警察谈过了。确实，他的儿子是一个认真的小家伙。父亲谈到自己想去做精神分析，告诉我他就像活在地狱中一样。父亲的突然死亡给了他

"致命的一击"，他被迫放弃住院实习医生考试。一星期后，他不得不接管父亲所在村子的病人，帮助母亲养活五个年幼的弟弟妹妹。他必须快速完成论文，而一个在准备住院实习医生考试的女孩替他写了。为了表达对她的感激之情，他娶了她。可是，事实上，他从来没有原谅她成为自己向往的住院实习医生，尤其是她推动他去面对那个他本来可以拒绝面对的情景。他憎恶自己的父亲："我的父亲给了我致命的一击，迫使我不得不接管他的病人，因为他不想让我成为住院实习医生，他因为自己没有这样做而认为这很荒唐。"这是一个从年轻时就和父亲开战的男人，他出于责任感而不是自由的选择，让自己变成配偶和父亲。无论如何，在儿子的行为面前，他明白了其中也许有自己的原因，于是开始精神分析式的心理治疗。

保罗对父亲的治疗一无所知，他告诉我："我不知道是怎么了，但这两天发生了一些很棒的事情，就好像我的生活改变了，我的脚终于踏在了地上。我不知道这是怎么回事。如果我相信奇迹，我会说这是一个奇迹。可因为不知道这是怎么发生的，所以我很害怕它会消失。这两天一切都那么美好，在学校也很顺利，我再也不昏昏欲睡了。当早上醒来的时候，我觉得很幸福。"

两周以后，男孩来到我这儿，说："完了，奇迹消失了，我又回到月亮上了。我不知道发生了什么。"我安排他做了一个关于白日梦的分析，这是我在一些晤谈频次很低的心理治疗中应用的技术[50]。我对他说："试着告诉我您现在在哪里。既然您的脚已经离开了土地，那您现在是在哪里呢?"他即兴向我描述了一个梦：他是一个一半石头一半植物的男人，很苍白。他被困在一座海底的岛屿上，希望大家把他从绝境中解救出来。他被卡在海底的岩石里，听到一些噪声，看到远处有大型客轮靠近。他自言自语道："这艘客轮是为我而来的吗？或者它只是从我旁边经过，并不知道有一个陷入困境的男人在水下等着被救?"他停下来，没法再讲下去，焦虑得透不过气来。

过了几天，我得知他的父亲决定不再做心理治疗。他解释说："我感觉如果继续深入的话，自己不会再有勇气活下去了，可是我还有五个孩子要养活。我本不该接手父亲的摊子。只有一个解决办法：忘记，忘记。"

从父亲决定面对自己处境的那一天起，孩子觉得自己所承受的重量变轻了；当父亲决定不再继续进行心理治疗时，孩子重新陷入萎靡的状态。这是我见过的最令人心碎的父母和孩子之间的相互反应。儿子表示自己身上的男子气概受挫，实际上是父亲身上的男子气概受挫。在后者身上，不能在生活中坚持做自己被认为是孝顺的标志，这也掩盖了他对自己父亲深深的怨恨。他把这视为生活失败的根源。作为父亲，他想要毁掉自己，仿佛只有这样做，才能为给自己带来沉重负荷的父亲恢复名誉。他通过酗酒和超速驾驶来对抗焦虑。

自主的获得

动物行为和人类行为的区别在于，前者无法将象征体系的价值整合到自己的行为中。在人类行为中，象征性功能是在个体成熟过程中逐渐获得并发展起来的。使用符号这一人类标志性的活动，出现在一个人六七岁时。可是，在意识到自己作为一个人存在之前，我们所有的行为和反应就已经很像人了，虽然此时他完全意识不到自己是谁，也意识不到自己可以自由地运用象征性功能。

象征性功能似乎总是伴随着人类的生理过程。并且，它除了作为实在的行为之外，也是在一个无时间性的心理构架中被策划、加工出来的，我们可以把它称为超验性。这既不是感觉层面的，也不是心理层面的，更不是情感性的，而是与一个人经历的一些忘记或未忘记的事件连接在一起的象征性转录[51]。象征性功能是人与自身关系的基础。

如果我说"作为一个人"，这是由于为了意识到自己是一个人，首先应该通过感官来认出自己，并认识到自己在象征性关系中是自由的。这些感官让我们依赖于自己的思想和情感，以及对自己的感觉器官的认知。

从被孕育的时刻起，人便已在交流的节奏中构建自己肉身的存在了，这标志着人与人之间实质性的关系都伴随着象征性过程。毫无疑问，象征性功能的重要性，在于它摆脱了时间和空间的限制。

对于人而言，万事万物都可以成为信号。人可以把重复的信号制作成符号。由于符号与心理—知觉在记忆中连接在一起，因此人可以利用符号来影响另一个人。

任何一个人都可以通过象征性功能影响其他人，并在其他人身上唤起情感共鸣。这种以信号为中介，在不同人的意识中唤起某种情感的同时性，在人类内在的认识和博爱之间带来了情感上的相通。

这些表达，作为被记住的新信号，唤醒了每一个共同参与生活事件的人在其体验到的情感上的相通，而且象征性符号在人们身上唤起的共鸣将重新带给人们一个承认其同伴的符号。事实上，许多人感受到同样强度、品质和表现力的情绪状态这一事实，带来的是属于同一物种的感受。后者与其表达的情感价值连接起来，并利用体验到的、与生命相关的兴奋感及强度被个体划分成不同的等级。

对于某些人而言，所有来自其他人的符号都不能在他们身上引发共鸣，而是陌生的事。面对这种陌生的事，他将根据自己从符号中体验到的感知—情绪来做出反应。这种体验如果十分不同于其他体验，就会保留与其唤醒的感受相关的记忆痕迹。它既没有参照的初始感受，也没有任何等级价值。这种初始感受是乏味的，如果它被允许或伴随与生命有关的美好交流，那么它或多或少是有意识的，并且被认为是中立的，既不好也不坏。为了使它占据有价值的等级位置，必须恢复以前体验过的感受，与作为人与人之间或类似已知关系的联结。

象征性功能包含人类彼此承认对方和自己相似这一概念，自主的概念也包含"既视感"（似曾相识）的概念，也就是时间概念。人类有意识地使用象征性功能，意味着可以区分自己与他人，也就是说形成自己特有的空间和身体概念，以及在此空间里，构成两具身体之间的、两个人都认为有价值的中介的观念（模仿、声音、信号）。因此，象征性功能的使用意味着除了情感共鸣之外，还包含一种延迟身体间的分离的概念。这种共有的象征性功能暂时将身体在空间中联系起来，意味着战胜分离的考验。

——人的一切体验都是对自身存在的确认。人类所有的感受，愉快的、冷漠的或者不愉快的，都是对存在的肯定。

——人所感受到的没有被同类感受到的东西，是一种无用的经历，因为它并没有融入时间和空间。

——人身上所有那些源于自身存在感的东西，在被其他人感受到时，如果没有唤起任何相似的感受，没有产生任何共鸣，无法与另一个人的存在感相互印证，那么他就会感到孤独。

——来自个体自身的一切，在另一个体身上产生了一种反应，由于这种反应，后者无法在没有削弱或取消自身表达方式的情况下获得共鸣，这完全削弱了后者存在的有效性，导致后者否认或打断自我表达的时刻，让后者不再认识自己。

这种象征性功能似乎很早就被作为感觉和记忆功能存在于人类身上了。此功能与人类共有的早期动作语言同时出现，也是为了与母亲的表情一致，特别是一些刻意的模仿；此功能在口头语言中充分地发展起来，也就是在孩子十六七个月的时候。[52]

和口语一样，所有的一切对孩子而言都是语言，尤其是表情和声音，以及感官上的安详和紧张状态。

——婴儿所有来自身体的愉快或不愉快的经验，都伴随着母亲神经质的平静，它象征着安全。

——婴儿所有来自身体的愉快或不愉快的经验，都伴随着母亲神经质的紧张，它象征着不安全。

同样，我们可以想象世界上最紧密的关系，就是母亲和婴儿或胎儿的关系。在个体经历中，这些关系包含着象征安全或危险的丰富体验，这是我们生死概念的基础经验。也许在意识还没有真正苏醒的情况下，讨论这些象征性经验看起来自相矛盾。然而，精神分析可以治愈那些因失去内心和谐的经验而出现的障碍，这一事实使我们超越了纯粹的遗传范畴。也许我们有必要在象征性符号的物质性（在人身上）基础中找到具体的解释，此物质性仅仅是为了等待个体意识的觉醒，为了少一些混杂，为了作为与符号相同的价值出现。我们可以说，在孩子和母亲之间，象征性符号从胎儿时期就完全参与了孩子的发育，它并不仅仅是一种有机体和动物性的依赖，而是存在的组成部分。这已经是一种象征性的人与人的关系了。有些孩子出生时很健康，但却受到母亲焦虑状态的影响，消极地回应那些让他有生命力的东西，也就是那些与外部世界有建设性的交流。

现在我们会给婴幼儿做精神分析，他们被患有神经症的母亲伤害，或者被过早抛弃，或者曾被母亲尝试堕掉。这些都让他们受到了创伤。在某些情况下，这些精神错乱的孩子（通过无意识的表达，利用象征性游戏，借用某个理解他们的人，重新经历和理解那些给他们带来紊乱、不安和伤害的事件）能重新找到完整的调节生理节律，维护心理、情感健康的过程。

由于重新体验了某些经历，并象征性地与那些导致障碍的经历，以及可能使其丧失并导致紊乱的力量进行了交流，这个作为人类"样品"的孩子的功能才得以恢复，从而超越自身的不幸。

因此，导致并消除障碍的象征性功能对人类而言，在婴幼儿时期非常重要。此功能的社会性用途，及有意赋予这个最初自发使用的功能的价值等级，是人类所特有的。

精神分析，特别是儿童精神分析，让分析者对人类的经验有了全新而独特的观察。我尝试带来一些自己的见证，通过人与人的相互关系，让大家对获得自由，或者更确切地说，对获得自主的个体行为有新的看法。

这种自主逐渐出现在主体的感受中，是为了让人类这一物种体验到责任感，确信获得自主是必不可少的。我们会惊讶地看到，从精神分析的观点看，这种自主仍然是相对的，而主体常常忽略了这种相对性，相信自己是完全自由的。这种主体感受到的责任感使其能够获得道德感，以及人类特有的行为价值等级化。在道德等级中，行为的价值从人类的感官经验中脱离出来，然而这些感官经验对于行为价值的形成是必不可少的。对于认为人类行为研究应该以自由行动为中心的人而言，以下是一些思考材料和思路。

孩子在子宫内的特点是，母亲和孩子的关系完全参与了生命的形成，并在其生长发育中留下印迹。也有人认为这不会给胎儿留下任何印迹，这个小肉团此时并没有被赋予生命。幼儿精神分析的临床工作迫使我们以另外一种角度去思考。

父母在肉体的交媾中，自愿或拒绝协助这个新的个体诞生的意愿会深深地影响孩子。这里已经产生了一些微妙的差异，这将在进一步的研究中被证实。孩子如果在父母双方并非相亲相爱的情形中被孕育——即使孩子作为他们生殖力的客观证物被欲求着，或者出于自我确认的其他相关原因，那他在无意识中似乎会被烙上特殊的印记。这个孩子要么是因为自己的出生和自己带来的这些东西，从一开始就未被爱过，要么他不是父母想要的，而是父母屈从于道德压力生下的孩子。他在子宫内不怎么快乐地生长着，父母也没有善意地参与他的生长过程。

我们可以在一些有着神经症障碍的孩子身上发现，在他的内心深处，或在他出生以前，他承受着母亲情感上的拒绝，虽然他并没有遭遇实质性的堕胎，出生后也是被接受和被爱的。这一情感上的拒绝通过一种不安全感表达出来，抑制了最基本的生命活力。

这里，我要再次引述一个六岁男孩的案例。他在家里忧郁淡漠，毫无活力，几乎不说话，好像在服丧一样。他从来没有亲吻过自己的母亲。由于注意到他在学校里表现得与在家里完全不同，母亲意识到孩子在家里的状态也许是病理性的。

母亲起初并不想要这个孩子。未婚夫想娶她，强迫她发生了关系。按照她的说法，这是为了要挟她，迫使她违背意愿嫁给他。那时，她非常恨未婚夫和这个孩子，并打算孩子一出生就把他丢给他的父亲，然后逃走。她的整个孕期是在泪水和愤慨中度过的。可是，孩子出生后，不知出于什么原因，丈夫在她眼中发生了转变：她爱上了他，并从成为母亲的那天起变成了幸福的妻子。她从来没有因为孩子的冷淡而吃惊，她相信自己是爱孩子的，直到第二个孩子出生，她在这个孩子身上体验到了一种在长子身上从未有过的感觉。她喜欢亲吻第二个孩子，这个孩子也会因此而满足。她想起来，每当她亲吻第一个宝宝的时候，他都会哭。等到了说话的年龄，他会一边躲避，一边说"你让我喘不过气来"。长子是冷漠的，在家庭里缺乏人际关系。他在与事物、动物、陌生人的情感接触中表现得极端早熟，从来没有被激怒过。在公园和学校里，他领导着同龄人，甚至是一些年长的孩子，他们被他的威信、对所有障碍的不在乎和无情的谨慎征服了。我们可以说，在这个案例中，胎儿为了生存而学会了不与母亲进行情感上的交流，因为她所有的愿望都是扼杀这个小生命。孩子通过否认自己的情感，获得了保障自己活下来的安全感。父亲无视妻子的拒绝而渴望着这个孩子，并且孩子的出生使父亲被妻子接受了。这个孩子很像父亲。高兴或不高兴，其他人都得服从他。这个孩子的画好似底片，有着令人难忘的特征：黑色的风景和黑色的太阳，有着白色眼睛和浅色嘴巴的人。我记得孩子从未见过底片。

　　下面是另外一个案例。彼艾尔是一个被欲求着的孩子。他的父母经历了痛苦的考验，长子两岁时突然离世。母亲一心想要个女孩，因为她有一个奇特的信念：如果是男孩，也会像长子一样在两岁时死去。在彼艾尔八岁的时候，我开始给他做治疗。这是一个特别不稳定、完全无法适应社会团体、不会笑、焦虑、充满仇恨、对自己和对别人一样危险的孩子。他很冲动，让人无法预料。除此之外，孩子在身体上很依赖母亲，同时对她有强烈的攻击性，如同一只小兽。精神分析的工作揭示出孩子感受到一些性倒错的幻想，并处于一种极其暴力的阉割迫害的假性幻觉状态中。治疗期间，他像胎儿一样蜷起来，模仿胎儿与母亲对话，这表达了所有与人类出生状况连接在一起的、被抛弃和死亡的焦虑。有一天，他问母亲："我是我吗？我觉得我就是那个死去又回来的哥哥，而且应该再死一回……

我觉得，当我还是婴儿的时候，在成为死去的哥哥之前，我是一个女孩。"这些话是他第一次说，之前他没有对精神分析家吐露过半个字。震惊的母亲告诉我："那天我才意识到自己从来没有对长子的死进行过哀悼，也从来没有想到过，事实上，彼艾尔有自己的生命。"也正是在这一天，她允许了自己既不否定孩子的性别，也不消极地看待孩子的生命。

在母婴完全参与的阶段之后，也就是在胎儿期之后，是在有选择性的情感氛围中认同母亲或她的替代者的产后期。此阶段对于人类基本性格的形成与胎儿期同样重要。通过间接的镜像式影响，孩子吸收母亲的情感状态，把它与自己消化道的感官经验混合起来。

婴儿完全认同、依赖于满足他们需求的人。我经常引用一个孤儿院的案例，那里接收不到十六个月的婴儿。这些婴儿被分成六组，由在这个机构工作三年的住院实习医生照顾。每隔四个月，这些医生就会换一批婴儿照顾。这变成了一个医生看病的游戏，每周进行两次，把所有婴儿排成一排，一个接一个，一组接一组，猜哪个医生照顾哪个组。有医生告诉我，在两个星期的接触之后，婴儿和照顾他们的医生变得"相像"起来，而且他们从来不会认错。一般来讲，这涉及源自照料者的共通的情感氛围，他们的表情会被婴儿模仿。我们总是首先辨认出外向的医生照顾的婴儿，然后辨认出内向的医生照顾的婴儿。再把婴儿交换一些日子，他们就不再像任何人了，我们也猜不到是谁在照顾他们了。

这种对母亲的情感依赖总是可被证实的，即使它并不是心理冲突的根源。我想讲讲我长子的一件事情，这发生在他三岁的时候。当时是夏天中最热的一天，他的父亲不在我们身边。我坐在花园里，孩子在不远的地方玩耍。我完全没有意识到自己正想着丈夫在这么热的天出去工作是多么可怜，突然，约纳大声地说出了我的想法："可怜的爸爸。独自一人在巴黎，天气真热，而我们在这儿多么舒服啊。"孩子的想法和我的想法惊人地一致。这是个例，然而母亲的情感氛围对两岁以前的孩子的道德和智力的影响的确是巨大的。在孩子表达自己的需求、满足、不舒服及游戏的创新能力时，母亲的反应会带来特殊的影响。根据与母亲的情感共鸣，孩子会有幸福的安全感或焦虑的不安全感。

下面就是这样一个案例。

热拉尔七岁了，但在孩子众多的家里仍像一个婴儿。他黏在母亲身上，智力正常，却表现出越来越多的情感性退行症状。他与自己早夭的哥哥有着同样的名字。

母亲说，他四岁时比现在正常。她解释了为什么他的名字与去世的哥哥一样。"我不得不这么做。热拉尔生下来的时候，和哥哥长得十分相像。我给他取了哥哥的名字，这让我觉得有些安慰。尤其是四岁以后，他越来越像哥哥。我目不转睛地看着他入睡，无法抑制地觉得就是他的哥哥躺在那张床上，然后我对自己说：'这不可能，这不可能。'我看到他既是死的又是活的。"

由于否认一个孩子的去世，母亲使另一个孩子的人格解体了。在她意识到这一点后，孩子恢复了健康。母亲看到了现实，并赋予了孩子积极的生命力。母亲不再欢喜地看着他像死去一样睡着，不再沉迷于这个孩子带给她的没有痛苦的幻想时刻。

幸运的是，并不是所有孩子都会屈从于某种强大的投射，会这么戏剧性地"被剥夺生命力"。我引用这些案例，是为了帮助读者理解一些不那么戏剧性的临床现象。

孩子出生后的第十个月到第十二个月和胎儿期同样重要。在此阶段，孩子会完成基础构建。目前看来，产后阶段在我们所称的"遗传"中占据非常重要的位置。

在最初的五个月里，被母亲或像母亲一样的保姆抛弃，这样的打击会使婴儿或轻或重地患上心理—情绪性疾病。尽管在受到创伤后，可以通过选择一个母亲的替代者来进行弥补，但婴儿心灵深处还是会留下不可磨灭的印记——直至发展成重度发育不良和愚痴。在生命的这个阶段里，"只要失去心爱的人，世界就会变得一片空虚"①显得如此可悲而真实。

所有建设性的情感交流都伴随着消化道的满足经验。然而，为了使婴儿在生理、心理和情感方面快速而充分地发展，在满足婴儿生理需求的同时，喂食、与孩子交流及爱抚孩子的方式，比掌握卫生学知识和严格控制奶粉剂量更重要。"人不

---

① 这句话来自法国浪漫主义诗人拉马丁的《孤独》。——译者注

仅仅是依靠面包活着的。"孩子在得到面包的同时，也得到了整个的母亲。母亲贡献出自己的全部作为孩子的食物，孩子则获得了母亲灵魂的滋养。

如果孩子被一个焦虑的人抚养，他自身便会发展出一种永远禁止自由表达需求、快乐、行为和主动性的氛围。如果孩子因为自己的心理特质而拥有一些精神上的潜能，他就会变得早熟，也就是很快地掌握词语，看起来像一个成人。他力图认同成人，不再做任何情感、动作和感官方面的探索。这种早熟伴随着一种神经质的成分，孩子对母亲有一种行为上的依赖，离开母亲就会感到不安。焦虑的母亲会使孩子产生危险的信念。孩子有一种负罪感，在做任何事情之前都会觉得危险。几年之后，孩子可能会发展出强迫性神经症，这是为了将自己限制在自己想象的运动性兴奋中。母亲的缺失导致无法阻止这些兴奋，孩子于是会出现一些症状，出现恐惧症和强迫性行为——这些是用来削减活力的，或者是为了压抑那个让自己去体验一些东西的意愿。任何建议都无法影响他；无论何时，他都认为是自己的错。这就是顾虑重重的孩子的状况。只有精神分析能帮助孩子恢复这些停滞的能动性。

可能发生的情况是，由于感官需求胜过了情感需求，占据了主导地位，孩子无法应对教育者的阉割焦虑（抑制所有自发性的自由）。为了活下去，他会否认和谐的情感需求，拒绝认同他人，由此发展出冷酷、对立、摧毁、对抗型的性格，并通过粗野、残酷、咄咄逼人的行为表现出来。如果这样的倒错行为得到了教育环境的正面引导，那么这个被困住的人是可以被治愈的。如果这样的行为不以损害人为目的，他就会变得不再和人类有相似性。某些受虐倾向或倒错都源自人与人的关系，特别是源自淡漠的母亲，或苛刻的教育者，以及他们和具有丰富感觉天赋的孩子之间的关系。

我们发现，一个由宽容而不焦虑的母亲或教育者抚养的孩子，一岁到三岁时总是专心致志地忙着自己的事情，喋喋不休地自言自语；表情丰富，从不觉得无聊。孩子可以自由地尝试自己感兴趣的杂技，翻筋斗，爬来爬去，走来走去，模仿成人的行为。

要让孩子掌握自身饮食的节奏，就像最迟从二十五个月到三十个月时会自然发展出来的对大小便的控制一样（在不刻意对孩子进行排便训练的社会中，超过三十个月的孩子从不会拉裤子，总是快乐自信）。在这种自发的清洁发生以前，孩子一直需要其他人帮忙做清洁护理。如果这些护理以有益、善良及耐心的方式进行，孩子就不会有羞耻感，不会自尊受损，成人和孩子的关系就会成为安详而又相互理解的人与人的关系。一个是大人，另一个是孩子，双方的价值是相等的，只是相对于大人而言，孩子尚处在无能为力的婴儿状态中。

在孩子小的时候，不要让他们在道德发展中受到阻碍，这会避免一些与性（生殖）发育不成熟相关的负罪感。

对于幼儿来说，在这段特殊的时期，接受宽容而使人安心的母亲的爱是必需的，否则会在童年后期引发补偿性行为（诱拐、偷窃、虚伪）；是母亲的"爱"让他们有了这些问题。在这种情况下也一样，这种"爱"并不是通过道德的召唤，就能真正深入地改变很早就变得倒错、偏执的意识。那些三岁前确信不管自己吃什么或拉什么，母亲总是对自己满意，总是觉得自己可爱并有价值的孩子，永远不会像处在抑郁、焦虑状态中的孩子那样，只知道有条件的爱。这些孩子到了需要面对社会考验的年纪，永远不会感受到失望，或者因为在童年早期缺爱而被击垮。被爱的孩子，在母亲的帮助下获得初期的自主行动。她允许孩子自由地进行无害的活动，不指责孩子的积极性和好奇心，帮助孩子承担一些现实的考验，而不是惩罚他。从运动和消化的角度看，孩子三岁时会获得完整的自主。可是，孩子在获得和控制这种自主之前的最后一个阶段，正是说"不"的时期，是孩子性格叛逆的时期。孩子拒绝接受成人的欲望，或者拒绝模仿以前他从来没想过要拒绝的事物。

在此之前，孩子偶尔会拒绝吃饭，玩控制大小便的游戏——这都是一些与自己对抗的游戏。如果这些游戏受到成人的尊重，没有被威胁、责骂或强行干预的话，成人将赋予孩子对自己的身体，及其内部需要与边界掌控的最初经验，就像孩子自发的杂技游戏让他开始学会掌控外部世界，开始对自己的身体力量和技巧的局限性有所认识一样。

孩子感到自己是积极的主体，并且用第三人称同自己交谈，然而这个主体仍然受制于对成人的模仿。我们不禁要问，这个反抗期是否在很大程度上是对成人的模仿，是通过模仿成人来和小小的第三人称的意志对抗的？在孩子看来，这或许和接受成人意志的态度是同样积极的。

孩子三岁之前这个说"不"的叛逆期，对于其人格发展来说是至关重要的。关于孩子口头上的反抗，我们告诉过很多母亲，当孩子说"不"的时候，他们其实常常想说"是"。这让母亲非常惊讶。她们会生气地与孩子争论，并以这种方式阻止孩子适应的过程。

如果这段时期受到母亲的尊重，并被当作孩子自主阶段的前奏，那么它会很快过去，继之而来的是孩子与母亲及其他孩子的建设性的、话语性的及合作的时期。"我"就会出现在孩子的语言里。

孩子通过与其他人的对立——首先是母亲——意识到自己的独立性，以及让自己自由的方式。通过自身经验，孩子发现"不"使自己感到厌倦或沮丧，他无法在没有痛苦的情况下避免这种依赖性。只要孩子不知道说"不"，就不会说"是"。如果在面对成人的命令时不知道拒绝，那他就更不知道如何接受。孩子仅仅是认同成人，或者只是完全屈从于满足自己的本能力量；他还没有能力操控任何东西。从可以决定自己不往某个方向发展，决定以某种方式行事，吃掉某盘菜，满足某个需要，和某人交朋友的时刻起，孩子就能使自己的情绪保持稳定，就能不再被母亲的在场或者不在场牵着走。从这一点出发，孩子便可以构建个体的概念，"我"于是在语言中成了一个符号。

我想起一件自己孩子的趣事。他在大概二十个月的时候，每天早晨醒来后会对着做晨祷的人嘀咕："不要对这个人说早上好。不要对这个人说早上好。"他的嘀咕最终结束于和一个他选中的人说"早上好"。事实上，每次看到其他的人，他都会对他宣布："不要说早上好。"如果他不小心认错了人，对另一个人说了"早上好"，他就会生自己的气。

我的另外一个孩子在大概十八个月的时候，差不多有两个星期，会在上街散步时突然停下来，不愿意再往前走，甚至大哭大闹。[53] 第一次发生时，他正在和照看他的女士兴高采烈地散着步。他的突然停下引起了冲突，我不得不中断会议返回家里。和孩子一起外出变得让人无法忍受，并且这种紧张的状态在家里蔓延开来。孩子无法准确地告诉我到底发生了什么，但是我认为孩子会在一些引起他注意的微小事物面前自发地停下来——就像老人那样必须停下来。孩子没有得到尊重，他的节奏被打乱了。无论如何，在孩子自发且富于创造性的叛逆期之前，成人的反对会让孩子坚持对抗。

我决定和他一起出门。就像照看他的女士描述的那样，发生了之前从未发生过的事情。孩子停了下来，坐在地上说他不想走了。我没有发火，而是回答："妈妈会等他想走的时候再一起走。"然后我欣赏起商店橱窗。十分钟后，他快乐地向我跑来，不再顽皮耍赖，我们继续散步。接着，我们又停了下来。这一次明显带有攻击性，而且很消极，我认为原因是他看到挂着拐杖的残疾人蹒跚经过。毫无疑问，孩子因为这种不舒服的视觉感受，对成人和社会产生了负面情绪。我试着鼓励他，让孩子更加人性化，而他故意在泥泞的街道上打滚。我没有生气，在几步以外等着，任凭他哭闹。孩子不断偷看我，如果发现我也在看他，就会继续胡闹。我等待着，刻意不去看他。十五分钟过去了，他快乐地朝我跑过来，我一个字也没说。回到家，孩子告诉父亲他不愿意走路了，在地上滚来滚去，显得很蠢。因为觉得非常无聊，他又愿意走路了，事情就结束了。事实上，这场胡闹——对成人耐心的最大考验——是孩子最后一次在散步中任性。过了一段时间，孩子想起了和他一起散步的女士，并且马上想起了自己的胡闹。他回忆说，当他不愿意走路时，她生气了，说（他模仿着抱怨的口气）"皮皮，不要任性"。"为什么他不愿意走路了？""我不知道。皮皮没有了腿，然后又有了腿。"在这种情况下，我们可以看到，面对孩子偶发性的叛逆行为，神经质的态度使成人误解了孩子。

我又想起一个三岁的孩子。他在家里用对立的态度把自己隔绝起来，令人难以忍受。保罗被骗到我这儿，站在等待室的中间一动不动，既不往前也不往后，拒绝坐下来。母亲只能通过强迫或威胁来获得一点合作。孩子感受到这种被迫的让步，觉得害怕，变得更加消极、对立。情况看起来很严重。没有任何一个人愿意照顾这个孩子。母亲总是很紧张地照顾孩子，并且因为这样，保罗有一张不快乐的脸。母亲对我说："他既不想见您，也不想服从您，更不想和您说话。您将面对一堵墙！"

我走进等待室，开始和母亲交谈，让孩子自己决定要不要跟着我们进咨询室。他没有进来，如雕像一般冻结在原地。我请母亲离开，对保罗说："你好，保罗。不，保罗不想说你好。"我拉着他的手，他则任由我拉着他。"跟我来，和我讲讲家里不对劲的地方吧。""不。"保罗似乎和地面长在了一起。"你的双腿不想过来，它们不想保罗和这位夫人说话。有趣的腿，它们真调皮。"我笑着说。感觉到他仍被迫保持这种无法驱散的静止状态，我说："一个保罗阻止另一个想走动的保罗，这一点也不有趣。"我感到孩子变轻了，不再僵硬了，便接着说："好吧，你现在可以过来了吗？""不。""那么，我来帮你。"我牵起他的手。孩子跟随着我，他自己也很惊讶。我对他说："他不想过来，因为这里有两个保罗。一个说'我不想见这位夫人'，另一个说'不行，我的腿走不了路'。"我们进入咨询室。"把大衣脱掉吧。""不。"同样的游戏。"那就不要脱掉大衣。"所有一切都准备好了。"如果它妨碍了画画，我们就把它脱掉。"我把他带到桌子旁："保罗不想画画，可是保罗的手却渴望如此。"我握着他的手，把一根蜡笔放在他的手里。他愉快地和我继续玩下去。"脱掉大衣，我们玩泥塑！"先是"不"，紧接着便是"好"。事实上，在成人的手的帮助下，他的回应变成了一开始"不"，然后马上"好"的模式。

最终，孩子用一种似乎获得解放的活跃幸福的表情看着我，没有说一个字。母亲简直不能相信孩子的心理制约真的被解除了，因为这种令人痛苦的状态已经持续了三个月。我建议母亲不要相信这个"不"，而且帮助孩子走出这个他自己无法独立摆脱的恶性循环，但只能在一些绝对有必要的事情上帮助他，并且要知道如何与孩子愉快相处。结束时，我对保罗说："你可以继续用嘴回答'不'，但当这样做使你高兴或有需要的时候，即使嘴巴说'不'，脚和手也可以回答'好'。如果是一些无聊又没用的事情，那么必须回答'不'，而且不要去做。妈妈会明白并帮助你的。"

在这个特殊的案例中，母亲把孩子仅仅当作物体，致使孩子发展出一种静止状态。她原本想让孩子成为寄生虫，只能被动地服从。她越是表现得专制，超过三岁的儿子就越会通过认同成人的游戏，处在对立的阶段。在这种情形下，会有两星期难熬的日子，在母亲忙碌的情况下这会变得更难应付。可是，如果我们明白自由和合作的性格是需要付出这样的代价来建构的，不是会更有耐心吗？孩子在三岁以前，无论是女孩还是男孩，都不会形成排他性。孩子的梦表明了他对母亲强大的人格力量的认同；所有的孩子，也包括成人，都在想象其他人和自己一样；每一个孩子都想变得像妈妈一样，想"像妈妈那样做"。这种认同的欲望给孩子带来了消化和运动的自主，促使孩子学习语言及家庭中的习惯用语。孩子更多在口头上而不是在动作上形成对立的认同，进而掌控自身的兴奋。孩子和母亲一起过着与世隔绝的生活只是特例，因此，为了像母亲一样，这个围绕着全能母性形象打转的孩子进入和父亲、兄弟、姐妹及社会的关系。

三岁时，孩子开始建构起"父亲和母亲是不一样的""男孩和女孩是不一样的"等概念。孩子知道自己是男孩或女孩，但尚未明白是什么让男孩与女孩不同。除非受到母亲神经质反应的影响，孩子会自然地以自己的性别为荣。从三岁开始，孩子会逐渐发现生殖器区域的性别差异。在三岁以前，看到一个与自己性别不同的孩子并不能让孩子拿他和自己做比较：孩子只是看到而已，并没有什么特别的感觉。

如果家庭环境充满活力，尤其是母亲接纳她自己的性别，我们就会发现三岁的孩子开始对性别产生好奇，并且会自由地表达这种好奇。

这些发现很有教育价值。如果母亲马上帮助孩子表达想象，那么这些想象大部分涉及母亲身上原始的阉割焦虑，或者是母亲对男孩的偏爱所导致的焦虑。[54]在健全的家庭中，成人会自然地使孩子形成关于性别的观念（女孩的身体与母亲及所有女性的身体相同，男孩的身体与父亲及所有男性的身体相同），给孩子在社会层面上的发展提供方向。以"俄狄浦斯"为名所描述的那个阶段就是这一发现的结果。

从这一刻起，精神的依赖会是双重性的：孩子对父母中与自己性别相同的一方是认同性的依赖；对父母中与自己性别不同的一方是协作性的依赖。最终，在本能的游戏中，孩子不可避免地同父母中与自己性别相同的一方进入一种爱的竞争状态。这个竞争对手同时也是孩子想要变成的人。

女孩表现出的对娃娃的依恋，对我们来说似乎越来越变成母性权力的象征性客体。[55]

男孩表现出的对武器的偏爱，则是父性权力的象征性客体。

男孩和女孩玩的夫妻游戏，都是围绕着躺着在摇篮中的玩具娃娃进行的。

这段家庭协作和学业上的学习时期，应该围绕着对父母中与自己性别不同一方的爱和对父母中与自己性别相同一方的形象的内在冲突。两者缺一不可，否则人类永远无法通过接受自己的本能而从中解脱，因为他既没有方法也没有意识构建自己的性别，无法在男女混合的社会中感到自在。感到自在，就是说有能力进行交流：既不会因为自己的吸引力而感到大难临头，也不会因为自卑而让自己动弹不得。

女孩和男孩一样，三岁到七八岁（从性欲潜伏的年龄到青春期）时已能清晰地体验到来自生殖器区的兴奋。父母的态度——母亲的态度对儿子来说更重要，父亲的态度对女儿来说更重要——如果是指责的话，就好像孩子发现这些自然的兴奋是有罪的，而这会阻碍孩子一生的性欲发展。这些威胁是很有破坏性的，因为孩子正处于敏感和没有防御的时期。当然，并不是要去激发孩子身上的性的兴奋，也不是要鼓励孩子去寻找它们，而是要让孩子和谐地整合这些他在自己天性中发现的重要元素，让孩子学会把这种鲜活的力量用到自己所需要的发展中。如果孩子独自面对这样关键的问题，没有获得其他人积极的帮助，他可能会长期甚至永远对自己以及自己本性中的善良失去信心。俄狄浦斯期的孩子对某个人——或是该对象的代替者，一位叔叔或姊姊，又或是该对象身边某个亲近的人——特别的爱和这些隐秘的兴奋联系在一起，使得所有那些有损于该对象形象的东西都会损害孩子的生命力。所有让孩子觉得自己这些大多数时候都很隐秘的兴奋没有价值的说法，都会让孩子给自己的俄狄浦斯期对象戴上丑陋凶恶的面具。

孩子大约七岁到达俄狄浦斯情结的解决阶段，也就是说，放弃把父母作为肉体性欲的对象，而是把他们放在特别的位置上，排除在性游戏之外。孩子对父母的爱变成了无性欲的、温柔的爱。

为了让演变以一种真正有益的方式进行，为了解决青春期不时出现的女孩对母亲本能性敌视的问题、男孩想要对抗父亲的问题——这些问题的出现表明俄狄浦斯情结还没有消除，必须让孩子明确地放弃和父母感官上的享乐。孩子七岁之后，应该坚信男女有着不同的性特征，并且互补。如果教育者让孩子逐渐了解到人类的本质，这种双重性将成为对生命、对一些重要规则的正常整合的一部分。这样的整合对成熟的个性的形成非常有意义。孩子要放弃对父母的肉欲眷恋，接纳父亲和母亲的相互吸引，并理解这让父母彼此快乐并相互依恋。孩子会幻想自己长大后拥有妻子或丈夫。这种对沉重的俄狄浦斯情结的放弃不是负面的，不会让孩子感到自卑，而是为了让孩子得到整合，并且充分发展自身。

许多时候，是父母使孩子变得幼稚。父母不给孩子开启成人生活中情感兴奋的象征性钥匙，或者使孩子对未来生活中的危险感到不安，而这样的未来生活正是孩子借助理想化的父母形象，渴望并梦想着的。

女孩就算俄狄浦斯期延长，情感建构不完善，意识不到自己身体上的兴奋，仍是可以融入两性社会的（或多或少会有神经症式的紊乱）。男孩则必须在九岁之后放弃对母亲的爱恋。否则，这种延续的肉体兴奋会在其性格方面导致严重的障碍，使其无法适应社会。这并不是说所有的男孩都能成功地消除俄狄浦斯情结，而是说为了拯救未来的性生活，他们不能把母亲作为性对象。如果男孩继续保持对母亲的欲望，继续把母亲作为自己唯一的情感对象，同时缺少同样温柔地爱着他的父亲形象的话，如果与同伴的亲密关系对他来说没有母亲的爱抚那么重要的话，那么他在青春期将不能发展出健康的性欲。

八岁到十岁这段时期，在很大程度上决定了一个人十五岁时选择的自由度以及对性的掌控力。

我们总是不厌其烦地讲，六岁到八岁是男孩社会化和性教育最重要的阶段。他只有放弃把母亲作为男性吸引力的客体，放弃面对父亲或父亲的替代者时敌对的态度，才能获得适应社会的能力。

过渡性的性格障碍，以及想象性阉割的焦虑所产生的噩梦始终不是现实的威胁，而是标志着俄狄浦斯情结达到了顶点。也就是说，孩子要明确地放弃这个尚未发育成熟，无法承担生殖功能、无法满足成年女性需求的角色。

这种挫败很快会通过一些社会适应能力的发展，以及与其成长着的同伴的情谊得到补偿。只有在这个年龄，在告别了幼稚的童年梦想之后的理智时期，个体才会产生责任感。

虽然孩子在原则上有能力为自己的行为负责，但不要忘了，这个阶段的孩子刚刚产生良知，刚刚失去了战胜作为对手的父亲或母亲的梦想，父母此时作为胜利者在孩子看来是很难接近的。孩子感觉自己很脆弱。为了不让自己失落，孩子除了需要和同龄人建立关系之外，还需要父亲般的指导。孩子很容易受到各种社会价值观的影响，父亲般的指导能在某些时候帮助孩子重新找到同类。如果能让孩子不在其他孩子面前感到自卑，它就可以帮助孩子成为公民，等孩子到了青春期，有了性冲动，它又能帮助孩子出于本性和渴望选择一条属于自己的道路。

在潜伏期[由于孩子会对一些人，如那些比他们大的孩子，或对老师产生爱的崇拜，并且只要孩子对这些人感兴趣，就不会去考虑他们的身份（已婚或未婚），因此我们也把此阶段称为无意识潜在的同性恋期]，男孩和女孩需要父母的支持，尤其是父亲的支持。

对于两性而言，这是一段看重自己所爱成人的公民价值，并且父系形象占据主导地位的时期。

以高度教育性的社会价值为名，孩子到了放弃对父母肉体之爱的年纪，如果双亲中占主导位置的一方失去了社会价值，孩子的人格结构就有可能被打碎。我想起一个因幼年时期经历的各种事件而被摧毁个性的孩子，其中最痛苦的是父亲的失踪。孩子坚信父亲已经死了。孩子一度在精神分析家的帮助下重新构建了自己，但父亲的重新出现使六个多月的精神分析的效果一下子就消散了，孩子回到了最初的样子。他失去了学习和社会适应的能力，再次陷入无法克服的无望、焦虑，无法接受自己的男性气概。

我们从母亲那里得知父亲回来了。她一开始没有勇气说出口的事实是——也觉得孩子对此一无所知——她的丈夫是维希①的宪兵官员，他失踪是因为放过了一些德国人要抓的人，被德国人追捕。解放后，法国因为他下过逮捕令而判他死刑。只有妻子知道他的藏身之处，孩子则已经三年没有看到爸爸了。他的重新出现使儿子崩溃了，母亲把情况如实告诉了精神分析家。

治疗继续进行，孩子看起来完全恢复了，可是同样的崩溃反应再次出现在父亲探亲之后。发生了什么？孩子看起来是爱父亲的(父亲的形象很好)。妻子也爱自己的丈夫，并以他为荣。难道是因为见父亲是需要保守的秘密吗？难道是因为父亲在冒险吗？孩子知道父亲如果被发现就会被抓。但似乎并不是这些原因，俄狄浦斯期的情感已经被分析过了。当谈到父亲的一些信念时，我们才找到问题的根源。父亲觉得自己的所作所为是有道理的。他并不否认自己之前对维希政府的信任，也不

---

① 维希法国（Régime de Vichy），第二次世界大战期间受纳粹德国控制的法国政府。1940 年 6 月，以贝当为首的法国政府向德国投降。7 月，政府所在地迁至法国中部的维希。——译者注

否认自己拒绝执行命令（这导致德国人判了他死刑），同样不否认那些经他的手而下达的逮捕令（这让他在解放后受到法国政府的审判）。通过谈论这些，我们重新还给孩子一个内在一致且良心未泯的父亲。为了不被杀掉，他试着藏起来，希望风平浪静后再回归家庭。我们对孩子解释道："如果你的父亲被找到了，他会被判死刑，就像在战争中遇害一样。他为完成自己的职责而自豪，你可以继续为他感到自豪。"

对孩子来说，尽管存在双重的判决和社会的矛盾，但是，找回有良知的父亲才是他稳住自己的重心。父亲的探视不再造成焦虑了，孩子进步得越来越快。我们通过母亲了解到，孩子的哥哥正处于参加中学毕业会考的年龄，没有什么兴趣爱好，无法构建自己的个性，更不能在家里听到关于父亲的话题。在弟弟这次决定性晤谈之后，哥哥的状况有了好转。在哥哥十二岁、弟弟四岁那段时期，兄弟俩都生活在社会对他们的父亲的谴责中。

在我看来，这是一个非常典型的例子。内在一致的、有价值的父亲形象对男孩性格的稳定起到了导向作用，促使孩子作为有性别的个体去适应社会。[56]令人震惊的是，交还给孩子一个强大父亲的关键正是父亲的行为。尽管其行为受到社会团体的惩罚或赞扬，但在父亲自己眼中，他所做的事是有价值的。他并不觉得自己有罪，并且准备好对自己的所作所为承担责任，即使会付出生命的代价。

只有在青春期发展到顶点，真正经历了对各种各样的英雄持续而矛盾的狂热，孩子才能在活跃的社会团体中，学习到人是有能力去承担失去团体信任的危险的。对于孩子的英雄，或在孩子眼里和自己相似的这个人的失败，他只有在拥有或感受过真诚而伟大的爱之后才会有能力做出适当的回应，才可以解脱出来，不会把社会现实的困难与性行为强制性地联系在一起，从而唤起神经症性的焦虑。家庭，尤其是社会，在一个人青春期发展的顶点决定着这种有价值的爱能否实现。从接受这些真实的感受，到不去对抗神经症式的剥夺（失落感），作为个体的人在这一过程中产生了。他成熟而自由，能独立地做出决定，富于责任感。

　　成熟在男人和女人身上唤醒了一种与其性欲对象生育的需要。自由地选择性对象，这个新刺激经常伴随着对双亲的认同及退行的危险。

　　在心理学家的观察中，人类从来没有在空间和时间中拥有绝对自主，但是也从未被完全限制。

　　在本文结束时，我们可以得出一些结论。那些还没有消除俄狄浦斯情结的人，他们保留了对父母的温情，除了在家中遇到一些问题之外，抚养孩子时总是会在孩子身上投射自己的俄狄浦斯情结。

　　应该从积极的方面看待情感发展的阶段，并且接受它们。不论在什么情况下，都不能把它们作为命令、事实强迫孩子接受，它们也不能成为孩子渴望的具体经验。

　　如果消除不了自己的痛苦，一个人就会让自己正在引导的另一个人陷入（在生活中潜伏的）痛苦。向导自己应该先掌握解决之道，另一个人则应该以自己的方式找到答案。

认同的互相依赖，在孩子作为人类而生活的初始阶段是有益的，可是从青春期起会变得有害，因为它更加倾向于寻求退行带来的安全感，而非真正的教育。相对于消除俄狄浦斯情结，有些成人更害怕孤独，并认为孤独是有罪的。从那时起，如果主体意识到不可能像在童年那样以正常的方式来应对，那么就应该正视孤独，这样才能实现自我解放。

精神分析的价值在于发现了幼儿期的依赖关系。在童年期没有克服这种依赖关系的人会排斥其他人，并在所谓"移情客体"上重新形成这种依赖关系。神经症性的移情最大限度地介入了人群，因为在童年期尚未解决的问题需要被解决，这就重新引发了矛盾，然后需要通过较低的成本化解这个矛盾。事实上，女孩由于俄狄浦斯期移情的固着，会根据理想的父亲形象选择男人，得到的则是失败的爱情或者不育。俄狄浦斯情结迫使她们退回完全依赖他人的早期阶段。这样的女人会对后代，或和她们待在一起的孩子产生负面的影响。

精神分析同样揭示出，个体在错过一些发展阶段后，可以在一段想象性但受控的移情关系中象征性地经历这些阶段。这段情感关系会变得丰富，并在情绪上富于教益。这允许人们重新经历那些被错过的发展阶段，从而作为主体获得行为上的自立，而在此之前，是多次的失败阻碍了其在家庭中的一些初始认同的发展。

如果说精神分析因此解救了一些有情绪幼稚症的年轻人的话，那么其工作范畴将越来越多地集中于研究和揭示童年期神经症的诱因，以及与出生的冲动相关的因素。人类相互依赖关系的研究领域无疑是很广阔的。

"集体的"健康

孩子、母亲和其他亲近的人，他们相互适应彼此的欲望，象征性地适应彼此的快乐、悲伤或冷漠——根据相互之间欲望的变化，他们可以容忍彼此的表达方式，相互给予自恋性的满足，拥有被其他人接受的感觉。

这个共生体，通过无意识的相互作用逐渐在身体上呈现出来。事实上，当每一个主体都能够自由充分地生存、行动和爱的时候，象征性关系的作用就会在心理和身体的健康中得到展示。

在冲动满足的层面上，在彼此自恋的互动中，每个人（孩子、兄弟姐妹、父母）欲望的运作都是和其他人欲望的运作交汇在一起的。

每个人都相对于其他人扮演着与自己过去、现在或未来相关联的象征性角色。这种赋予活力的欲望把每个人的自恋都集中在自己的身体这个无声的空间，也集中在集体共同的空间——这个集中了每个人行为、动作、语言的场所。

俄狄浦斯期问题的解决

乱伦欲望所导致的阉割焦虑推动人类通过学习社会法则去遵从乱伦禁忌，禁止乱伦的欲望。孩子所希望、等待、假设与父母或兄弟姐妹"身体与身体"间性的、生殖的诱惑性关系，不仅在当前，而且是永远都不可能实现的。这种乱伦禁忌是人类社会共同的规则。

个体的性冲动是被公开承认的，在被赋予人性价值的同时，人不被允许在原初客体身上得到满足。

由于乱伦禁忌的引入，孩子的力比多发生了变化。生殖性冲动暂时被压抑下去，孩子放弃了乱伦的目标，偶尔会产生对父母中与自己性别相同一方隐藏的同性恋式退行性投注的萌芽，因为从文化观点来看，父母中与孩子性别相同的一方是孩子成长的模范形象；而正是一种无性的爱推动着孩子在社会层面上认同于父母中与自己性别相同的一方。所有的性冲动都趋向于通过吸收这种社会形象，这种俄狄浦斯期式的超我去转化。对于孩子的自恋而言，这种禁忌的捍卫者必然是诱人的自我理想。[57]这种自我理想维持着冲动，并使个体主动或被动地在所有层面实现（口欲期、肛欲期、前生殖期），其中，升华的效果通过最终的阉割得到了价值的完善和提升，阉割促使孩子在与同龄人竞争和升华的活动中同社会融合。

换一种说法，对于父母的爱，以及让消费的幻想变得更复杂的欲望，摆脱了其肉欲的层面，成了贞洁的、人与人之间的、超越身体的爱，成为在口欲、肛欲和生殖器欲望的象征层面上的爱。时间和空间也改变了对幻想和自恋的依赖，变得客观且可度量。父亲和母亲家族中代际的关系，甚至是较远的堂表兄弟姊妹的关系，对孩子来说也变得清晰起来。孩子的绘画中开始出现视角。孩子开始意识到那些支配着金钱的使用法则，意识到金钱和各种服务的联系；孩子的言、行、思都围绕某种想象和现实进行着。

一种新的伦理诞生了，这就是人的尊严。这种伦理一直到青春期都还很脆弱。要维护这种伦理，父母的支持以及孩子重视的成人和年长同伴丰富而有意义的话语，对孩子而言是必需品。孩子还会在这些人之外补充一些历史英雄，或新闻中的名人，因为这些人都能发挥榜样的作用。再者，由于在日常生活中并不认识这些人，又由于自己希望看到的形象与日常现实有距离和矛盾，孩子避免了因每天只能看到父母和教育者而产生的失望。现实与幻想之间的距离，不管是在别人身上，还是在自己身上，对所有人而言都是一种无法治愈的自恋性创伤。莎西的名言"我愿善，我作恶""你胡扯吧，你胡扯吧，你只会胡扯"①是实话，对她来说，最棘手的是得到父母和教育者对孩子

---

① 弗朗索瓦兹·多尔多的原文只引用了前半句话"tu causes，tu causes"。它来自法国作家雷蒙·格诺（Raymond Queneau）的小说《莎西在地铁》（*Zazie dans le métro*，1959），原话为"Tu causes，tu causes，c'est tout ce que tu sais faire"。为了表达得更准确，此处中译补充了后半句。——译者注

的反抗的理解，使孩子把反抗产生的负罪感转变成责任感。最终目的是达到成人的道德水准，弄明白别人的行为和自己的行为的区别，弄明白在现实的法律面前，有罪行为要承担的责任与想象的负罪感及个人病态享乐的区别——后者是面对个体的法则，植根于对自己的欲望场景的幻想。这一区别是去自恋的。这就是成熟的代价。

假性愚痴

由于被强迫性的、仿佛有恐惧症的母亲照料，有些孩子会让自己变成假性愚痴。在这样的照料下，孩子的生理需要及其满足，占据了母亲所有恋物癖式力比多能量的投注。这类母亲害怕所有的微生物，避免孩子和其他人接触，甚至包括父亲。父亲在孩子起床前就离开家去工作了，下班回家时，孩子则已经入睡。

这些孩子看起来愚痴，恐惧所有的交流，实际上是倒错的；他们的焦虑以一种顽强的器质性障碍的方式表现出来，首先使他们变成医生和医院的接收对象，然后变成学校抛弃的对象，最终被送到精神分析家那里。

如果父亲和母亲同意参与精神分析，分析工作会聚焦在和母亲欲望的倒错性关系上。母亲无意识地把孩子束缚起来，为的是消除自己断奶期的创伤。孩子和母亲的乳房建立了一种早期同性恋式的关系——对于孩子而言，母亲的乳房是一个被抚摸、被过度守护的客体。这也可能是由于母亲从三岁起，就拒绝了自己的女性象征性气质；这里有着未被消除的俄狄浦斯情结，性冷淡的母亲出于责任或依赖，忍受着令她恶心的性交生下了孩子，于是孩子就成了恋物的客体，就像是粪便的替代品一样。孩子仅仅是因为怀孕而被小心翼翼保留下来的，母亲其实更愿意单性生殖。孩子无论是什么性别，都会被她当成恋物的客体，成为她向阴茎宣战的人质。

这样的女人是没有能力爱男人或女人的，她们发挥着一种虐待狂、操纵者、窥淫癖式的能力。出于自己三岁时的小女孩的自恋，她试图拥有有价值的阴茎替代品，她的女性生殖器一直作为不公平的原初阉割的信号被她否认。孩子异化了自己作为主体的命运，母亲以此回应自己过去的无能。

扁桃体和附属器官

为了具体解释健康家庭中的心身关系，我介绍一个临床儿童心理学家在我的讨论班中讲述的案例。

九岁的伊莎贝尔因为拒绝在自己的房间里睡觉而被带来做咨询：她总是想睡到妈妈的床上。这开始于一个特定的时刻，就是在她十岁的姐姐做完扁桃体手术之后。手术后的十天，妈妈一直陪着姐姐睡，伊莎贝尔则睡在客厅的沙发上。由于习惯的临时改变，她开始抱怨肚子疼；而且从这天开始，她又吼又叫，大吵大闹。为了避免邻居投诉，父亲睡在伊莎贝尔的床上，她和妈妈睡在父母的床上。

在晤谈中，她说睡在沙发上的时候，父亲抚摸她，并且父亲也让她抚摸他。临床儿童心理学家认为，孩子说的都是一些幻想。临床儿童心理学家在与母亲谈话时了解到，母亲有意回避性生活，而丈夫也无法忍受她。从这些事实以及女孩的绘画出发，我试着看清楚他们的故事。

伊莎贝尔讲的很有可能是一些幻想，特别是其中一幅关于新娘的画。在这个年龄，女孩常常会幻想和父亲结婚。其中一些冲动还有施虐的倾向。姐姐的扁桃体手术分开了父亲和母亲，而这种改变释放了伊莎贝尔的这些想象。事实上，所有孩子（这个家庭中还有一个十五岁的哥哥）都由于母亲睡在女儿旁边而安定了下来。在孩子眼里，似乎这对夫妻感兴趣的对象，已通过一次外科手术带来的焦虑发生了改变。

我认为，母亲的性冷淡解释了家里的这些喧哗，虽然表面上看，问题是由扁桃体手术引起的。

不论是通过身体机能障碍的方式，如姐姐的身心问题，还是通过妹妹神经症的性格，孩子们都无意识地理解并表达了母亲的欲望。必须要在某人的性感带上割下某些东西。作为附属器官的扁桃体发炎，至少百分之八十是身心障碍引起的。对于孩子来说，这是一种既能避免情感受伤，又能面对阉割焦虑的方式。很少有阑尾炎手术能够解决冲突，即使由于护士的照料和父母令人满意的同情，孩子从退行及自己的身体中得到了很大的次级获益。

在此意义上，父母应该和孩子一起准备附属器官的手术。为了避免次级获益，孩子住院期间不应该接受家人的探望。同样，父母会从孩子乱伦幻想、消化性想象的"神奇"阉割中受益。此外，如果我们假装为孩子做一场手术，只留下一个表皮的创伤，然后让孩子看看那个被"剪掉"的小玩意儿的话，孩子将会自愈。大多数情况下并不需要一场真正的阑尾炎手术。

最常见的是孩子在潜伏期和青春期做阑尾炎手术，这些都是肛欲期躯体化了的孩子，处于口欲期和肛欲期的孩子，还尚未明确地面对俄狄浦斯期的竞争。孩子的一些想象就是从这里来的，他们认为母亲通过嘴，有时是通过肛门或肚脐吸收了一些神奇的东西，这才让她们的肚子变大。他们这种清晰的想象出现在三岁到六岁，并不会通过言语表达出来。这个症状正是渴望为爸爸生一个孩子的欲望被压抑下去，同时又对这一神奇的生殖性乱伦欲望无意识恐惧的结果，并通过一种常见的疾病表达出来（肚子里有一些东西很疼）。

当有机会和这些肚子疼的孩子交谈的时候，如果让他们画画，我们就会发现以上这些东西。

当然，外科医生有时通过摘除这些病变的器官，也去除了这种神奇的信仰，但这可能导致孩子的退行。俄狄浦斯情结被压抑着，并没有被接受。此外，更常见的是，心理治疗师会接待一些十八九岁的孩子，他们都在九岁到十三岁时患过假性阑尾炎，并且割除了阑尾。现在，他们出现了另外一些问题：男孩拒绝男性气质，女孩拒绝女性气质。由于手术并没有消除俄狄浦斯情结，孩子直接进入了潜伏期，其结果是口腔和肛门的欲望被消除了，仅留下了尿道的欲望，这便导致了退行。

比如，我们会看到十五岁到十八岁的女孩有膀胱炎，也就是说，她们的膀胱有着和幼儿期想象的、未被阉割的阳具形成的冲动连在一起的感受，这些感受在一定的年龄段以一种身心疾病的方式呈现出来。痛经，或者所有类似的功能性障碍，都揭示出一种与乱伦幻想有关的、危险的幼儿期神奇的生育信仰。

我们不应该在没有做血沉检查和血液化验，以及找到发生感染的证据前，就给孩子做切除阑尾的手术。手术只能解决身体层面的问题，并不能消除身心疾病的根源，后者既可能导致真性阑尾炎，也可能导致假性阑尾炎。

扁桃体与阑尾是同样的淋巴组织，对身心反应特别敏感。女孩的性感带是口腔和喉咙深处，然后是消化区，包括"肚子"，这对于孩子们来说是一个表示怀孕的地方。

在以上例子中，两个女孩反映了父母之间的冲突；的确，她们比妈妈更"爱爸爸"。这正是问题所在：她们的爱属于想象的色情范畴，与真正的生殖性爱情没有任何关系。这些孩子只是"不知所措"，但其实所有人都"不知所措"。这些床上的猫鼠游戏，让家庭出现了口角矛盾。显然有必要分别和孩子的父母谈谈。

当较大的孩子成熟时，父母中与孩子性别相同的一方，会由于自己未消除的俄狄浦斯情结而退行，进入与这个青春期的孩子的竞争关系中。

这些观点源自对很多三四岁儿童的临床观察和倾听。在听到我们谈论阑尾炎手术时，孩子会说："我们把她将来会有的宝宝拿掉了。"

"她什么时候会有宝宝？"

"当她长大以后。"

"谁的宝宝？"

"爸爸的宝宝。"

一些孩子会问什么是阑尾炎，我们回答："我们从她肚子里取出一个小东西。"这个"肚子里的小东西"是内化的阴茎，是爸爸未来活着的娃娃，孩子就是这样想象着自己对玩具娃娃母亲似的爱。

至于扁桃体，一个三岁女孩的两个哥哥都摘除了扁桃体，她对我说："我宁愿齿亡（她知道如何说'死亡'这个词），也不要你们拿掉我喉咙深处为爸爸唱歌的声音。"

"真的，你宁愿死去？"

"对。因为那样，我就可以全身心地歌唱，用我整个喉咙唱。我希望你们不要切掉它。"

看看这个年龄的孩子！她认为自己对爸爸的吸引力在喉咙深处！

对要为孩子做扁桃体手术的人来说，手术当然还是要做的，但他们必须意识到，这也是治疗神经症的手术，它可能使孩子退行到婴儿时期。我们会见到患有严重神经症的孩子，如因为糟糕的保姆或幼儿期的不幸而受到创伤的孩子。母亲需要做些准备，来重构那个能够养育孩子的母性小巢。扁桃体手术同样可以重构[58]儿童的个性，前提条件是父母不能让孩子在晚上占据配偶在床上的位置。孩子由于吞咽困难，会完全退回口欲期。孩子处于象征性的年龄时，需要通过母亲的话语来修复最初的安全感。这时的母亲既不能提供喝，也不能提供吃，仅仅是象征性的母亲。新生儿并不只是需要吃奶，除了身体有机体的满足外，他同样需要喝下对他本人所讲的话语[59]，这是一种独立于身体有机体的满足。当孩子还小的时候，他既需要奶水，也需要专注的爱和真实的话语。

患精神病的孩子不会得咽炎；对患神经症的孩子来说，如果他们在还是婴儿的时候，在被喂奶、把屎把尿，以及做类似事情的过程中接触到神经质的人，一些施虐者或强迫症患者，并受到影响的话，可以通过扁桃体手术摆脱这些影响。这不要紧，我们可以允许孩子在一段时间里退行。

这时最重要的是母亲的话语，她理解孩子的痛苦。如果母亲没有焦虑地对孩子讲话，而是做好心理准备，知道孩子暂时不能喝水，带着同情心陪在孩子旁边，让他有安全感，那么她会在孩子身上重新建立一种安全的象征性关系。通过母亲的在场，孩子会令人惊异地恢复如新。

当然，我们可以说手术是必需的，并且帮助了许多由于长期反复感染而导致鼻咽炎的孩子。可是，以其从基础上得到重建的象征性关系的观点来看，我们就会发现这不只是由于做了扁桃体手术。从身心疾病的角度看，很明显，手术也起到了其他作用。严重的退行会使孩子发生改变，包括尿床，在手术当天大便失禁。括约肌受到了直接的影响，因为我们触动了掌控着所有身体的腔孔和上消化道部位的、口腔深洞的消化和呼吸的原初感觉。如果孩子喊疼，而我们对他说"是呀，你很疼""你很疼，但这是为了愈合和成长"，给他唱歌，允许孩子抱怨，甚至允许他讲一些针对医生的攻击性话语，而不去责备他，那么我们会目睹一场真正的口欲期宣泄，以及肛欲期的重建。了解这些知识对儿科医生是非常有用的。这些手术对孩子而言就像一场冲击，我们利用手术清除了孩子身上的其他障碍。

母亲这两天应该待在孩子身边，陪伴他，和他讲话，不时地拉着他的手，对他说"妈妈在这儿"，就像我们和婴儿讲话一样，也可以唱一些孩子听过的儿歌。

换一个人这么做，我们就不能期望获得同样的结果。这种获益只有母亲（或父亲的妻子）才能带来。母亲必须是陪伴孩子一直到六七岁俄狄浦斯期、第二次换牙的人。例如，一个孩子在四岁的时候失去了母亲，一年后有了继母。他开始变得令人无法忍受，或者说无法适应继母。借着做手术的机会，也就是这个夺去孩子所有能量的机会，这个把他重新置入死冲动的机会（在孩子三岁之前，喉咙是一个生命结点的性感带，而他是在这个地方受了伤），继母可以像她所替代的母亲那样做出反应；家庭中的其他成员并不会像她一样具有重建性的价值。孩子由于不能吞咽，无法用嘴来做什么，就会全神贯注地倾听一个母性的声音来和自己聊小时候的事。"三天以后，孩子会完全恢复。"

摘除扁桃体上的赘生物的手术不会造成什么创伤，半小时后孩子就能活蹦乱跳了。母亲必须明白这一点。她们因为看到许多血，觉得存在一个很大的创口。但其实摘除赘生物对孩子并不构成什么冲击。恰恰相反，他可以吞下自己想吃的东西了，并且不再感到疼痛。摘除赘生物的手术仅仅对父母造成创伤，对孩子完全没有影响。如果父母不焦虑，孩子就会呼吸自如，半小时后状况改善。我们之所以要求孩子卧床休息，是因为可能会出血。妈妈陪伴在旁边，给他念故事；孩子很饿，开始吃饭，吞咽。孩子会很高兴地稍微退行一下，就像所有待在家里的孩子一样。父母可以给他们讲一些故事，这并不会伤害孩子的活力。也就是说，孩子完全不会受到影响，相反，他的生命力重获了价值。孩子的呼吸变得顺畅起来，不再做噩梦，因为他在夜里不再感到窒息了。孩子会因为赘生物而感到窒息，从而做噩梦。窒息是一种死亡的威胁，会唤醒孩子诞生时的焦虑。必须毫不迟疑地进行赘生物切除手术，即使一生中需要反复做许多次。我们知道这些赘生物会再长出来，完全不同于扁桃体。孩子的呼吸受到妨碍，并且在睡眠中产生了源于身体的焦虑，为什么不能实施摘除赘生物的手术呢？曾经有一段时期，许多儿科医生认为，最好等待同时摘除赘生物和扁桃体的时机。然而，对孩子来说，如果没有赘生物，呼吸就会顺畅许多的话，那么疼痛就不是一种考验；接下来，如果有必要摘除扁桃体，那就摘除好了。但依我之见，这些手术最好到孩子口欲期结束后再进行。

　　我见过一些被扁桃体手术击垮的孩子，他们在很长时间里，至少到青春期之前都无法恢复活力。这导致孩子发育迟缓，家庭关系变得复杂，以及连锁式的退行和厌食，这些状况都与死冲动连接在一起。孩子的退行没有被母亲很好地利用起来。因为没有生冲动的补偿（如同那些身体健康的人），一些冲动便停留在死冲动的状态中。这些死冲动的亢进造成了抑郁。[60]

第三部分

情　感

情感的表达

　　人类利用话语和创造性克服了无能感。欲望的永无止境与其无法满足的矛盾又使人类感到痛苦。痛苦是根本且必需的，人类永远都无法回避它。见证了众多不幸的精神分析家和心理治疗师，可以帮助人们避免一些无用的痛苦。如果他们不固守在象牙塔里，便可以借助话语、象征性、创造性，减少欲望和现实之间的鸿沟带来的痛苦，并使一些无法避免的痛苦得到表达。这样一来，孤独就不会再给痛苦添加焦虑了。

　　《父母与教师》杂志就孩子情感和情绪的问题来采访我："许多成人都受到过压抑情感的教育：'不喊'，'不哭'，'做个男子汉'，'不要有情绪'。我们观察到，人们常常在不经意的情况下，以一种非理性的方式做出反抗。对于这些涉及情感表达的问题，您想对父母们说些什么呢?"下面就是我的回答。

情感和感觉，欲望和需要

婴儿不断通过高兴、担忧、不快的叫喊来表达自己的情感。然而，我们难于辨别这些情感背后的东西。母亲会认为，婴儿哭是因为他的身体需要一些东西：换尿片、吃或喝、搂抱。如果婴儿因为得到照料而平静下来，那么我们就会相信孩子仅仅需要这些。许多父母把孩子的情感简化为一些感觉，他们只关心孩子的身体，忽视孩子的心理，认为婴儿和母亲之间的心灵交流不是必需的。

就像我们看到的那样，那些满脑子都是精神分析理论的人，同样错误地把感觉简化为情感，简单地认为孩子只是倾诉了一堆多愁善感的话。事实上，孩子只不过是厌烦了用同样的姿势坐着，想动一动而已！孩子欲求着——我没有说"需要"——的东西是一种超越身体的、持续性的交流。如果母亲仅仅照料孩子的身体，不和他说话，没有通过音调的变化把自己的感受讲给孩子听，或者通过解读孩子，帮助他把自己的感受表达出来的话，他们之间的这种交流就会有缺陷。

既有感知觉也有情绪的集合体

在子宫内，胎儿始终与母亲的情绪保持着联系，并通过某种方式感知母亲血液循环、神经生理的变化。在孕期的最后一个月，胎儿的耳朵快速发育，可以透过给自己带来安全感的子宫壁听到一些声音，听到母亲和周围人说话，听到外面世界的交流。通过从子宫内的世界进入另外一个世界，孩子诞生了。有些人会因为孩子刚出生，而认为他是不会思考、什么也感知不到的消化管道，必须一动不动地待在摇篮里！可是，孩子完全以另外一种方式倾听着！声音对孩子来说充满了力量。

孩子能辨别父母的气味和声音，爱着他们，觉得和他们在一起很安全。他需要被父母当作既有感知觉也有情绪的集合体。当母亲照料婴儿时，婴儿总是需要她讲一些抑扬顿错的话："你需要什么东西吗？""噢，原来如此，你的枕头没摆好位置。""妈妈在这儿。""我在这儿。"当要离开一会儿时，母亲如果对婴儿有所说明，就会使他感到安心，因为不论母亲是否在旁边，他都能感到被母亲"关注"着。得益于孩子身上那些与情感连接在一起的对于母亲的声音的记忆，母亲与孩子置身于想象的交流中。

"需要"的叫喊，或者"欲望"交流的叫喊

正是这种想象的交流使婴儿的情感变成了欲望，促使他与母亲继续交流。细心的母亲会很快区分出婴儿要求身体护理，或要求母亲出现的叫喊。换句话说，她可以区分需要和想要交流的叫喊。并不是说母亲不需要理会婴儿想要交流的叫喊，不，她应该告诉他："小乖乖，你不想要我做这个或那个。""你知道我正忙着。但是我并没有忘了你，我一直想着你呢。"

这些话语会帮助孩子快速发展出音调不同的叫喊：要求母亲到来，要求被照料身体，心灵交流带来的满足，等等。更重

要的是，父母要明白孩子需要他们在场，不仅是需要身体上的照顾，还需要父母目光和声音的在场。这非常困难。由于母亲只能通过照料孩子的身体来表达自己的情感，因此孩子自己的情感经常伪装成一种身体上的需要。

兴奋、感觉、情感，外部世界

语言把人与人相遇过程中的感觉和情绪象征性地交织[61]在一起：一个人听觉的、模仿的、视觉的、动作的语言，都可以呈现出与孩子进行心灵交流的渴望。单纯的兴奋仅是一种感觉，单纯的感觉则是一种假兴奋。为了"兴奋"起来，需要有人与我们产生共鸣。再说一次，在孩子和母亲共生的九个月期间，他们共同拥有一些交织在一起的感觉和兴奋。对孩子而言，母亲代表了作为孕育者的夫妻。

出生以后，孩子的感觉局限在自己身上。如果没有与周围人的交流，他的兴奋就会停留在一种感觉状态中。他只能在幻觉中体验之前的阶段。那时，兴奋和感觉以周围的话语作为中介。他还未学会外部世界中人类交流的规则。要在孩子的心理上构建这种规则，需要外部世界的人来到他身边，希望与他交流，赋予他的模仿以意义，唤起他对心灵交流的欲望，帮助他通过话语表达自己的兴奋。

兴奋，"自我"，第三者

如果"兴奋"这个词意味着什么，那就是兴奋源于孩子的

"自我"。为了重新获得兴奋，孩子需要母亲。但是，他并不是需要一个鲜活真实的母亲，而是需要"母亲"的声音，或者一个周围替代者的声音。换言之，孩子以一种被动的态度参与周围人的生活，人们应该以一种灵活积极的态度倾听婴儿的喊叫及牙牙学语。这也不能绝对化，一切都取决于母亲小时候被自己的母亲照料的方式：母亲以一种她认为的自己母亲曾经生活的方式，或者与之相反的方式不自知地生活着。

母亲可能从未考虑过孩子需要什么。这是一个非常个体化的问题。也许只有在和第三者讨论孩子的时候，她才会有所思考。第三者也许是门卫、孩子的保姆，或在路上遇到的另一位母亲。第三者的介入可以使母亲发现她的孩子是"特别"的存在，而非自己的复制品。他既不是她想象中的孩子，也不是她拥有的"作品"。孩子是大自然的新作，不能像动物一样被养育、被"训练"。他渴望一种心与心的交流。虽然身体无力，但是这个小家伙等待着成人来启蒙自己的心灵，他需要的并不仅仅是定时喂食、协助排便等仪式化的社交性交流。

"训练"与自然的节奏

"训练孩子"，多么没人性的说法！可是母亲们三分之一的对话都会涉及这个内容。"夫人，我的孩子八个月时就已经学会控制大小便了，因为只要我发现他弄脏了尿布，就会打他的小屁股。现在他可以先憋着再来告诉我了。"但是，孩子需要有自己的排泄节奏，他们还尚未完成神经系统的发育：女孩至少在十九个月之前是不可以憋着粪便的，男孩至少是在二十二个月之前。如果孩子在这之前做到了控制大小便，说明他被移植了母亲的喜怒无常，埋没了自己的本性。

这些婴儿如此渴望与母亲拥有和谐的心灵交流，以至于改变或抑制自己的需要：孩子极易适应母亲的心理特点，他们成功地把本身的节奏异化为成人强行要求的、使他们变得自动化的欲望。这比我们下达给"一出生就可以控制大小便"的家畜的指令还要糟糕，它们的神经系统一出生就差不多发育完全了：我们训练它们，使其在特定的地方排泄，并没有扰乱它们的节奏（没有规定排泄的时间）。

自动化的欲望和对群体的依赖

孩子的节奏会因此变得紊乱，并将无法获得——就像我们专业术语所命名的——"肛门冲动"，即一些可以按照自己的意愿做事的冲动。"做事"可以升华所有的冲动。这样的孩子永远不知道"自己"想做什么，因为只有妈妈才知道所有关于拉屎和撒尿的事情。不幸的是，这种状态的隐喻接下来会利用手、身体、智慧，在孩子整个生命中呈现出来。孩子将永远需要一种外部的法则、命令和要求来告诉他应该做什么，他对自己的生活一无所知：母亲对他了如指掌；他只是寄生虫，由母亲指挥着他骨盆内的冲动。

我们会看到被这样抚养大的孩子，幼时就试图在群体中紧紧抱团。在具有承载性的群体里，他们是不起眼的小分子，就如同一个成年巨人怀里的小孩。他们在这里明白了自己想要什么：他们想抱团。学校也没有试图改变这种初始教育：学校并不提倡每个人都按自己的意愿独立思考，而是要求孩子理解、思考、复述同样的东西。但是，大家都很清楚，如果我们只是重述某人的蠢话或真理，我们就无法自己去发现它们，特别是用自己的话去表达自己观察、理解的事物，也无法从自己的主观经验中自然流露出一些话语。就像母亲"训练"孩子使用便盆一样，学校训练孩子讲空话。[62]

"心对心"和"母语"

"心对心"，这才是孩子的音域"啦"：这是一种气氛。[63]这是感受和情感相交的开始。一位母亲，不论她做什么，都会想着自己的孩子。当她回到孩子身边时，如果孩子正大喊着要妈妈，她可以向孩子表达自己的情绪："我离开了一会儿，但我并没有忘记你。"通过节奏和音调的变化，这样的表述能使孩子平静下来。也可以说，因为让孩子平静了下来，所以它很好地表达了母亲的情绪。

这会很有效，以至于类似的兴奋重来时，孩子吃饱了、睡醒了，又开始等待自己完全依赖的人时，他会在自己的记忆中找到一盘——如果我可以这样说的话——录着他在类似的兴奋时刻听到过的声音的磁带。这可以使孩子的喉咙快速发出声音，为自己建立一种听觉性的空间，这是对母亲归来的模仿，模仿他听到的母亲的声音。

母语就这样以一种完全无意识的方式记录着母亲在场时的缺席和缺席时的在场，孩子笨拙地使用声门关节和发音肌肉，表达出他听过的语言节奏和音素。由于母亲和他一起做的所有事情都是有"意义"的，而且这也正是他所等待的"意义"，所以孩子的模仿是"合乎情理"的。母亲给了孩子话语，而这些话语开始表达孩子的欲望。

情绪只有在人与人的关系中才有意义

孩子在欲望的话语中认识自己，仿佛母亲早已在那里，从此他便不再孤单。情绪的象征化永远由话语开始，这些话语来自一些孩子渴望再次听到并让自己感受到"妈妈就在那儿"，以及可以从中获得慰藉的类似的语音。"我"在这里：我—她，她—我，然后是父亲，母亲的另一个分身。此外，母亲身边的一些人对孩子来说是母亲和其他人融合起来的意象。因此，孩子的情绪同样受到与母亲周围人的关系的影响。

如果父亲一回到家就马上打开电视或广播，如果父亲和母亲从来不和孩子聊天，那么孩子就生活在交流的沙漠里。音乐无法与孩子进行交流，如果父母一边让孩子听音乐，一边对他说"这首曲子真好听"，或者引导他伴着音乐跳舞，那么孩子就会真正地听到音乐。要听到音乐，必须同时拥有情绪和感觉。孩子无法拥有一些独立的情绪。情绪，只有在孩子与一个认识的人的关系中才有意义，后者也会表达对其他人的感受。

孩子的情绪在空间中发展起来，这个空间被"母亲化"了，其中心是孩子身体的无意识意象。然后是被"母亲化—父亲化"的空间，之后会延伸到父母之外的人身上。在这个人身上，孩子会发现与父母不同的渴望。这个空间有时会扩展到一些物品或动物身上，因为孩子和母亲一起看到过它们，并且母亲对他说了一些关于它们的话。所有这些感受到的实体，都成为母亲情感和身体原动力的合理附属品。同样，无论身体是不是在场，母亲都是孩子认识周围世界的启蒙者：母亲确实存在于孩子的记忆中，使他拥有安全感。

无法破译的代码：在没有话语的情况下

如果孩子三岁前只会哭喊，这是因为他缺乏话语这一中介的调节。虽然他已经可以说话了，却还是退回到哭喊这种表达缺失的最原始的状态。同样，如果孩子总是沉默安静地等待着换尿布或者喂奶，在需要或欲望着某些东西的时候从未召唤过母亲，母亲喂奶时也从不与他交流，那么他就无法表达自己的情绪。母亲可能还非常自豪，认为自己成功地把孩子训练得规规矩矩，能让孩子老老实实地等着喂奶。

这些孩子再大些时会遇到很多困难。无论我们做什么，不管我们是否知道，象征性功能都是我们生活在这个世界上所固有的。如果这项功能没有被用在发音、视觉、触觉和运动的元素上，就会被迫用在一些感觉分化出来的元素上：饱食、呕吐、腹鸣、放屁和排泄的感觉，以及那些外部世界的声音。这些尚未被命名的元素是缺乏意义的，只是随着时间的流逝，偶然与身体的感觉粘连在一起，给了孩子一种语言的错觉。所有这些元素在沉默中，为孩子构建出无法被社会破译的编码。象征性功能在完全封闭的状态下被构建起来，而不是在和母亲在场与不在场的情感关系中被构建起来。这使孩子看起来像有孤独症一样，对一切都显得无动于衷。

敌人或者朋友的世界

许多孩子，包括我们治疗的一些孩子，都花费大量的时间制造一些金属撞击般的噪声。他们从母亲那里听到这些噪声，尚未理解其意义。孩子听到一些锅碗瓢盆的声音，这些声音和他们的需要或欲望的张力交织在一起。[64]这并不意味着母亲必须停止做家务，而是说她可以对孩子解释，并带他们接近这些发出声响的物品。母亲需要做的是赋予这些声音，甚至房子一些意义。例如，她可以说："噢，你听到这个声音了吗？这是吸尘器。"她可以把小家伙抱起来，让他抓一抓吸尘器。这些行为和话语会由此产生意义，这台机器也会成为孩子的朋友，因为妈妈已经介绍过它了，并且演示了如何使用它，还让他"玩了玩"。

众所周知，孩子都害怕抽水马桶，因为母亲把他们的粪便扔了进去。粪便对孩子非常重要。粪便曾经在他的身体里，让他保持热量，再被身体排出。有时是他排出粪便（身体的这部分要离他而去），大部分情况下是母亲把粪便带走。他知道粪便将消失在抽水马桶里：冲水的声音与那些属于他的被带走的东西连接在一起，因为水带走了粪便，粪便被冲走了。抽水马桶带走了一切。

如果母亲在把孩子的粪便带到厕所的时候，也把他抱过去，让他拉一拉冲水阀，对他说"你看，当我们冲水的时候，你的便便就会掉到管子里，然后它会被冲到河里，最后会帮助花儿长出来"，那么，对孩子来说，世界便有了意义，因为这一切都通过他的生理需要，通过母亲的话语和情绪，与他有了交流。我们能这样把氮循环教给十五个月到十七个月的宝宝。全世界都成为朋友，孩子为世界做出了贡献，并且在其中拥有了自己的位置，就像其他创造者那样。孩子本能的生理需要使他参与到了能量的交换中。

三岁起，甚至更年幼时，孩子就可以了解农田施肥，进行"文化"参观。我们可以通过把孩子当作农业生产经营的合作者，对他们进行启蒙教育，使他们明白自己的生理需要，以及对这些需要的控制是高尚的活动。

学校：不允许交流的地方

如果教师能对孩子说"如果我不是教师，我就没钱过日子。正是因为教你们，我才拿到工资。我是为你们服务的，是来教授让你们感兴趣的知识的"，那么，孩子将会在学校里找到自己的位置。但事实上，黑白颠倒了！孩子在为教师服务，教师则乐于教授孩子不感兴趣的东西。教师本来是为孩子的智力服务的，是来回答孩子的问题的，但是我们并没有告诉孩子。

教师强迫孩子安静，阻止他们相互交流。学校是不能发出声响、不能讲话、没有交流的地方，我们也不能说出对教师的话的看法。教师会说："在我讲话的时候，你能闭嘴吗？"而他们本来应该这样说："你说什么？""噢，还没有说到这个问题。我一会儿再回答你。""你们是否听到这位同学说了什么？他是这样想的，当然，这也是对的。我刚才说的是一个类似的词，或者按照不同的写法，我说的这个词有两个不同的意思。"

有些孩子会在口头上做一些出乎意料的联想，让所有同学都笑起来，特别是那些已经异化到依赖性关系中，想要追求女教师的孩子。无论如何，这样的孩子是边缘式的，教师得好好抓住这个机会！这种边缘式的人恰恰很聪明。这样的孩子也许会有一些不恰当的联想，但这些联想很有意思。例如，这能让孩子理解什么是同义词。向学生解释某个词，这就是一种社会对人类象征性的欢迎方式。然而，我们往往只欢迎一具身体，更确切地说，是欢迎行走的肉块。我们并不欢迎"有欲望的人"。我们，包括不知道答案的教师，并不欢迎孩子提出问题。

"重复"或者一些交汇的"情绪"

正是以上原因，使我们热衷于规定一些对孩子没有任何意义的纪律。就像有首歌所唱的，这些纪律让孩子"烦恼"。教师如果只是要求孩子复读，就不可能有交流。孩子只有异化到完全屈从于权力，才可能接受这样一种依附性的关系。教师要求孩子学习一篇课文，而教师自己早已掌握这篇课文的内容，那为什么还要要求孩子重述呢？与其花时间单方面激励整个班级去探索，为什么不能师生一起进行探索呢？

如果教师想要激发孩子探索的愿望，就需要和孩子一起去探索。如果他知道一些知识，就应该向孩子展示它们是从哪里来的，他又是如何学会的。教师需要鼓励每个学生说出他们的所思所想，需要讲出自己的感受，需要大家一起来讨论那些不知如何表达的情绪，然后一起选择用语言的方式来表达这些交汇的感觉和情绪。可是，教师常常以遵从教学大纲为借口，忘了心灵的觉醒只有在个人的探索中才能实现，而这样的个人探索应该得到承认。[65]

这才应该是学校主要及次要的工作。当然，我们每个人都有一些无法体验的观念，对于这些观念，我们把它们托付给体验过的人去教授。必须把体验的过程说出来并进行想象。例如，当谈论法国境内的河流时，必须让孩子了解有过哪些勘探者，他们是如何绘制地图的，又是怎样追溯源头，给河流命名的；人们如何利用一些必要和安全的条件建造房屋，如何为河流流经的城市命名。

我们只能通过已被探索的地方、赋予其探索以意义的人和他们留下的见证，来对一个领域有所了解。无论哪一种知识，都需要经过见证来获得意义。对教师而言，也是一样的。教师在讲解某些知识时，需要告诉学生自己是从哪里获得信息的。例如，某个知识来自某本著作，而不是引自教科书。如果教科书上的东西来自另一本教科书，另一本教科书来自又一本教科书……最终，当询问孩子一些生活中最简单的事情时，我们只会得到啼笑皆非的答案。

以关于衣服的讨论为例。

"这是什么？"

"这是我的夹克衫。"

"它从哪儿来的？谁给你做的？"

"这是妈妈给我买的。"

"她从哪儿买的？"

"在一家商店里。"

"商店？"

"这是她从一家商店里买来的。"

"那商店里的是从哪儿来的？"

"是从另一家商店里买来的。"

"可这是谁做的呢？"

"嗯，一家商店。"

"这是什么布料做的？"

没有任何人知道，因为我们从来不去思考原材料的问题，不考虑发现者和见证人，不考虑对原材料的加工，不考虑才能，也不思考工作的价值。这些价值不仅体现在金钱方面，还在于是和其他很多人相关的劳动成果。

在动作中加入话语

一些采用"主动教育"的学校能做到这一点，教师都很谦逊。对于自己的工作，教师并不比孩子懂得更多。事实上，面对"现实"这个主题，所有人都得把自己放在同一起跑线上。这就是我们所说的积极的学校：孩子在教师的帮助下，积极地想办法探索现实。孩子是有创造力和游戏精神的，如果不受阻碍，他会自己去探索事物。有时，由于欠缺身体上的经验，孩子可能会遇到一些自己意识不到的危险，成人首要的作用就是阻挡孩子鲁莽行动，然后才是培养孩子口头表达的能力。

　　成人在还不知道如何自我保护的小家伙面前，会产生一种责任感。不过，有时我们会非常糟糕地解读孩子的行为。一个孩子看似在攻击旁边的孩子，但其实他可能只是想要拉他的胳膊。被拉扯的孩子说："放开我。"教师可以解释说："你知道，他拉你是因为他想让你看看他正在做的事情。""可是我没有时间。""那就对他说没有时间，不要大吼。说就好了。"然后，教师可以对拉人的孩子说："对他说'看我在做什么'。你看，你拉他，把他正在玩的东西弄翻了。"应该允许孩子做一些看似过激的动作，成人可以适时为这些动作做一些恰当的解释，而不是去训斥他们。

特殊教育教师的贡献

　　许多教师会把自己和孩子一起做的事情变得有趣，因为对于他们来说，这不是在重复。他们本身就对这些事情感兴趣。孩子会被教师的兴趣感染。有时，我们会听到这样的话："这太神奇了，孩子居然对数学感兴趣。老师居然能让所有人都对数学感兴趣。"当然，也总是有孩子不感兴趣。为什么不行呢？如果教师真正对他所做的事情感兴趣，那他就会尊重对这件事不感兴趣的孩子，会对他们说："我非常理解你们！你可以带一本小说来，或者做其他你想做的事，但不要妨碍那些感兴趣的同学。"他不会去挑衅不感兴趣的孩子。他不会感到沮丧，更多的是理解。总是有些孩子不那么感兴趣，那么可以让他们做一些别的事情。

没有比重复不喜欢的事情更致命的了。我们必须理解，当教师被迫服从被规定好的课程进度时，对他来说，教学会变得非常困难。这种情况现在正一点点地改变。是什么使它改变的呢？要感谢那些为有困难的孩子提供培训的特殊教育教师。处于学校边缘、反抗社会规则的孩子，会在特殊教育教师的帮助下变得聪明、有创造力。我们知道这些特殊教育教师做了什么：他们很有才干，能唤醒孩子交流的欲望，并且试着让孩子对学校和学业没那么恐惧。这些教师觉得自己有权进行一些探索，因为督学对这些孩子无能为力，不会紧紧盯着大纲和"教材"。这使教师能更好地发挥主动性。机械地按照大纲给根本没胃口的孩子上课，有什么意义呢？特别是这也让教师感到厌烦！

心，情感生活的象征性表达

我们试着以精神分析的临床经验来讨论"心"这个主题。首先让人惊讶的是，"心"字背后隐藏的东西并不是那么显而易见。在我的一些观察中，心的领域或心本身，在症状、话语或绘画中似乎很重要。接下来的内容来自我的工作笔记，它们都是一些临床经验和一些常识性的东西，我并不企图以此为精神分析带来巨大的贡献。

孩子从父母那里学到的语言习惯，让他们把一些兴奋和"心"的发音联系在一起。语言和情感价值伴随着爱的剥夺或满足，迫使孩子形成一些早期观念。

早期观念之一就是拥有好心是"好的"，拥有不好的心或没有心是"坏的"。所谓"有坏心肠"，指对他人的不如意感到高兴。所谓"有好心肠"，指在一个痛苦的人或者不幸的人面前感到不自在。（孩子通过自己眼睛所看到的，把它们与内疚混淆在一起。）至于"没有心"的孩子，就是当他们的行为在父母身上引起真诚或虚假的情感时，惹父母生气或痛苦时，他们无法体验到抑郁的情绪。

因此，在孩子构建对"他人（彼者）"的痛苦和狂喜的认同时，"心"似乎被当作一个在成人眼中有价值的关键词。

从这里开始，按照成人有意识或无意识强加给孩子的，拥有好心肠或者坏心肠的评价之后，其他一些因素就开始发挥作用了。

这是系统性的研究工作。依据大量的观察，我们发现存在一种教育观念：由他人的痛苦带来的焦虑是值得称赞的。在某些情况下，这种教育甚至形成了一些源于宗教的、显得比较仁慈的倒错。

还有一种既是自发形成的又是被灌输的观念，即"听力正常的人"似乎很难区分语言及其影响。当孩子呕吐时，无论出于何种原因，只要呕吐看起来不是由身体创伤引起的，如百日咳或惊吓，那么它在法语俗语中就被表达为心里难受。也就是说，在语言中，胃的正常或异常被语言表达为心的坚固或不坚固。所以，心变成了一个表达吸收或排斥食物——吞下食物让它成为自己的一部分——的情感反应的词。"一些东西让我心里难受"意味着：我带着厌恶去做这件事，耗尽了力气，觉得很虚弱。孩子在生活中所使用的，涉及"心"这个字眼的大部分说法都有一种接收的意义。例如，三岁的男孩担心母亲离去，想要安慰自己，便说："妈妈，你永远在我心里！"母亲听后，问道："但是我怎么可以待在里面呢?""你明白，是心的心，不是肉的心，所以它很大，很大!"男孩回答道。

母亲会一直听到各种关于所有孩子都相信的神奇的消化—贮藏室的说法，甚至包括它的繁殖功能。在母亲看来，这都是正常的。然而，母亲对孩子和心的关系的传统说法是："你是从我的心里，或是从心的旁边出生的。"这颗心在食物过剩的情况下会"吐"，在其他情况下会由于食物被保存起来而产生粪便，或产生孩子。由此，"心—胃—肚子"便成为让人非常焦虑的投射对象。

我遇到过两个十一二岁的男孩，都表现出害怕心跳停止的恐惧症。他们非常气短，整天都在焦虑地检查脉搏，而且如果没有人在旁边监看脉搏就无法入睡。

这两个男孩都没有心脏病的症状，而恐惧症仅仅来自一种对母亲固着的——认同，以及对父亲奇特的畏惧——欲望，是心理上的焦虑。这两个案例中都存在一种无意识的倒错。孩子感到自己是男性，可是却想要或感觉要认同于母亲和女性，这使他同与心相连的重要的性器官受到伤害或威胁。一个男孩激动地告诉了我一个使他症状加重的事故：一根电线杆被坠落的飞机撞倒，后者被电线缠住了。"我看到可怜的电线杆被撞倒!"如他所言，他认同于电线杆而不是死去的飞行员，或者被毁的飞机。另一个男孩担心自己的心会爆炸，这让他无意识地联想到分娩。他因这样的幻想而备受煎熬。在幻想中，为了给母亲一个惊喜，他怀上了一个小弟弟。母亲在男孩出生之后不久成了寡妇，没法再要一个孩子了。男孩和母亲、姐姐一起生活，对父亲在生育中扮演的角色一无所知，也没有可供参照的男性教导他怎样做男孩。

一个长期神经衰弱的女人——在情感上缺乏兴趣——因为可以被追溯到童年期的失落而痛苦，心作为一种空虚感的表达，被她淡淡地画了出来。一天，她在心上画了一扇打开的窗，表明了精神分析移情中的第一个情感诉求。这种与巨大的无力感结合在一起的、渴望交流的新状态在她身上唤起了强烈的负罪感。她对我说："这是您的错。现在太迟了，我不应该来这里。当我们什么也给不了的时候，最好把心关起来。"

在这些观察中，心是位于躯干上部的情感—心理贮藏室的象征。它是空心的，里面神奇地住着我们爱的人，并且可以孕育孩子。这一坚固或脆弱、沉重或轻盈、柔软或坚硬的空心器官，能够为了接受或给予而打开，也能够为了拒绝而关闭。因其轻盈的饱满，它成为充满力量的贮藏室，并和消化道、安全感连接在一起。

另外一种情况，是心不再被当作被填满或贮存的，像空心物体一样被打开或者关上的器官。我想说的是，在这种情况下，主体将心放在洋溢着狂喜，有着炽热、强烈、发散性的阳具力量的情绪—感觉水平上。这时主体是幸福的，拥有令人宽慰和自信的力量感。他们不会来找精神分析家。

心积极、阳具化的方面也多次被一些男孩展示在我面前。这些看上去很被动，对周围的人和事缺乏兴趣的男孩，隐藏着对父亲强烈的情感和负罪感。这些强烈的情感是他们所不自知的，由一种针对父亲的无意识的挑衅表达出来。"希望他对我发脾气，这就是他爱我的方式。""我希望他打我，狠狠地打，让我相信他真的在这儿。""我希望自己在和对他对我都无害的情况下变得强壮起来。""我希望母亲家里有一个我打不倒的男人，他会用拳头惩罚我，而不是在肉体上阉了我。"这些话来自一个严重焦虑的十二岁男孩，他看上去总是处于"失神"的状态，就像活在梦中。这是一种典型的状态。在治疗中，他讲了下面这个故事：他遇到一个半男半女的人，这个人象征着令人生畏的、"拥有至高无上权力"的父亲。他一不小心冒犯了这个人，非常害怕会发生什么，所以采拙地试着拿起腰间的匕首。匕首从他手里脱落，正好掉进了他的衣领中（孩子展示出他左边的胸）。刀把紧紧贴着他的胸口，尖利的刀锋就像勃起的阴茎（他画了一幅画来表现这个场景）。

在让他恐惧的超人类—怪物面前，孩子没有任何行动或逃跑的能力。怪物恶狠狠地扑向他，想要抱住他，试图用致命的拥抱粉碎他。匕首深深地插入怪物的心脏，怪物被孩子心的延伸物匕首刺穿了。事实上，在身体对身体和心对心的对抗中，他想要刺穿父亲的心——并不是现实中那个他爱着的父亲，而是那个可怕的父亲的幻象。这就是男孩的幻想。这些孩子的父亲往往很淡漠，过于专注事业，或者不在意自己的孩子。

如同一开始所言，我的目的并不是从这些笔记中得出什么结论，只是提供一些材料而已。

大家知道，我们也使用"铁石心肠"或者"金子般的心"这样的词语。除了像"狮心"（勇敢的心）这样借用动物的心来做比喻以外，我们还借用动物的头来做比喻。（我们一般不说心，而是说猪脑袋①、朱顶雀的脑袋②、木脑袋。）如果我们常常把一些动物的特点投射在"头"上，毫无疑问，这是因为"头"这个概念适合作为被投射智力、行动力、逻辑，以及动态或静态意志的对象。

心似乎是一个重要的投射点，在这里，人类象征性地构建起认同感、信任感、主动或被动的安全感，以及与人类同胞的情感交流。[66]

"心"这个词好像代替了肚子或消化道，可以表达所有那些不可思议的、被纳入体内的情绪，与饱或饿相连的情感力量，以及神奇的充实或空虚感中包含的情感和微妙的东西。这些都源于我们和同类的交流。

---

① 在法语中表示固执的人，与铁脑袋、木脑袋等同义。——译者注
② 朱顶雀脑袋非常小，思维中枢不发达。法语用朱顶雀的脑袋来形容某人脑子不好。该词也表示细技末节。——译者注

孩子笔下的魔鬼

对三个孩子的画的分析

图 1 和图 2 是一个十一岁男孩的画。他把画带给我，一张叠放在另一张上。图 1 中魔鬼的头上有两只角（父亲无意识的形象），它们同时也是图 2 中魔鬼的角（母亲无意识的形象）。这两个凶恶的魔鬼都长着角。孩子在心理治疗的后期带来了这两幅画。

这个孩子偷窃、说谎、不守纪律、违拗、学习很差。他既喜欢从事危险的户外活动（从一座桥的护墙上跌落并没有让他变得谨慎起来），又希望永远躺在家里的地板上，什么也不干。所有这些障碍忽然出现在他进入"新六年级"①时。此前他一直

---

① 相当于中国的七年级。——译者注

是一个用功、谨慎、遵守纪律的好学生，特别有礼貌。进入中学实验班后，他变了。

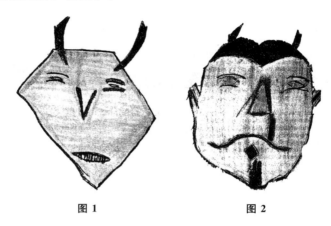

图 1　　　　　　　　　　　图 2

　　新的教学模式需要孩子的创造力，而不是心理上的服从，这彻底颠覆了他迄今为止的善恶观念。和孩子一起进行的对魔鬼面孔和父母面孔之间相似性的探讨，让我理解了孩子内在的不安。孩子在家庭氛围中构建的善恶准则和学校里新的准则是对立的，在新的准则中，服从不再具有重要的价值，这威胁到了孩子的价值观念。自从有了独立行动、独自或在集体中学习，以及观察生活的权利以后，孩子觉得自己身上的好奇心和对自由的欲望被唤醒了，这就是他从小在家中以教育原则为名义、与文化习俗有关的被抑制的东西。新六年级学生的准则是自由地和其他孩子、老师一起合作，让班级活跃起来。这给要求做奴性机器人的旧准则带来巨大的冲击。画中的魔鬼代表一些出糟糕主意的人，他们的建议可能看起来对孩子很好，然而这种家庭氛围中令人心满意足的完美不过是一种错觉罢了。这个孩子成了男孩的典范，像"大人"一样"通情达理"，但是在家庭以外，在社会中，他陷入无能为力的境地。

图 3 是一个有尿床问题的九岁男孩的画。从表面上看，他温和而又敏感，非常"通情达理"，并不反常；能

图 3

像成人一样表达自己的思想、感情，智力过人。但是，周围人说他懒惰、对学习没兴趣。他非常安静，从小就有慢性哮喘，表情很少，看似高傲，实际上很有礼貌。

他画的是一只长着锯齿的怪物。他仔细地给怪物画上锯齿，又给它画了三个角，并且装饰上象征自由的三角旗。这是一只由孩子创造的住在大地深处的、想象世界里的怪物。这只怪物守护着巨大的财富。

请大家注意，相对于脊柱上代表巨大能量和攻击性的锯齿，它的四肢显得非常僵硬。

这个孩子特别懂事，是个小大人。对此画的分析告诉我们，他那制造噪声、到处乱爬的欲望从幼年起就受到压制，并且因为干扰了父亲工作，使自己深爱的父母感到厌烦，因此这些欲望被他视作恶的。这些内部的危险被封入生理功能的原始状态，并以怪物的形象呈现出来。由于孩子的父母喜欢安静，不理解孩子的需求，孩子变得敏感并充满顾虑，认为自己幼儿期的自然冲动是有害的。叫嚷、跑跳、玩闹、跳舞和做一些无

序动作的冲动，被父母评价为坏的。这就是他对善与恶的认识，他甚至在能够升华这些冲动之前就放弃了它们。这只危险的怪物，就是被封闭在其个性深处的活力。丰富的心理—情感变成了囚徒。

图4、图5和图6都出自一个行为适应良好的男孩。图4和图5是他二十三个月时画的，图6是他三十二个月时画的。也许这些画能让我们更好地看到一个有着可怕本能的生物的演化过程：先是被投射为动物似的怪物，然后被投射为有或者没有身体、长着人类脑袋的魔鬼。我希望精神分析家注意收集孩子的画，支持心理学家深入研究孩子通过绘画投射的深层的危险元素。

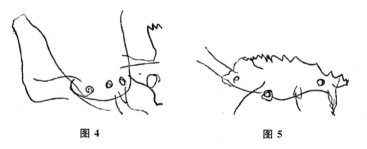

图4　　　　　　　　　　　　　　　图5

图4看起来是一些柔和且上飘的线条，其中一条甚至画得超出了纸。孩子把这个形象叫作"天使"。

图5中的形象被他称为"魔鬼"，上面的线代表锯齿形的牙（类似于图3中怪物的背部），内部和下方的延长线分叉，具有攻击性。

图 5 的三个小圈圈被孩子解释成
"魔鬼"的眼睛。这些眼睛看向不同的
方向，似乎都有与之相应的下颌骨。
图 4 的三只眼睛相对集中，眼睛下面
的那条线是下颌骨。这种类型的触角
或下颌骨似乎是为同质的视觉组织服
务的。

图 6

有些人会将图 6 看作死人的头，但这个孩子认为那也是
"魔鬼"，并且在画完后说："这没有什么好害怕的，只是一幅
画。可是如果这是真的……"他沉默了。对他而言，这个想象
出来的东西和对其形状的恐惧源于他记忆中一个有着五层下巴
的人的脸。对于精神分析家来说，三十个月的孩子，其心理和
生理通过具有攻击性的口欲期力比多（生理能量）被赋予活力。①
单独的人脸凝结着巨大的能量，表达了这个年龄的孩子的野
心，即一种对长大的强烈渴望。这一渴望会因弟弟妹妹的诞生
而增强。这个想要变成大人且模仿大人的孩子，不再满足于自
己笨拙的身体，这就是其内在的危险，也正是孩子在自己身上
感受到的傲慢的敌人。他感到自己被渴望理解一切的欲望吞没

---

① 也就是说，他的成长完全取决于进食的本能，这一本能也是这个年龄
的孩子的基础本能。孩子爱着给他喂食的人。孩子认识物品的方式是把它们
放进嘴里，或者用双手握拿并弄碎它们（就像是用牙齿一样）。孩子还没有想
要做什么事情、制作什么物品的意识，但已经非常明白自己想要拿、接受和
拥有。

了；在这个年龄段，理解则意味着吃、占据，以及变得强壮，并且把眼睛看到的事物浓缩成在智力上可以吸收的元素，拥有数倍于自己本性的攻击欲望。

儿童心理学中魔鬼的观念

孩子会受成人世界的影响，并做出反应。我们并不惊讶的是，孩子在幼儿时期就已形成关于魔鬼的观念，并已会使用"魔鬼"这个词。难道我们没有看到，即使是不信教的家庭，当孩子恶作剧时，成人也会暗示魔鬼的存在吗？这个词对他们来说，完全没有形而上的意义。

很少有孩子把魔鬼比作自己想象世界里的某个角色。它是一个单独的角色，和圣诞老人、仙女，甚至巫师、巫婆没有任何关系。魔鬼的形象笼罩着令人焦虑的危险和邪恶，他不用借助什么就可以突然出现，完全不需要药粉和魔杖。

巫师和仙女干涉人类的生活，干扰人类的国家，人类有时也会去寻找他们。魔鬼则不来自任何国家。它似乎是突然冒出来的，也就是说，它来自欲望，无处不在。它不是栖息在某一个国度里，而是一种处于强烈欲望中的状态，一种永远无法满足的欲望燃烧着的状态。魔鬼威力无比，它想逮住孩子，通过恐惧控制他，带给他情绪的动荡。

当体验到一种内部无法描述的痛苦时，当想要使交谈者也体验到这种状态时，孩子就会谈到魔鬼的话题。这些孩子都是哲学家。

孩子总是把魔鬼和有良知的道德观，也就是真正的道德观，混淆在一起。巫师和巫婆，他们可能同样丑恶，可是他们总是有学问的，尤其能融入社会。他们至少在为某些人服务，穿着象征社会生活的服装。对于社会上的一小部分人而言，巫师是必要的存在，并且值得尊重。他们通过为人类服务来获取物质方面的回报；人类和他们之间是可以有交换关系的。魔鬼则与尊重无关，从来不为人类服务。如果魔鬼看起来像是在提供服务，那也只是一种伪装，这种服务甚至超出了"服务"这个词本身的意思。魔鬼和人类之间没有任何交流的可能。正是在这个深刻的非社会性方面，魔鬼成为头号危险分子：对于孩子来说，魔鬼是社会性存在消失的同义词。如果和魔鬼往来，孩子就会进入一个没有任何社会规范、越出所有规则的世界。

对于孩子而言，与世界及宇宙秩序的接触产生了对有生命或无生命客体的物理知识，并且同他本身的存在紧紧连接在一起。空间、时间、地球引力、光、温度、湿度、大小，从来都没有脱离与人局部的接触，人也从未与在土地、水、空气、火、植物、动物上体验到的真实而连续的特殊经验分离。

人类通过自身体表，以及有知觉的感官（身体正是通过它们才获得了一些感官元素），与构成世界的元素有了接触。人类在所有可能产生比较的感觉边缘，都可以感知到本能的冲动、情感、情绪。我们从未感受到那些在我们感受之外的东西；其他人的感受并不能代替我们的感受。

我们自身的理智、敏感和感官的彼此干涉，导致了无法估量的、"怪兽般"的危险。这些冲突产生于一种内部状态，并不具有现实层面的危险性，并且超越了生物的本能。当这些冲突在具有攻击性的运动冲动阶段占据主导地位时[①]，我们可以把它们比作危险而虚构的动物。当这些冲突处于身体的食欲时期[②]时，我们可以把它们比作危险而虚构的植物。当这些冲突处于心理愿望水平上[③]时，就会被比作危险而虚构的人类。因此，恐怖的意象本身并不那么令人恐惧，是意象的兴奋和内在无法估量的震惊让人恐惧，但这是被一些感官上的联想唤醒的，它们使主体认定，这就是曾经出现在幻想、噩梦或幻觉中的魔鬼。[67]

这涉及一种内部状态，对于身体表面的感官而言，并不存在任何可以比较的基准点：这是没有时间和空间的状态。主体无法使用这种感觉的在场（话语、目光、敲击）做任何交流，不会产生迷失、死亡的风险，失去与这样的意象相异的感觉，即所谓"让自己感到陌生的可能性"。实际上，魔鬼的意象代表了主体内部活跃的冲突，这解释了个体的惊恐、焦虑。

---

① 这正是孩子可能意识到自己潜在的——不管是消化上的，还是动作上的——能力的阶段。

② 如果孩子的气质是消化类型占主导，或者他的敏感性曾经因为一些事情，或者因为周围人的情绪而受创，那么其感官、感情或消化的潜力会受到影响。

③ 主要指主体，特别是主体的脑力在智力发展阶段遭受情感创伤。这样一来，在其自发的创造性活动中，曾经属于主体交流的自然法则、自然的审美倾向会变成偏见、谎言和欺骗。

人性充满了矛盾。主观评估方式或价值等级是多么不同，多么容易有分歧啊！基本的生活需要，如呼吸、营养、睡眠，以一定的节奏呈现出来。对它们或多或少的满足形成了一种生物学上的价值等级：好与坏。感官迫使我们与周围有生命的或无生命的客体保持接触，并且我们在这种接触中所感受到的愉快或不愉快是没有共同标准的，因人而异。我们的精神系统一定还会用一种善—恶的抽象形式来表达这些感受，超越具体的感知觉。

这些内部需求彼此之间没有任何交流，非常难以调和。即使很担心，但除了与之搏斗之外，我们也没有其他办法。搏斗必然招致自我的异化（心理的、情感的、身体的异化）。我们也无法与矛盾的自己进行协商。我们和这个不是自己的人交流什么呢？这于是就成为永远的矛盾。

在我们的发展阶段中，这些内部矛盾塑造了我们每一个人独特的性格。这种矛盾既没有被精确地命名，也不确定是否与那些真实存在的危险具有共同的价值。在这种情况下，它就会被认为是危险的。

的确存在一些真实的危险：它们来自外部世界，来自我们周围的生物，也来自我们的生活环境。

环境迫使我们在需求、外部世界、满足需求的可能性之间不断评判，由此便产生了另外一种价值等级。这种价值等级和前面的生物学价值等级一样都是自然的，但我们却倾向于将它和一种超自然及先验的价值等级混为一谈。对于西方受宗教影响的孩子而言，父亲和母亲是神的投射。教育者应该采取一些必要的举措，避免孩子陷入困境。[68]从经验上讲，尊重父母意味着一种行为的价值等级，而孩子的意图是逃避父母。这种价值等级产生于主观价值等级和外部世界所允许的可能性的碰撞之中，这个外部世界在孩子看来既是宇宙的，也是情感的和社会性的。

因此，要分解一个人的善恶观念，分解他作为自主的有机体建立的最初的对幸福和不幸的看法是非常困难的。[69]

孩子身上的占有感只是消化及捕获性的，魔鬼被想象为专门杀害和吞噬受害者的存在。在成人的想象中则刚好相反，魔鬼不吃不喝，热衷于害人（除了带来快乐之外，害人对魔鬼没有其他好处）。

有趣的是，魔鬼吞噬受害者的想象更多出现在孩子身上，而且同样一种原始的基本观念产生了两种邻近的概念（魔鬼、怪物）。我们能看到，年龄大一些的孩子画的怪物和小孩子画的魔鬼特别相似。我想说的是，在这些被想象出来的形状中，在这些"可怕的野兽"中（当他们的词语中还没有"魔鬼"这个词的时候），他们投射了一些消化式的、贪婪的、本能的、可怕的、摧毁性的攻击特征。孩子借助自己的审美意识将其描绘为让他们不安并被他们称为"魔鬼"的形象。

这些怪物是在个体发展过程中，由魔鬼的原始观念衍生出来的。它被无意识地当作并不为生命服务而只为死亡服务的人，也被当作徒劳无益地积攒着宝藏的人。这些怪物杀害其他生物，并不是为了让自己活下去。与野生动物的相遇被我们想象成危险的和令人焦虑的，但我们并不会指责它，因为野生动物攻击和捕猎只是为了活命。

　　孩子无法清楚地意识到并详细地解释自己的感受，然而，如果我们考虑到孩子对自己画或者想象的故事的联想，以及对那些想象中的人物的评价，那么孩子的感受可谓丰富。相反，怪物是无休无止的吞噬者，在贪婪地攻击受害人时带着毁灭的想法。这种毁灭的想法远远超出了对受害者的渴望，受害者本身对怪物来说是不具人格的存在。只有作为"人类"的"生物"才敢于冒着死亡的风险去与怪物搏斗，为了一个他认为有价值的目的：获取那些被守护着的宝藏。

　　魔鬼或怪物对孩子来说总是危险的，它们会忽然出现在孩子令人兴奋的个体发展中，或者说，它们会出现在升华欲望和未来拥有一个理想客体的紧张时产生的利益之路上。"客体"和"理想"这两个概念的结合构成了人类的悲剧：一旦"客体"被拥有，就会受限于自身的存在，永远不再会是"理想"的了。

　　这些被幻想创造出来的形象服务于危险的本能，可以危害一切（甚至倾向于攻击纯洁而有价值的人），而且和那些在身体和道德上与其搏斗的人一样威猛，一样富有生命力。

　　在孩子的象征性语言中，这些怪物是令人厌恶的、难看的生物。这些特征与野生动物的高贵、果敢形成对比，后者的生命权得到了承认，因为它们维护的是自身正当的利益。怪物是不道德的，为了作恶而存在；野生动物与道德无关，可是它们的行动是有意义的，从生物学上看是富有表现力的。

怪物的能量非比寻常。它们在征服人类的道路上展现的风采使人们心生向往。但是，它们的力量并不是心灵上的；尽管它们的力量可以增加十倍，可是在精神力量面前，在那些表现了冲动的升华（这是心理学上我们唯一触及的灵性层面）的态度和情感面前，它们不堪一击。孩子会无意识地讲述这样的故事：英雄面对这些可恶的怪物时既不感到害怕，也不感到憎恶，仅仅有着一股因为兴奋而变得勇敢的怒火。

如果英雄和怪物力量相当，那么，英雄战胜怪物不应依靠身体的力量（就此而言，怪物可以被压制，但不会被打败），而应依靠权力和敏捷①。在战斗中，双方表现出同等的暴力。为了解放其他人的欲望，英雄凭借一种献身精神把暴力升华了。而在怪物身上，这仅仅出于一种自私和占有的意图（怪物看守宝藏只是为了不让宝藏被使用）。

在孩子的故事里，当力量均等时，有意向性品质的一方会取得胜利，继而让那些有害的暴力在另一方身上消失。在搏斗的阶段，如果英雄没有立即摆脱无益的暴虐，没有把使用宝藏当作有益的目标并献身于此的话，他同样可能会输。更常见的是，怪物最后变成英雄的侍从。在象征性的语言中，这意味着欲望被平和地控制住了。

---

① 一些野蛮又带有攻击性的欲望在口腔和肛门肌肉发展阶段得到了升华，对它们的掌控是人类特有的，是通过包含计算能力的智力完成的。

深入分析孩子讲述的他们与怪物战斗的故事，同时对他们的画进行研究，我们会意识到长着人脸的、有角的怪物和魔鬼的起源是一样的。当孩子感到自己的欲望是一些占有和控制的欲望时，以及当这些欲望与(口欲期和肛欲期)感官和运动的贪欲类似时，那么，在孩子眼中，这些欲望就既是人类的，也是动物的。由此，他们会把魔鬼投射到一些像是动物的怪物身上。

给这张脸加上角，涉及一些生殖期和前生殖期的冲动①。

---

① 精神分析有如下一些概念。

口欲期和肛欲期。大约从出生到四岁，根据消化道的进口和出口被命名。这些区域是生命最初的关注点。从一些消化性的充满和排泄开始，先是被动的发展，然后是主动的感知觉的发展，孩子开始模糊地意识到自己的存在和潜力。孩子会向这些伴随着快乐的感觉发起挑战，然后拒绝它们，并最终控制它们。人格构造正是基于这些生命经验。这些经验始终在情感上、感知觉上和生理上，与感知觉、情感、判断、主体以及世界连在一起。主体有着生命成长的生理需要和欲望，并且有着语言、动作和情绪上的表达。

前生殖期。大约从四岁到七岁，接下来是精神分析家所称的潜伏期。前生殖期的特征是随着占据主导地位的破坏和占有欲的消失，剩余价值出现，并且按照性别差异产生一些商业性和趣味性的游戏。这种剩余价值与性欲区及伴其而来的快乐意识的觉醒同时产生。主体所有的活动都以自我肯定、渴望获取自我形象，成为人类阵营中同性别的、有价值的人为目标。这个雄心勃勃的阶段使主体消除了俄狄浦斯情结。个体赋予了性别价值，渴望变成女人或男人，允许主体在家庭氛围中，面对他想成为和取代的成人而体验到爱和嫉妒。他所感受到的痛苦，迫使他放弃客观上不满足的感官享乐，进入获得主流社会知识和文化知识的阶段。他掌握了支配所有人的乱伦禁忌。

生殖期。从青春期开始，特点是个体在本能、情感和心灵生活中意识并认识到性的积极作用，产生社会责任感，为了开展超越自身利益的活动而离开家庭并寻求融入家庭之外的群体。这一阶段促使个体为社会群体贡献自己的创造力。

孩子给予这张脸的特征，反映出他对自身特点的夸大，即夸大对其他人的伤害。这会导致孩子的心理失去平衡。在给这些画涂颜色时，孩子会涂一些象征着强烈欲望和死亡的颜色（如用死亡的苍白掩盖活力四射的红）。它们总是不一致、分散、不对称、烦躁不安。所有的画都带着主导性的表情，显得不和谐，这说明不可改变的邪恶意图是毫不留情的。

精神分析家在孩子身上没有看到服务于超验的、形而上学的魔鬼的观念。孩子的魔鬼观念通过主体的实际经验，呈现出人类活跃的内部紊乱，会在孩子的心理和生理中，被做了好事或坏事的感觉创造出来。

所有以"善"之名来指挥孩子的动作、话语、外表和表情的准则，通过禁止"恶"的东西，在孩子无意识的深处形成一种类似的甚至更加焦虑的约束，而象征着警察或监管者的成人已经不在那里了。自相矛盾的价值等级之间的冲突，形成了这种内部的束缚，导致了无名的焦虑。当某个行为带来的刺激和兴奋不符合成人眼中的标准时，孩子的不适状态就会从这些内在的冲突中产生。在没有做出有害行为的情况下，不安全感会激起孩子的负罪感。由于孩子在生育力上还未完全发育成熟，这些感觉接下来会带来悔恨、愤怒和惩罚。

在笔记中，我发现魔鬼总是在男孩身上制造问题。我不知道这是不是一种巧合，或是我作为女性在精神分析中移情的结果，还是由于男孩更难在人类文明空间中拥有符合和谐价值等级的行为。我在女性那里遇到过两次有关魔鬼的问题，一次出现在噩梦中，另一次出现在幻觉中。这是两个四十多岁的女人，其中一个被诊断出患有精神病，被关进了精神病院。在此之前，她是正常的妻子和母亲，虽然很冷淡。另一个同样是冷漠型的神经症患者，适应能力很差。这两个女人自童年起就被一种男子气概折磨着①，也就是说，她们无法接受自己接收性的女性生殖性征。一个女人说看到了爬到她床上的魔鬼，另一个女人说自己爬到了某个魔鬼或怪物身上。这是否涉及前生殖期的，随着女性更年期的到来而吸收了新力量的男性气概成分的外化？我相信是的。魔鬼也会被看作淫欲，她们在噩梦或幻觉中遭受了这种震惊，有了在婚姻生活中所没有的性体验。我知道有圣玛莎和塔拉斯克的传说②。它说的是哺乳类的怪兽，并不是直立的、有着人的脸孔的魔鬼。根据精神分析去对比研究圣玛莎和圣乔治的传说将会非常有趣，但这超出了本文要讲的内容。

在圣乔治的传说③中，出现的是一个俄狄浦斯式地固着在母亲身上的男人（就像孩子一样）。他凭借着自己对生活的取舍，以神之名，最终消灭了想要摧毁他眼中的女性魅力的邪恶力量：海里的怪物会吞噬年轻的女孩（或者说，和他对母亲的爱连接在一起的性欲很危险，摧毁了他去爱年轻女孩的权利）。

---

① 小女孩身上的价值冲突让她们在智力上或情感上蔑视自己的女性特征，并且高估那些在她们看起来不那么低等，也就是不那么女性化的东西。

② 圣女圣玛莎驯服了怪兽塔拉斯克。——译者注

③ 圣乔治对抗恶龙，保护了民众。——译者注

他把所有的力量都交给女孩，并在没有危险的情况下解开了这条既连接着女孩也连接着怪物的腰带（女孩回到城里，腰带上系着一只怪物）。在这一刻，他能去完成其他使命了（他在给所有人施洗之后离开了这座城市）。他的欲望是为女人服务（肉体上的繁殖），他在社会中做的所有事都是崇高的。

以精神分析的观点来看，圣乔治的传说讲述了人类从肛欲期到生殖期所经历的冒险。冲动变得活跃，最后得以升华。所有这类传说都是男性真实的心理痛苦象征性的呈现：他在性的、情感的、心理的方面变得成熟，融入社会，同时赋予自己的行为一种利他的意义。这种有意的集中是为了实现一些事业，是为了子孙后代，是为了整个人类社会。这就是超验的、基础的、生殖期的精神本性。[①]

我知道通过精神分析工作而进行的这些思考是不充分的，并不能完全令人满意。这里，我并不是要寻找魔鬼超验性存在或不存在的证据。在临床上，我们从来不涉及超验性的问题。我们只探索眼前的这个人，这个一方面是生理的（其中隐藏或流露着一种原初的心理状态），另一方面与生理紧紧相连的，有着肢体动作、语言、精神的人。看起来，所有与周围世界接触的经历和感受，都让这些被深深打上节律的冲动变得成熟了。这些冲动支撑、定位心理—生理的存在及个体与周围环境

---

① 对圣乔治传说的精神分析式阐释没有降低这则传说的价值。相反，通过这种分析，我们可以理解其象征的重要性，及其对孩子的道德的影响。

中所有手势、语言和精神的关系，并按照独立的个人网络，形成错综复杂的、各不相同的价值等级。这个网络的结构是个体的首要特征。

没有灵魂的身体或没有身体的灵魂，以及没有智力、感觉的情感和没有情感、智力的感觉，永远都无法在临床上被观察到。我们每个人都可以感觉到自己思想、行为、感情的不同意向，可是没有任何一种客观的心理学方法可以让我们明确地评价或者预判这种吸引了一个人的心理—生理力量的道德意图。对于孩子来说，一个以周围成人的道德标准来看是"好的"的行为，如果让他自己评判，基于他所处的情感阶段，可能是一个违反自然本性的行为，是一个和焦虑连在一起的行为。孩子通过魔鬼的观念表达了这种焦虑，表达这种威胁着生命的无序。

禁欲和人格的发展

　　精神分析首先是一种临床的方法，研究的是无意识。无意识潜伏在我们身上的部分是精神生活的基础。精神分析可以通过无意识心理现象解释某些主体行为表面的不可理解之处，或者提醒主体，他们的无意识动机会违背他们的意志，把他们带到和自己的希望相反的情境中。众所周知，贞洁伴随着一些重要的升华状态，这是一种在精神分析中很少被研究的美德。迄今为止，禁欲尚未成为系统的临床研究对象。在精神分析的最初阶段，弗洛伊德把禁欲作为一种有利于治疗的条件。后来，由于一些我记不太清的原因，我们放弃了它。不过，在有些案例中，病人会被要求在治疗期间禁欲。[70]

　　了解为什么禁欲会在某些个体中引发神经症性的紊乱，有很重要的实践意义。也就是说，对于人格的意识中枢而言，一种能量的丧失是为了身体—精神的或性格障碍患者的利益，能削弱主体的行动和创造能力。我们有必要知道为什么剥夺性满足会刺激另一个主体充分发展利他的生活，同时拥有更强大的身体效能，更强烈的精神光辉，更广阔的创造力。

　　个体禁欲的方式，或者看待禁欲的方式，推动禁欲的无意识动力，使自己在心理、感情、社会生活（我有意不提及灵性生活，因为很难从临床和心理学角度去界定）中获益的方法，以及禁欲的意义（如掌控性欲、不被诱惑），这些都需要深入的研究。我们需要对修士的日常生活进行详尽的观察——通过精神分析的方法，至少与他们有接触，尽可能加上对他们的梦、幻想及联想的研究。我们只有通过这种方式，就像阐明社会层面的重要人物的人格一样，才能阐明神秘主义者的人格。即使通过精神分析的观点，利用修士的信件、著作和行为举止去做既往史研究，也还是不够的。事实上，精神分析的方法要求为处在同一社会情景中的主体观察者提供自由的联想，提供非系统化的思想。如果缺乏这些，我们就无法直接阐明上述问题。我认为可以用一种间接的方式着手这项研究。

　　事实上，生殖性欲在人类的情感和性生活中很晚才占据了支配地位。弗洛伊德的伟大发现是儿童性欲的重要阶段和冲动的演化过程。弗洛伊德首先指出，当青春期到来时，占优势地位的生殖器区的快乐和与爱的客体相连接的肉体，并不会恰当地出现在一种完整而全新的（个体）意识中，而是完全相反，出现在一种已经拥有选择性快乐的意识中。孩子之前已经有了选择男性或女性特征的快乐，而且已经在寻求并保留这些能够带来快乐的客体。对父母和教育者而言，幼儿期的固着对主体的性欲和情感的最终发展过程很重要。男孩和女孩从生命开始的第一天起，就一步一步地在自己连续性的经验中，通过在感官快乐的探寻中所体验到的困难和挫折成长。这些困难和挫折来自被强加给他们的价值，这迫使他们渴望取悦自己所爱的成人，或去认同他们。

所有这些道德的缓慢演变，总是涉及人与人之间的关系。众所周知，那些十三岁时仍被溺爱的孩子，到了青春期会一直任性下去。那些在很小的时候就遭受挫折，被过早剥夺了快乐，知道了生活的一些秘密，对自己的欲望有着负罪感的孩子，也无法得到充分的发展。到了青春期，他们只能将自己置身于社会规则之外。我认为，如果无法对健康的成人和青少年的禁欲进行有价值的观察，那么不妨对前生殖期的禁欲进行研究。这些前生殖期包括口欲期、肛欲期，以及属于男孩的阴茎尿道期和属于女孩的阴蒂阴道期。

研究不同阶段的禁欲，也就是掌握每个阶段的神经快感特征，可以为我们揭示禁欲和人格发展的关系。为了更加严谨，我会提供一些处于身体发展过程中的主体——至少六七岁——的临床案例。这意味着他们的冲动发展已经过了严格意义上的口欲期和肛欲期（就是指在寻求爱，以及为了生育而去爱另外一个人之前的阶段，此阶段的孩子渴望拥有爱，渴望获得行动的能力）。

第一例个案。这是一个七岁的小姑娘，五岁时因为完全缄默而来我这儿做治疗。缄默症和她口味上的倒错连在一起。她喝脏水、尿、机械润滑油，喜欢坐在地上吃东西，直接用手把食物放到嘴里。她从不喊疼，性格随和。有一次，她接近二度烧伤，在包扎时完全不喊叫。医生给她缝合伤口，固定胳膊，她则微笑着（我在 1949 年《精神分析杂志》第一期上用妮可的化名详述了这例个案）。大概在她一岁的时候，母亲抛弃了她。她被法国公共援助中心收留，之后被寄养。养父母很坏，虐待被寄养的孩子。在养父母被检举和逮捕后，孩子们分开去了不同的地方。妮可从寄养家庭离开时身体状态很糟糕。之后，她被一对善良的夫妻收养。经过六个月的悉心照料，他们灰心丧气地把妮可带到我这里。她最让人震惊的就是缄默，不发出任何声音，但她看起来既不笨，也不像听不到。孩子的缄默症最先痊愈，她变得可以解释体验到的不同感觉，如骨折跟烧伤比有"多疼"[71]。缄默的问题在她五六岁时解决了，这个适应良好的孩子带我走得越来越远，治疗的目的变成观察她接下来会怎么样。到了七岁，也就是学龄期，她表现得很聪明。可是，无论是在家里还是在学校里，她在玩游戏的过程中都会变得暴躁、不服从、不遵守纪律。新的问题出现了，她开始偷同学饭菜中的某些东西和下午的小零食。她这么做不是因为饿了，而是想把它们藏起来，之后再扔掉。她的母亲告诉我，有时她很明显是饿了，但坚决拒绝吃东西；她以前味觉倒错，现在则非常敏感，也很喜欢吃东西。孩子的身体十分健康；我建议母亲不要强迫孩子吃东西，尽量保持宽容。那是一个周二，母亲带孩子离开了；周五，她对老师说："我受罚了，周一前不能吃饭。我会很乖，会好好学习。"母亲向我描述了吃饭时的情景。孩子坐在餐桌旁，不吃饭，无声无息地用饿狼般的眼睛盯着大家吃的每一口饭。这令人心生怜悯。从禁食这天起，在吃饭以外的时间，她像以前一样活泼、快乐、温顺。她只喝水，早晨勉强同意喝些牛奶。她对母亲说："我之所以不吃，是因为你不想让我吃。"面对母亲的否认，她说："我知道我不应该吃，可是我不想让你为这件事情烦心。我希望你允许我不吃。"母亲同意了，并且建议小姑娘离开餐桌，去旁边玩。孩子拒绝了，她似乎觉得看别人吃饭就像在看表演，并且从中发现了奇怪而迷人的乐趣。到了周一，孩子因为禁食而变得虚弱。她对老师说："您知道吧，今晚我可以吃饭了。"当天晚上，她开始正常吃饭。这场为期三天的自愿禁食，让孩子恢复了情感的平衡。

妮可已经不再感到焦虑了。性格上的改善，似乎使攻击性的冲动得到了控制。我观察到，一般而言，如果孩子的自我禁食（孩子会说"我不饿"）得到了父母的理解（父母对此既不焦虑也不反对），那么，这样的行为总会与文化的获取联系在一起——手的灵巧性或找到新的兴趣点。这对个体智力和感官的发展是有利的。当然，如果作为孩子爱的客体和引导者的母亲一味斥责孩子这种自我调节的机制，如果母亲强加给孩子意味着失宠和决裂的处罚，孩子就会出现严重的紊乱。父母在不自知的情况下，扭曲了孩子在客体关系阶段健全的冲动适应过程。当成人既不鼓励也不贬低这种自发的禁食时，孩子会从中获得积极的动力学意义：这是一种自我发展和冲动调节的因素。孩子似乎在尝试掌控一些冲动，试图建立一些原初和简单的消费关系之外的客体关系。

这一临床观察重要的地方，并不在于自愿禁食的孩子的态度和动作。就像母亲说的那样，孩子不吃，只是用饥饿的眼睛紧盯着食物，看着它们从盘子到嘴里，再慢慢消失："她在用眼睛吞食。"这个强加给自己的禁食是一种心理过程，看似不合理，在孩子神经和性格的调节中却非常重要和有效。

可以肯定的是，如果是母亲不让孩子吃东西，结果将完全不同。在她出席而不能参与的进餐中，她不会对成人有好感，并且会因为他们在用餐时出现而感到沮丧，得不到补偿性的快乐。她无法自由地结束禁食。这种"超越"并不会带来探索性的经验，而是让这个孩子在一种依赖关系中，体验到与抑郁相关的强迫性惩罚。

这个孩子有一种违反社会规则的渴望。她变得越聪明，她的"超我"，也就是从第一任养父母那里继承来的，来自她早期生活经验和对满足肉体及感官的强烈渴望，就会变得越强烈。在我看来，妮可自己找到的解决方式，允许她表达口欲期之前的攻击性幻想；在没有进食行为的情况下，一些与肛欲期相关的动作（支配性、欺骗性和破坏性）的攻击强度降低了。这种假设是有根据的。

第二例个案。一个年轻的初学修女被初学导师带来见我。由于和同伴的小摩擦，她产生了一种嫉妒且带有攻击性的心理，时常陷入抑郁，并且伴随着负罪感及癔症式的爆发，会突然变得歇斯底里。虽然尽力了，但女孩还是无法自我克制。在这种失衡的状态下，即使它是暂时的，是否可以接受她的最终宣誓？女孩有意识地表现着自己的善良、正直、谦卑、虔信、聪慧，这让她看起来很积极也很社会化。我和女孩谈了谈。她肌肉发达，反应敏捷，表情开朗，看起来很健康。她来自一个人口很多的家庭，是家中最受保护的小女儿。在情感发展的过程中，她一直保持着一种幼稚的对性的态度：一位父亲，一些哥哥，刚显露出对年轻男性单方面的好感。她见了年轻男性会脸红。这就是全部。她身上的女性气质尚未觉醒。有些初学修女比她聪明，或者发展得更充分，这激发了她的攻击性。她相信初学导师是所有女人的榜样，认为她们有理由喜欢自己。在倾听这个女孩时，我发现她把初学导师当作家庭中上帝似的母亲。她晚上无法入睡，纠结于初学导师如何评价自己，同时她的良心又在谴责自己对伙伴的嫉妒。

事实上，如果女孩能不带着神经质的负罪感，去理解和思考自己的攻击性，那么她对伙伴的攻击性可以是一种非常有益的情感态度。这是一个来自大家庭的、总是受到照顾的、非常多情的孩子，她不能忍受情感上的孤立及爱的受挫。她很敏感，希望自己是初学导师或伙伴细心关注的对象。她非常活跃，和她早已适应的生活相反，初学期要求她安静，勤奋学习，相对被动地与外界进行交流。

在这例个案中，有两个重要因素。第一，是对初学导师的爱的张力。这种张力完全停留在无意识中，因为女孩通过满足前辈的需求，把对前辈的认同与追寻自己理想天职的欲望混淆在一起。

第二，有一股成年生殖期的力量被安放在女孩的理想上，其特点不是成为独立自主的成人，而是成为前青春期的迷恋老师的好学生。这样一种"自我"理想在前青春期是健康的，并且会促进学业，让自己学到以后征服社会时有用的东西。有着这种理想的孩子会非常陶醉，对"导师"充满爱意。但是，青春期过后，它会变成冲突的根源，因为只有在没有情感和神经症式损伤的情况下，个体才能无视那些在生殖区有着生理共鸣的爱的骚动；青春期时，健康的性欲也要寻找真实的客体，以获得真实的、有价值的交流。在这个初学修女身上，由于其幼稚的"超我"，这些本性召唤引发的需求是不可能出现在意识层面的；更进一步讲，对她而言，曾经的情感和感觉接触、温柔天真的友谊关系的缺失是一种真实的封闭状态，性的力比多在其中找到了表达方式。在她不自知的情况下，这些需求打破了封闭的状态。女孩的人格展现为自己一无所知的、由正常的同性恋冲动演绎的舞台剧。这些冲动受到压抑，被伪装起来并"去掉了"——如果可以这样说。它们在情绪上的力量，使它们不能进入意识。这些冲动以一种好斗的肛欲期攻击性冲动的形式再现（前一阶段的进化），但仍然受到超我的禁止，没有找到可行的、感觉运动性的发泄途径。这种张力及不适，在她与女伴发生口角时，变得让她难以承受。在张力背后，潜伏着的力比多被看似微不足道的情绪唤醒了，爆发出巨大的能量。

女孩其实始终处于这种持续的神经质紧张状态，这让她无法真正表现得温柔、亲切、平静——健康而虔诚的初学修女的"形象"。如果没有像许下誓愿并完成初学的修女那样，在令人疲劳但有益的事业中做有价值的、身体上的消耗的话，她可能需要和人打架。

我告诉她，必须尊重一些自然的生理需要，不要赋予它们道德价值。变得暴力既不好也不坏，只是不实际罢了。我使她意识到一种更有活力的生活对她的吸引力，使她意识到自己对受训方式的攻击性，而这种受训方式与她曾经所期望的完全相反，会导致她幼年时的梦想破灭。我使她模糊地意识到，服从的誓言并不意味着一个人在所有行为中，都要去模仿这个帮助她的人，尽管这个人如此友善、如此高尚、如此令人钦佩。在训练初学修女的方式上，她的导师并不是无可挑剔的，但还是在初修期给予了她很多爱和温柔。我向她说明，她的誓言并不等同于让自己受虐，接受考验并不意味着要享受它。这个贞洁的誓言并不意味着嫉妒其他人的美丽，并不意味着有女人味是一种缺陷。事实上，她承认，如果自己非常嫉妒的伙伴向自己微笑，她既会感到一种友谊的快乐，也会因感到快乐而自责。总之，在这例个案中，我建议，当她感觉到自己的理智被愚痴的嫉妒之火占据，即将爆发时，不要为此感到羞耻，而是要怜悯自己的人性，放任自己的想象力延伸到无意义的反应的尽头。她直率地说："我会去抓她们，打她们，骂一些脏话，把她们看作装腔作势、虚伪的女人。我会大吵大闹。这种需要十分强烈，使我晕头转向。"她的克制瓦解了。我建议她允许自己在想象中爆发。她大笑着说："这样做会很糟糕。"我说："不，大家会认为您非常有活力。"她一直笑。"如果您允许自己这样想的话，那么歇斯底里后的抑郁不会使任何人为难。在此期间，您享受着导师细心的照顾和安慰，就像是一个小宝宝。小宝宝就小宝宝吧，您最好在没有表现出让周围人觉得麻烦的行为时，允许自己在想象中像个愤怒而蛮横的孩子，而不是大哭大闹，想让人来怜悯您。"女孩非常惊讶地同意了。她还问了我其他问题，我表示自己不能做评判，但指出生活中我们总是需要一些很生猛、很有活力、很有人情味的女性，即使她们的性格很糟糕。女人假装迷人、甜蜜和安静，就像女孩为了嫁人而在订婚前伪装自己的天性。

后来我得知，女孩有了很大的转变。她成为了修女，在修会中善良而活跃。

在第二例个案中，我相信，允许自己在想象中表达基于张力的攻击性，在至善和至恶层面上是一种幻想的贬值，而这种幻想的贬值是一种有效的适应方式。所有这些因素结合在一起，使女孩渡过了难关。她接受了自己矛盾的情感，知道自己即使不完美也能很好地服务他人；意识到了自己本性中爱的情感；看清了自己与导师的关系，知道可以在不取悦上级，而只是遵守规则的情况下服从上级；明白了自己对同伴的矛盾心理是正常的。为了实现目标，女孩重新构建了自身。这个女孩身上的女性气质完全没有发展起来。她认为必须破坏自己活跃的生活，否定了自己的天性。为了取悦导师，她退行到认同母亲形象的口欲期，退行到被动的关系模式中。在这种情况下，对消耗精力和活动快乐的剥夺，使她处于神经质的紧张情绪中。这种剥夺不仅仅是外部强加给她的，也源于她自身情感的变质。这种情感上的被动使她身心失调。

幻想打架等攻击性行为是一种发泄途径，也是一种解放情感的游戏，它允许主体承担情感和运动上的不满足。

女孩同意服从要出于自愿，而不是附和，就像她相信咨询是有用的，所以来做咨询。我的工作使她意识到，导师和同伴对自己有一种同性恋般的吸引力；这是一种非常自然的吸引力，不需要道德评判，但需要被主体承认，以便主体用一种对个人发展有益的方式，为欲望的受挫感到痛苦，而不是把这些情感掩藏起来，产生交织着焦虑的负罪感和以退行为特点的症状。

这两例个案有助于读者思考与剥夺快乐相关的问题，以及完全清醒地放弃某种享乐，并谦虚地承认这个可实现的、有价值的，但很难与主体生活中其他生活要求兼容的享乐问题。第二例个案关乎节制性欲（肌肉活动满足的节制，广而言之，是肛欲的节制），第一例个案涉及禁食或口腔性的禁欲。这能帮助主体保持清醒，同时清楚自己的欲望，尊重它们，把它们当作女性生命力的证据，并在没有压垮自身发展的情感源泉的情况下，在生活中掌控它们并全身而出。操控是通过攻击性冲动的放松获得的。第二例个案中通过想象，假想自己去攻击别人，第一例个案则是带着强烈的欲念看其他人用餐。

是不是通过深入的研究，我们可以发现服务于灵性发展的禁欲总是遵循着同样的法则？倘若如此，我们应该能够观察到这种禁欲会成为个体完善自我的目标，会使心灵变得丰富；遵循它会带来更多情感交流的快乐。不管意识感受到哪种剥夺，当始终被作为必须面对的挑战时，无论这些幻想如何猛烈，在视觉上多么富于诱惑，主体也可以不带负罪感地耐心忍受。不幸的是，作为神经质根源的禁欲是一种受虐的方式。通过服从导师的方式接受这种禁欲，目的仅仅在于认同或满足他；对于主体来说，随之而来的是一种被束缚的感受，在与其他人的关系中拥有更少的自发性和快乐；人与人之间的接触会伴随着性的诱惑、幻想及焦虑，它们可能让主体感到自己是有罪的。[72]

总而言之，以精神分析的角度来看，禁欲本身并不能说明灵性发展的有效性或无效性，更重要的是在禁欲的情感层面，主体与周围人和自己的情感关系的禁欲动机、无意识的原因，以及从中获得的道德层面的快乐。

此外，某个阶段的禁欲——如生殖期——往往会从之前阶段性的满足中获得补偿，如从口欲期或肛欲期身体运动阶段获得的快乐中，或者从更原始时期一些没有付诸行动的幻想中获得补偿。在这种情况下，对于主体的人格基础而言，经常会出现一种向童年期依赖行为退化的危险。心灵并不会由此获益。恰恰相反，人类要想探寻意义，进入高文明水平的理智的禁欲，就会有很多精神上的收获，会获得愉悦的平静、集体中的活动和情感上的光辉。

最后，这个与负罪感交汇的节制性欲的问题，是与阉割焦虑相关的。正是因为超越了负罪感，人类才创造出了真正的圣洁，并从中充分发展爱的能力。

第四部分

精神分析

儿童的权益[73]

进入 20 世纪，实验心理学、遗传心理学、人际心理学的探索使专业致力于心理测量、职业指导、康复训练、咨询以及心理治疗的人增多。他们职业形态各异，所使用的方法都经历过成功与失败。心理技术现在非常普遍，大城市的孩子上学期间都会参加个人或集体的心理测试。这些测试同样被用于征兵和企业招聘；报纸和杂志甚至提供一系列笼统的测试，方便读者自我检测，或多或少地向大众传播了心理学。那么精神分析是什么情况呢？

不论是通俗读物，还是学术专著，人们到处都在谈论它。对于遇到难题的父母而言，可咨询的人是如此之多，他们轻易就承认了自己教育上的无能，准备把对孩子的责任交给专业人士，就像把汽车交给维修工那样。面对各种各样的机构，公众把精神分析家与应用心理学家、社会心理学家、医生、职业指导师、研究者（他们因科学上的好奇心而研究心理反应）等混淆起来。总而言之，大部分人，甚至是医生，都相信精神分析家会这样做或那样做，相信他懂得如何影响、教化、激励他人，相信他掌握着话语，能通过某种建议使主体表现"良好"。

然而，精神分析家并不会给出什么新的见解。他们只是允许隐藏的情感力量在冲突中找到一条路，之后咨询者要自己指引自己。精神分析一直是人文主义的着力点，它始于弗洛伊德。对无意识过程的发现启发了弗洛伊德。在主体不知情的情况下，无意识过程自行运作并限制主体的自由。通常来说，无意识深入人格诞生的过程，非常有影响力。人格本身又为语言的功能——以人类组织为轴心的人际关系模式——所支持。

精神分析是一种寻求个人现实的方法，这个现实是在事件之外的，唯一的意义是它被联想和感受的方式。咨询者通过倾诉找回了自己作为小男孩或小女孩时的早期情感。人类在生理尚未成熟时就出生了。因为对现实的无力，因为对爱与交流的永不满足，人会陷入内心的冲突。在成人的帮助下，孩子用十分有限的手段满足着自己的需要，在身体和身体的相遇中交换着爱。这种相遇是欲望的陷阱。人在与他人的身体相接触的性感区中，在或温柔或暴力的回音中，在分离的彼岸，模仿了记忆中的身体接触，发现了相遇的力量。

人类特有的象征性关系是用语言构建起来的。语言是意义的携带者，是一种用视觉、听觉、风格、触觉、韵律来感知的符号法则。语言使人成为屈服于法则的个体，就像主体—客体一样，使人独特的存在披戴了他经历的痛苦与快乐，覆盖了他与男人或女人形式的"人"的相遇。"我要变得像他一样"，这个"人"让个体认识了到男人或女人。这种认识会由于意外、误会使身体某处产生疾病，使人变得聋哑、愚蠢、盲目、瘫痪。精神分析的目标，正是使最初的人格从相遇中恢复，把它从幻觉或冲击中解放出来。精神分析作为卓越的语言类人文科学，一直在进行探索。它的研究领域越来越宽广，一直延伸到心理健康、躯体健康和行为紊乱方面。

精神分析家的实践的特殊性

有些人为了自己，或者为了亲近的人而寻求精神分析家的帮助，他们的动机和反应是值得关注的。这是一个动态的世界，既显现了人类的行为和行为的错乱，也显现了精神分析实践的特殊性——感受能力和倾听能力。来到精神分析家这里的人，常常并不知道他要找的是谁，他是被医生、教育者或其他了解他处境却不能直接帮助他的人送来的。他来到精神分析家面前，开始像对其他人那样说话，然而，精神分析家独特的倾听（完整意义上的倾听）使他的讲述于他自己有了新的意义。精神分析家不谈是非，不做评判，他只是在倾听。咨询者使用的都是日常语言，精神分析家的倾听却是带有呼唤真相之意的倾听，这使咨询者不得不严肃地对待自己所说的话。这与面对心理学家、教育学家和医生时说的话不同，事实上，后者的目标是通过他们的技术去发现和治疗机能缺陷，他们关注的是显性的现象和症状（如父母的焦虑、孩子的学业障碍或性格缺陷）。他们掌握着具体的治疗技术，倡导某种治疗手段和矫正方式，尽力提出技术性、诊断性或（治疗）预后层面的要求，采用某种说法和技巧，再结合共情的或暗示性的态度去改善症状。

在与精神分析家相遇之前，问题仅停留在解决请求的目标上，而且请求的目标对于周围亲近的人而言可能是消极的。例如，希望学业成功，这似乎是积极的。再如，消除痛苦，这是为了周围人的安宁。然而从心理动力学的角度来看，只有孩子有创造力，不完全屈从于成人，能与周围的人有（符合年龄的）语言、情感和心智的沟通，不受内心压力的困扰，思想和判断力不依附他人的欲望，能无拘无束地与同龄伙伴往来，有爱与被爱的能力，能表达感情，能处理日常琐事，总之，只有孩子表现出可塑的情感能力和模仿能力，拥有标志着精神健康的理想自由，上述目标才有明确的文化价值。孩子身边的人通常是盲目的，鼓励孩子那些取悦成人的行为。主体因为这些人的实际利益而出现症状，这对主体自己而言实际上是病理性的。从这些症状中他并未得到快乐，其中也不存在任何自由和创造性的选择。主体的症状只是一种妥协，是其他层面的不适应，也是现行的或者从一两岁就被潜藏了的幼儿神经症和青少年神经症的信号。症状可能是积极的，也可能是消极的，这对精神分析家来说并不重要，父母对孩子的症状是满意还是焦虑也不重要。重要的是，在咨询者阐述自己如此这般的行为时，要知道其行为的动力学本意是什么，以及主体准备保护的未来或受牵连的未来可能是什么。

不论咨询者现在是机能不全抑或是紊乱，精神分析家都是要通过倾听，探寻在他或他所说起的人的背后，在焦虑欲盖弥彰的欲望背后，是什么存在于身体中，在多少发展了的智力中，是什么被束缚着，是什么在寻求着交流。在父母和孩子的焦虑与求助中，精神分析家使言说主体最关切的个人问题得以换一种形式存在。精神分析家耐心的倾听和对请求的不直接回应，产生了揭示的效果，促使咨询者为了缓解焦虑和消除症状而行动起来。精神分析家在唤起有关主体的真相的同时，也唤起了咨询者个人为他人而隐藏的主体性。在第二个阶段，也就是心理治疗阶段，咨询者将发现有关自己的真相，以及环境由此赋予他的力比多自由。第二个阶段是揭示转移的最佳时机。

哪怕只有一次晤谈，父母和上一代、下一代，这三代人之间无意识关系的复杂性都是显而易见的。我们早已知道，自一个人被孕育起，父母对他的期待，他将带来的意义，他在父母（通常从孩子出生起，他们就作为孩子的对话者和模范，影响着孩子对话语的参照感）无意识投射前的真实存在，这些都深刻地影响着他。精神分析家的作用是什么？他是一直在倾听的存在。精神分析家是如何获取培训，以至于能通过倾听唤起真相的？实际上，他通常也接受过长期的精神分析，他的工作也处在更有经验的精神分析家的控制之下。教育使我们的存在多少都藏在"机器化"的表象背后，精神分析的训练使精神分析家能一定程度看到自身的真实性。在沉默慎言中，精神分析家敏感的接收能力使他能听出咨询者言论背后的复杂情感。他们比没有经过精神分析训练的人更加细致敏锐。

父母—孩子的无意识动力关系：
健康或疾病的结构性价值

众多例子表明，父母与孩子之间的无意识动力关系会妨碍和限制人与人之间的交流。在话语停滞的地方，是行为在言说。心身紊乱的儿童借由症状进行言说。儿童呈现并具化了教育者存在性的不安，或者父母令人紧张的争吵。这种争吵是被父母掩饰和忍受的，或者是被他们无视和隐藏的。

儿童无意识地承担着一种原动力，这种原动力来自父母无意识的、性的、情绪的压力与影响。父母用沉默来掩盖欲望和秘密，而这加剧了它们的致病性。反应性紊乱儿童的沉默，同时表明了无意识动力的意义和后果。总之，孩子成为父母的代言人。儿童表现出来的无力感是对自己的焦虑的回应，又或是对父母的焦虑的回应。儿童的无力感，通常是父亲或母亲的无力感的缩影。这种无力感从成人那里转移到儿童人格早期的力比多构建中，甚至会转移到儿童正在进行的俄狄浦斯情结构建中。（口欲期、肛欲期或前生殖期）力比多的（积极或消极）欲望的加重和消失，儿童生冲动的象征化，这些都是对父母被压抑的欲望的补偿性回应。父母不满意社会生活或者夫妻生活，等待着后代来治愈或补偿他们的失败感。成人用压力和教训伤害了儿童自由发挥情感活力的能力，儿童越年幼，直接或间接受到的动力压抑就越大，他创造性地抵抗这种压抑的能力就越弱；身心效应会使儿童出现严重的心理动力发展障碍，健康状态恶化。这些问题源自儿童和世界的紊乱关系——儿童的世界被迫受抚养者管辖。不知有多少孩子的器质性紊乱表达的是母亲的心理—情感冲突。具体来说，是母亲的婚前发展受到干扰；或者是父亲承受着情感上的痛苦，日复一日地忍耐着妻子——孩子的母亲。

"我头痛。"一个三岁的独生子说道。在幼儿园里，他不停地抱怨头痛。他看起来的确像是病了，消沉痛苦。他还失眠，而医生找不到任何器质性病因。在我这里，他一直重复着这句话。

我问他："这是谁说的？"

他用哀怨的语调继续说道："我头痛"。

"哪里？指给我看看，你哪里痛？"这是一个人们从未向他提过的问题。

"那里。"他指着大腿根部。

"那里是谁的头？"

"妈妈的。"

可以想象孩子的回答多么令他的父母震惊。

他的母亲有身心性行经期偏头痛，丈夫比她大二十五岁，很爱她，对她过度保护。独生子意味着孩子有神经症的虚弱和对社会的恐惧，他一直受到恐吓，这又加强了父母对他的保护。经过数次晤谈，孩子的认同不再受母亲束缚，也不再受这对夫妻束缚。

在童年早期——除非有疾病、脑部创伤造成的强迫性后遗症——孩子几乎总会因为父母的困扰，因为兄弟姐妹的困扰，或者因为周围其他人的困扰，产生反应式障碍。在童年后期或青春期出现障碍的情况下，当孩子面对社会环境的要求以及正常的俄狄浦斯情结的考验时，那些童年早期没有表现出的紊乱会成为孩子内在动力冲突的原因。其后果就是父母因无力帮助孩子而产生应激性焦虑，或者因孩子无力适应社会而感到羞耻。孩子认识到自己在社会环境中不安全，在父母身边也不安全。在遇到危险时，父母不再像过去那样是最重要的保护者。即使是看起来对此不那么欢迎的小家伙，也需要接受最基础的协助来熬过艰难的生命初期。这种退行—求助的模式是所有人无意识的避难所（"爸爸""妈妈""我要喝水"，这些常是濒死之人最后的呼唤）。周围人的不理解催生了一连串的失望，这些反应又与彼此的焦虑、防御、无法忍受的要求相互纠缠。因为自由能量越来越少，青少年失去了自信心和学习新文化的能力。在这样的家庭中，人们的行为——还有孩子的社会性无力——只不过是防御工事的围墙，交流的话语也不过是攻击者和被攻击者之间的子弹罢了。

焦虑感、孤独感和不可缓解又非理性的罪恶感相连，只要存在自我保存的本能，它们就会导致脱离传统文化的反应性补偿。先要摆脱心因性反应迟钝，然后是精神运动性的迟钝，再然后是学业上的迟钝，此后，我们才会看到家庭外的社会影响出现在性格障碍晚期症状中。重构性关系的缺乏引起了神经症和犯罪，还可能引起抑郁及抑郁的伪装形式——酗酒、退行、不负责任。

中初期晤谈的例子表明，儿童所有程度的紊乱都是因为生命初期缺乏理智的引导，缺乏健康的、社会化的三者关系，缺乏对儿童明示或暗示的问题的解释。由于一直无法理解创伤事件，儿童会变得敏感但又迟钝，会因缺少公正而富有同情心的话语的安慰而迷失。这种混乱的情感闭塞使儿童在自恋的考验面前非常脆弱，他会像惊醒的梦游者一样被现实吓到。一次又一次的考验会使儿童变得愈加混乱和不负责任。

在生命的长河中，如果长期缺乏真诚的交流，人受到的伤害不亚于特殊创伤带来的伤害。可以说很多人的直觉会因此塞满混乱且矛盾的认同，充斥着紊乱的图像。因为其模仿没有正确地参照自然法则和社会法则，人们变得扭曲，背离自己的直觉，而这种扭曲和背离又使人们构建起虚假的象征性关系。这类严重神经症化的成人如果被当成教师和模范，就会带来混乱，使成长中的儿童的心理结构变得脆弱或者倒错。

那么，周围的人要满足什么充要条件，才能使成长中的儿童的内在冲突健康地——也就是有创造性地——消解，使他在俄狄浦斯情结出现及消除的关键时刻表现得负责且努力，改变他的情感、认同和乱伦欲望，使俄狄浦斯情结带来的阉割焦虑走向对古老和倒错的家族幻想的放弃，然后引导主体在男女混合的社会生活和象征性文化生活中接受相关法则并且恰当地表达自我？

一个看似困难但又非常必要的条件，也可以说是唯一的条件，就是儿童不能因为父亲或母亲而把自己变成不符合自身尊严和基因的反常的能指（如代替死去的哥哥姐姐和叔叔阿姨，或者成为幼稚的母亲的娃娃）。[74]

为了使儿童有健康的人际关系，成人应该在更广泛的意义上——情绪、情感和文化——承担起自己的生殖性选择，不让它们和儿童的命运相混淆。也就是说，成人的生活意义在配偶那儿，在同龄人那儿，在自己的工作上，而不是在他照顾的孩子身上。成人不要让自己对儿童的想法和担忧、为儿童所做的工作、给儿童的爱控制儿童的感情，使儿童处于积极或消极的不安之中。在健康的家庭环境中，对儿童的依赖绝不会占据成人的全部生活，绝不会成为成人情感的主导。儿童应该是成人之于另一个成人的补充式存在。在目前的社会背景下，"另一个成人"最好是配偶，但这个条件对于儿童心理结构的平衡不是完全必要的；重要的是，这个成人无论是否是法定配偶，都不该只是一个补充现实生活的伴侣，而要确实对另一方充满感情。

确实有一些人，由于种种意外，缺少父母或其中一位。他们的发展也可以是健康的，有着不同而稳定的性格，没有精神疾病（既不性无能，也没有神经症），就和有完整家庭的人一样。这是一个如何说实话的问题，人们要真诚地向他解释其特殊的家庭关系只是出于意外。[75]

致病性家庭关系的精神预防法

重要的不是儿童所经历的现实事件（如有人可以作证的事件），而是他对事件的整体感知，以及对于主体的自恋来说，这些感知表现出来的象征性价值。象征性价值很大程度取决于与全新经历的结合，也取决于儿童听到人们对他说了（或没有说）什么恰当（或不恰当）的话语；这些话语或话语的缺失，作为亦真亦幻的丰富体验的表象被保存和呈现在儿童的记忆中。成人对儿童的问题和话语的沉默，对儿童的感受的忽视，理所当然地会阻碍儿童融入现实世界，从而把有所体会并为此感到痛苦或快乐的儿童留在谎言之中，留在动物般、幻觉般无法言表的缄默症之中。这种情况可能发生在真实的、直接的体验中，也可能发生在不真实的体验中，因为主体可以在孤独和寂静中用想象去体验自己的欲望，使欲望不受他隐约看见的真实话语的冒犯。但正如话语孕育想象，当儿童体验到欲望，并对欲望产生幻想时，由父母在其他场合给出的话语—图像的文化知识将导致一个必然的结果，那就是对父母话语的虚拟听觉。这些话语和以前听到的关于他的行动或感知的话语具有相同的快乐或不快乐的语气。由于缺乏语言交流，儿童构建和发展的自恋未以真实的他人作为参照，而是以虚拟的他人——残留在早期阶段的性感区的"超我"——作为参照。除了想象中的由没被言语化（或者禁止被言语化）的欲望引发的东西之外，也存在其他触及人的身体和行为的东西，它们支撑着人类世界的法则，支撑着人们多样化的身心状态。儿童就是见证者，哪怕没有人清晰地告诉他，或者没有用恰当的语言告诉他。

在俄狄浦斯情结消失之前（至少六岁），当儿童的社会心理动力学的某个结构性因素受损（如必要时刻父母不在场、父母的抑郁、被掩盖的死亡、酗酒、反社会行为）时，精神分析向我们证实了儿童在无意识中对此是完全知情的，也证实了儿童会被诱惑成为补偿动力的调节者，就像是为了维持某种父亲—母亲—孩子的动力学稳定。这个角色对儿童来说是病理性的，它源自被掩盖的真相。儿童用真实的言语说出了自己的痛苦，使这一痛苦对他人有了意义，同时给了自己当下的生活以意义。从此，他部分或整体地摆脱了这个角色。意外，死亡，疾病，愤怒，酗酒，需要司法介入的失常行为，家庭琐事，失散，离婚，遗弃，这些困扰着儿童。同时，儿童不被允许泄露真相，甚至被隐瞒了真相（但他还是很痛苦）。由于缺乏恰当表达苦难的词语，儿童感到自己古怪、罪恶，感到自己是某种奇特的、凶残的疾病的攻击目标。

父亲—母亲—儿童三元关系中的角色互换

所有父亲和母亲的角色互换都是病理性的，不论原因是母亲认为父亲不够好而占据了他的位置，还是父亲自己缺位了，又或者是母亲没有表达出对父亲的欲望。这样的替换意味着母亲认为父亲不够格。和谁相比不够格？对母亲来说，答案要么是她的父亲，要么是她的兄弟，要么是被她倾注欲望的同性，要么是更有价值的，被她理想化但没成为她的伴侣的男人。如果母亲缺位，如重病，父亲会代替母亲的角色。如果他没有按照自己对妻子的欲望来认识儿童的话，这种替换和偏位的三元关系也是病理性的。用儿童来补偿父母、兄弟姐妹、祖父母等，用他来代替缺失的后者或者无价值的伙伴——尽管从行为和事实上看，这种伴侣关系如此纯洁——是病理性的，尤其是在没有用语言向儿童表示过这是错误的，是他可以脱离的，至少是可以批判的时候。如果父母因为无法履行自己的职责而被兄弟姐妹或者其他直系亲属代替（如祖母或者姐姐担当了母亲的角色，祖父担当了父亲的角色），这也是一种扭曲；原因是虽然这种三元关系能够存在，可是对于母亲（或父亲）来说，承担父亲意象[76]（或母亲意象）的这个人不能以母亲（或父亲）真正配偶的身份成为孩子性欲的竞争者，也就是说，他（或她）无法通过阉割焦虑成为孩子乱伦渴望的竞争者。上述替换都只能是虚假的三元关系，尽管有时在表面上，或者就目前来说，它们使物质生活变得简单，使孩子避免真正的孤独和遗弃，但前提是母亲（或父亲）要反复向孩子强调她（或他）是和这个替代者的真实关系，强调这个人不是天生就有这个权利的，说明她（或他）是"占位者"，而且要留给儿童自然选择和大胆承担主动性的自由，这样才会无害。在治疗儿童或者在治疗五岁前用错误的象征化构建的人的过程中，主体是有可能被精神分析治愈的，因为真相会在"情景再现"时突然涌现出来，也因为恰当的表达以及真情实感具有调节作用。这些情感会在转移中显露出来，之前它们则由于必要的异化保持着沉默，如同从身体和心灵中被磨灭、拆除、剥离和消解。在将话语整合进理性表述之前，让咨询者以及他周围亲近的人产生焦虑的事件总是伴随着使真相浮现的急迫需要。总之，在现实又特殊的三元关系中，每个人的特殊情况，不论当下或曾经是令人痛苦的，不论是否符合社会现实，它总是独一无二的。这种情况只要没有被话语掩饰或篡改，就能在心理和动力现实上塑造出面向开放的未来的健康的人。无论如何，主体从开始设想三元关系起，就已将其构建在三元关系最初的存在之上，构建在无价值的或预先存在的三元关系之上，并在接下来的童年早期和晚期，借由真正的孕育者而显现出来。在三元关系被代替者象征化的情况中，儿童向代替者转移了性的两极选择。人只有向能够理解自己的人真正地言说，才能摆脱束缚，度过童年，为有责任感的社会人格找到动力和性的统一体。这种言说建立在真实的人类结构之上，其特殊形象以负责任的人的面孔——他自己的脸——为象征来向其他人看齐和对齐，并借助出生时依据法律得到的名字，面对面地参照着孕育者；这个和他的存在紧密联系在一起的名字自他被孕育时起，就有着独一无二的意义。在不同的形态和性格被揭开神秘的面纱后，其意义一直鲜活地跳跃着。

俄狄浦斯情结及其化解：

障碍的病理学和精神预防法

精神分析使我们理解了俄狄浦斯情结对性格的影响。俄狄浦斯情结是由弗洛伊德发现和描述的：它是在每个人清晰地意识到自己属于人类——由他的姓氏象征着——之后，意识到身体显然带有某种性别——通常由他的常用名象征着——之后，都必须经历的决定性过程。父亲、母亲、孩子三者的动力关系在母亲受孕后就开始运转，受父母自己经历和消除俄狄浦斯情结的方式的影响。实际上，正是父母支持性或反对性欲望的参与，使孩子在成长中辩证地构建着自己的无意识结构，以面对乱伦禁忌，面对人性化过程中常见的扭曲，面对父母、祖父母、外祖父母和哥哥姐姐退行的神经症、倒错或精神病行为。

俄狄浦斯情结的结构在儿童三岁时就随着其性别的确定而安驻下来，然后随着乱伦享乐的解决和脱离，儿童会走出俄狄浦斯情结（最早发生在六岁）。俄狄浦斯情结是我们童年时个人能量的十字路口，这个路口延展出创造式沟通和性的路径，通往社会的多样性。

很多人以为俄狄浦斯情结只是灵长类动物的性本能——以乱伦为目标的发情，反感于俄狄浦斯情结的普遍性。"小男孩说想要和母亲结婚，小女孩说想要和父亲结婚，这些只是小孩子的话，是开玩笑的，不是真的。他们并没有真的这么想！"然而，关于童年的研究向我们证明，儿童不但没有开玩笑，而且正因为这一尚不知乱伦为何物的欲望变得有血有肉，儿童才能构建起完整的身体。这个欲望也可能使一些儿童生活在带有破坏性的情欲之中。

幻想成为父母中与自己性别不同的一方的配偶，这种梦话在最理想的情况下能促使儿童开始谈论成人，开始为了他人使用语言，开始谈论俄狄浦斯期竞争对手的欲望形象（对这种欲望的认同是过渡性的，也是必要的）。期待欲望被满足的幸福可以成为积极的适应手段，这种欲望通常在童话、诗歌中被表达出来。也就是说，这种欲望在文化中"升华"了。除了积极文明的一面，支配和控制父母客体的炙热欲望也会通过某些对性格有消极影响的感情，表现得极端暴力。很多孩子都成功地使家庭发光发亮，这种光亮也许并不稳定，但如果没有母亲对女儿的嫉妒或者父亲对儿子的嫉妒，它本来应该是很持久的。儿童冲动的深层动力推动着他和父母中与自己性别相同的一方竞争并获得另一方的青睐。这种动力在父母有情感问题时会碰壁：每个成人都有对他人的永恒性欲和感觉。乱伦禁忌不只是外界的规定，它还是内在和内生于每个人的。如果该法则没有被遵守，它会从生命力、躯体和文化的维度深深地损害主体：就像一条大川回流至发源地一样。[77]

　　儿童怀着有朝一日占有父母中与自己性别不同的一方的希望成长着：成为父亲或母亲唯一的意中人。这个希望给了他在家庭中的价值，也给了他长远的价值，他期盼着给爱人一个孩子。七岁以后，儿童必须放弃使他成长的，使他甘愿受苦的，使他献身的，他也忘记了的施爱者的快乐。如果不放弃，他要么感到巨大的不安，要么在发展时遇到大量只有精神分析家才可以消除的障碍。要么是儿童在撒谎，要么是父母在撒谎：我们假装他没有欲望，就像处理家畜那样处理儿童；他对父母撒娇或者回避，对用口语或手势表达从家庭外得到的观察和评价感到罪恶。他在家庭里情绪很不稳定或者过于顺从，没有参照同龄人的生活来构建自己，没有依照自己的身体来构建自己；他或许学识广博，或许只是在鹦鹉学舌，但总体而言，以他的年龄来说，他其实性无能。他的交流能力是受限的，想象力仍然处在无意识的混乱的爱中。也就是说，如果儿童想要无视自己的欲望，或者无视欲望的客体，无视禁止他实现的法则，那么他那看似留存的适应力只是一种易碎的遮掩。性无能，也就是创造力虚弱。现实中的挫折会使他崩溃。

如果主体未能有意识地掌握关于父亲身份和家庭关系的法则——我们能通过对象征着这些法则的术语是否有清晰的认识看出来，那么他的情绪和行动必会变得混乱，他也必将经受挫败。他的道德感停留在童年的前生殖期，那时的好与坏取决于父母是否允许他言说，取决于"不见不算"；看起来"令人高兴"或者"令人不高兴"，成为道德的唯一标准。对禁令的违反是"没有恶意的"，不用承担责任的，因为潜伏的乱伦欲望使他有正当理由在社会中构建自己的法则。如果俄狄浦斯情结在孩子七岁时没有消失，它将会带着生理上的压力，在青春期重新活跃起来，引起孩子对可见的第二性征的罪恶感和羞耻感；强烈的俄狄浦斯情结重现，会颠覆孩子自七岁起一直保持着的脆弱平衡。如果俄狄浦斯情结在十三岁时还没有被真正地化解，可以预料到孩子在十八岁之后，在应该勇敢地选择家庭外的恋爱或者夫妻生活的对象时，在男女共处的环境中寻求社会化的时候，将出现严重的障碍。

俄狄浦斯情结的消解到底是什么意思呢？我们总是在精神分析的文献中看到相关描述，它被看作精神分析成功的关键。俄狄浦斯情结会成为某些人的心理病因，其消解则涉及接受乱伦禁忌，放弃对父母中与自己性别不同的一方的生殖性欲，放弃与另一方在想象中的对抗。此外，这种接受在时间上和换牙期契合，事实上也是一种对被保护的、无知的、想象中"天真"童年的哀悼；它也是接受父母可能的死亡，不用再在想到父母之死时产生负罪感。父母之间如果保持着平衡，我想说的是，在父母由两个在心理方面和性方面健康的个体组成的情况中，他们有时不用知道任何心理学或者精神分析的概念，一切都能依照孩子的欲望进行。儿童把成人的问题留给成人，而在自己的同龄人中选出意中人。梦魇、性格冲突和嫉妒，这些都停止了，贯穿儿童转变期的微小症状也不复存在。在积极的环境中，儿童开始很有礼貌也很干脆地对在父亲、母亲身上施加影响这件事失去兴趣。先是对父母的亲密生活失去兴趣，然后在某一刻，他会明白这种亲密生活的意义（自己和兄弟姐妹的出生就是证明），好奇心会受到刺激。相对于血缘关系，他更注重社会地位，会在外显的社会生活中观察父母以及他们的社会关系，然后借鉴父母和朋友相处的模式来和自己的伙伴相处。不论是否有所表现，儿童都会对同龄人，对学业，对个人的事越来越感兴趣，并且，不论在家还是在外面的世界，他都会远离以成人对他的评价为中心的生活模式。俄狄浦斯情结的消失以一种间接的方法表现出来。儿童在家里觉着轻松舒适，并且有能力将原初的三元关系转移到周围的环境中，转移到学校和娱乐活动中。在众多同学里，他能有三两个真心的朋友，不过这时的友情仍然容易使他幻灭。相反，俄狄浦斯情结尤存的儿童，仍然会受到他和父母之间情感氛围的操纵。他和朋友重复着二元关系，或者在多元关系中因同性恋式的嫉妒而争吵。这种嫉妒和俄狄浦斯情结的嫉妒是一样的，后者仍在蚕食着他。在我们的时代，食人禁忌人人皆知；与之相反，兄妹乱伦禁忌在很多儿童心中消失了。我遇到过很多案例，觉得有必要研究其社会成因。父母在这样的情形中负有教育缺失的责任。

禁忌法则缺失带来的破坏不容小觑。在城市里，有些父母用暴力和要挟清除了儿童对禁忌的心因性危险的直觉。儿童赋予了父母全部的权力，周围担惊受怕又天真的人也认为父母有全部的权力，他们因为儿童没有盲目地服从虐待和伤害他的父母而指责他。精神分析证实了无意识中阉割情结的普遍性，发现如果乱伦禁忌被故意无视，全体家庭成员都会产生严重的情感问题和精神问题。我想再次强调，这不是一种必然的发展，因为分析式心理治疗——如果是精神分析的话更好——能使主体澄清不能言说的事，最终消解俄狄浦斯情结。

再回到父亲—母亲—孩子的三元关系，说说它在一个人心理发展过程中的决定性作用。每个人都受到他和父母的现实关系的影响，这种象征性的影响在他被孕育时，在他出生时，甚至在他还没睁开眼睛时，就已经被继承下来了。父亲期待着儿童能满足自己的自卑，希望他一直是一个因为不能像女孩一样生育而无从释怀的男孩，就像父亲自己也曾是母亲的物品。同样地，母亲也期待女儿帮助她找回她找回她好不容易摆脱的依赖自己母亲的孪生状况，还要帮助她面对她和丈夫之间的苦恼：他对她毫无反应，让她感到陌生。从象征的角度来说，这个既被父亲需要又被母亲需要的儿童，其成长的力量已然受损。总之，每个儿童都会被这类现实状况影响。

有人说，有些儿童没有父亲，至少不认识自己的父亲。如果这是他的处境，如果他想要基于这种情况构建自己，那么虽然目前他缺乏父亲或母亲的代表，但他们是活在他心里的，因为他自己就是其存在无可置疑的证据，只要他周围的人能公正地说起他的父母。儿童也许有不认识自己的父亲，也许自己不认识父亲，但是所有出生并活下来的儿童都是养育者肉身化的话语。发展中抑制性和破坏性的影响不取决于父母的缺失：缺失总是痛苦的，但在场也可能是痛苦的。总而言之，痛苦也可以是健康的。在熟悉了这些缺失后，儿童可以进行补偿性的防御。所有让人神经质的话语都来自谎言和沉默，这些谎言和沉默妨碍了对事实的接纳。

每个人都拥有一个男性形象和一个互补的女性形象，这些形象借由身体的存在而具体化；儿童把这样的形象贴在抚养他的父母身上，而由于预设了对现实人物的想象，他才能根据遗传基因的可能性来认同他们，然后成长。

这些形象是想象和憧憬的载体。如果是父母中与自己性别相同的一方，这种形象就是认同性的；如果是父母中与自己性别不同的一方，它就是补充性的。主体的这些情感如果不能在携有这种想象的现实人物身上进行表达，其个人和直觉意象就会歪曲。儿童身上有时会出现上述矛盾，他以倒错或者完全中性的方式构建自己，癔症般地压抑自己生殖性欲望的活力。例如，让母亲承担父亲的意象，让父亲承担母亲的意象。

重要的还不是这些矛盾状况，而是周围的人很少讲出和儿童的经历相关的话，虽然他们和儿童一样也是这些状况的见证者。这使儿童无法对生命最初的十年有所评论。在前俄狄浦斯阶段，在减少情欲力比多投注时期，也就是七岁这个潜伏中立期，这个伪阉割期，他毫不自知地、混乱地、情欲化地构建着自己。如果没进行精神分析，他会在青春期时寻求以颠倒或者模糊的风格确定外界（家庭外）的选择，固着在那些完全不符合他生殖本性的人身上，而他真正的生殖本性此时还处在混乱之中。参照着抚养者的形象，他极有可能选择极端混乱的、局部性欲化的人。这样的儿童会变成暴虐的父母和教育者，遗存的俄狄浦斯情结使他的力比多渴求未分化的冲动。这种冲动使他想人为地和儿童联合成双胞胎，或者激活儿童的俄狄浦斯情结。也就是说，他在儿童对自己的配偶或者教育同僚的爱慕面前表现出强烈的嫉妒，强烈到使儿童出现严重的症状。儿童在这一刻需要父母之间关系的稳定，这种稳定能击碎他在俄狄浦斯式竞争中获胜的幻想；否则儿童将遭遇比父母和教育者的问题更严重的问题。

看看精神分析家在这样的情况中听到了什么。"我的丈夫一点都不像个男人,也不像个丈夫。什么都要我自己做。""啊!我多希望我的儿子能像我的父亲一样。""没有我的姐姐,我根本活不下来。""我希望我的女儿像我的妹妹一样,她应该把我当成她的姐姐。"有些父母甚至说:"我代替了在我出生前死去的哥哥,用了他的名字。我不知道我的位置在哪儿,不知道该说些什么做些什么。是我杀了他吗?是谁出生了?我又是谁?我是一个活死人而已,只有不完整的权利。""如果哥哥没有死,我的父母就不会生我了。""我不想要这个儿子,我在他身上看到了我那讨厌的兄弟。"一个小女孩说:"妈妈和爸爸在一起是如此不幸,我必须一直当她的宝宝,好让她控制我。我必须是爸爸妈妈相爱时的宝宝。她如此急切地想要做出牺牲,所以我必须生病,不然她要为了谁而留在家里呢?我几乎就像是她的丈夫,她爱的是我,我不想我们之间有其他人。"

每例病理性的个案都是一出哑剧。对于咨询者,这种说辞象征着动力的确认或者撤销。精神分析要求我们从动力学的角度来理解儿童的障碍。我们通过对一系列困难的分析,在俄狄浦斯结构中追溯到的不是父母的失责,而是祖父母、外祖父母甚至曾祖父母、曾外祖父母的失责。这不涉及遗传的问题(否则精神分析家改变不了任何事),而是涉及家族神经症(这里的词语不含贬义,只有动力学意义)。在未消解的俄狄浦斯情结中,这还涉及一系列失责造成的力比多的不成熟、压抑或者性倒错。

人们可以从表现相关问题的图书作品中观察他们认为既定

的过程，这是否会带来新的担忧？很有可能也很令人遗憾的是，对自己的担忧会引发罪恶感，然后人们会寻找速效之法来改变表象。很多家庭生活在病态的共生体中。不对作为诱因的主要成员进行精神分析，家庭神经症就无法改变。不过，精神分析又经常受制于时间、地点和金钱。人们担心面向大众的心理学读物会唤起意料之外的反应。这是人们在谈论精神分析时经常担心的事，尤其是当精神分析必然要唤起某些问题时。这些作品所列举的某个嫉妒或者冷漠的父亲、某个抛弃了孩子的专制的母亲、某对被囚禁在无意义中的夫妇、某个虽受尊重又过分受损的老人，他们也许想要重新认识自己，却只是徒劳地忍受着他们从未思考过的既成事实带来的痛苦。他们也许想要罪恶感，但他们自己也是因为意外才成为责任人的，就像驾驶着方向偏斜的汽车，即使他们不愿意也会发生意外："父母吃了不熟的葡萄，却酸到了孩子的牙上。"这几乎能够描述我们碰到的所有个案。

这不是"父母的错误"，也不是这个人或者那个人的错误。坦白来说，父母和年幼的孩子由于无意识的力比多共鸣，变成了动力上不可分割的参与者。

在家庭中，对自由的学习和掌握是一种勇气训练。成人因为固着于对父母和长辈的依赖而听从他人的引诱、误导，进行着（想象的或现实的）互补关系的选择，这比我们意识到的还要普遍。它不是过错，只是事实。

精神分析告诉我们，所有的行为，即使是有害的，也是与生活集体有关联的。某种行为即使令人痛苦，也是可以被懂得汲取经验的人积极利用的。可惜的是，罪恶感根深蒂固，它导致了压抑，限制了行为的自由，限制了真实的话语，而只有向懂得倾听的人说真话，才能使被压抑和倒错的欲望恢复活力。

社会（学校）及其致病性影响

我希望精神分析家去治疗四岁前的象征性生活的深层混乱，而不是去处理儿童对致病性的校园生活的正常反应。在个人和家庭的情感生活中，主体在忙于解决必要的现实困难时，会出现一些正常的反应或情绪。他会暂时对自己作为学生的职责毫不关心。在我们国家，这些儿童的悲剧来自消极的教育模式。这种模式有着恼人的时间安排和课程系统，没有留下一点文化学习的余地。从学前班的纪律模式，到小学的课程和作业，人们经常忘记这些东西本身只是手段而不是目的。

到底多少有价值、有创造力的成人没有经历过这样的时期？童年时，他们对学业毫无兴趣，其觉醒的心灵一时走上了另一条道路，而从创造性和社会前途来看，他们已经拥有了自由。如果儿童能在完全掌握了自由和玩耍的运动机能后再进行符号学习——文化交流（阅读、写作）——和计算学习，无疑能避免许多严重的性格问题。通向上层社会的卡夫丁峡谷①建立

---

① 比喻灾难性的历史经历，可以引申为人们在谋求发展时遇到极大的困难和挑战。——译者注

在一个人所掌握的知识上，并且通常是在一个会相互干扰的年纪。这些是强加于自我表达的最沉重的生活条件，而每个人都对自我表达有根本性的渴望。我希望这些被扑灭、被浪费的能量能够被真正运用起来。我们需要一种新的学习系统，它不会削弱未来公民的主动性和好奇心，而是培养他为了自己而发展自己的能力，感受到生活的意义，引导他依照自身欲望来安排知识和技术的学习，不会因为受到强迫、畏惧惩罚而倒错地屈服。

我希望儿童不再是被强加的、不人性的、刻板的统一规划的囚徒。儿童应该先学会完美地用母语进行个人表达，然后再学习语法。有多少儿童因为把时间都用在这样或那样的规范和教学材料上，而找不到自己的学习节奏。今天要如何学习音乐、舞蹈、建筑、绘画和诗歌？要如何掌握灵活、和谐、有创造性的身体表达？连体操都是被规划好的，其动作要服从测试要求。如何欣赏造型艺术？如何进行图形表达和口头表达？哪里有这样的漫谈，其中每个人都可以谈论自己感兴趣的事物，人们互相倾听，有意识地共同融入社会？有多少儿童被允许自由地出入教室？他们常常沉默地坐着，只是单纯地听或者假装在听。正是在班级里，有关社会的真相被扭曲了。本来只要受着动机的刺激，只要热爱文化知识，儿童就能迸发出巨大的能量，但现实是这些能量因为规训或者他人的利益而被遏制了。成人只是在用理论指导儿童，没有提供任何东西来维持儿童主体动机源泉的丰盈，儿童的原创性探索也没有得到任何支持。

欲望是不能被控制的。如今，当儿童越来越接受那些损害他们活力的谎言，阅读障碍、计算障碍和学业方面的问题变得日益严重时，最大的错误就是父母因为对未来感到焦虑而强迫孩子写作业，要他拼命学习。父母拿着孩子的好名次大肆吹嘘，又因孩子的坏成绩而沮丧。

在每周六的签字本上，儿童就像在竞争前三名！父母这种以社会的名义（在家庭之外，学校就是社会）强加给儿童的欲望，妨碍了父母解放自己对孩子的热情，反而使真正的文化源泉变得枯竭。为什么进入文化和社会生活的系统——学习系统——要遵循完全无关情感和精神健康的方法和指令呢？为什么在三岁上幼儿园前，儿童的身体和精神完全健康，后来却经常在学校受到创伤？人最重要的自发性减弱，儿童被教师改造得就像遵守纪律、忧伤彷徨、惊慌不安的机器人，而教师本来应该是为他们服务的。[78]

为什么在儿童还很快乐和有感染力的时候，学校却要求他安静，一动不动地坐着，如同物品或者受训的动物，尤其还要以学习的名义教一些他还不想了解的东西——阅读、写作、计算？为什么儿童为了满足独处这一人人皆知的自然需要，需要恳求成人准许自己暂时离开？我们都知道，只要儿童对自己忙乎的事感兴趣，他会自己调节自己的需要。人的价值是独特的、不受约束的和不可侵犯的，对他的尊重不取决于他的家庭。面对儿童时，难道教师不应该尊重他们，同时尽量让自己成为榜样吗？

为什么学校不是欢迎儿童玩耍和庇护儿童的地方，不是帮助他摆脱家庭压力的地方，不是能让他找回自信的地方，不是有着吸引人的事情的活跃的社会场所呢？从七岁开始，不论儿童的父母是否紊乱，他的位置都不再是在家中了，而是在学校和社会中。这些地方虽然没有给他特权，但是会因为他是公民而尊重他。如果我们希望儿童将来能根据自己的能力当好合作者或领导者，那么学校就应该为每个儿童服务。儿童也应该知道这一点。

　　可我们看到的是什么呢？不是学校服务于儿童，而是儿童服从官僚机器的匿名机构。纪律是军队力量的来源，因为军队中的每个人都不必为他带来的死亡负责，他是国家集体防卫本能的匿名中介，服从着指挥，受上司的"奴役"。最终，他们每个人心中都构建了使人献出生命而不是享受生命的结构性等级制度。

　　只有在保证儿童专注于个人感兴趣的学习的情况下，学校纪律才应该出现。纪律本身都是沉重的；如果只是为了不打扰他人而强行约束，就会建立起枯燥消极的价值秩序。我们只要看看儿童在嘈杂的环境中怎样一边思考一边玩着他感兴趣的东西，就很快会意识到，儿童并不怕被"打扰"，他是能够在游戏中高效思考的。那些在学校中不曾专注于自己兴趣的已被纪律塑造的人，以后也不会把注意力转移到这上面。实际上，义务教育本来是对三岁以上儿童的绝妙安排，能通过支持儿童和集体的交流，支持他的文化学习，使他保持创造力，并从俄狄浦斯困境中解脱出来，但是现在义务教育变成了打乱节奏的事情，变成了帮助不健全者的表演式比赛，越帮越忙。除了极少数例外，校园适应不良已成为神经症患者的主要症状。这并不是说不适应是健康问题的信号，而是我们遇到的很多"不适应"的儿童其实没什么问题。如果成人不让文化的大门向儿童开放，他们是要长时间保持这样的不适应吗？

挣脱对落伍父母的服从，将热情投入文化中，这是年轻人健康的欲望。这种欲望只能在框架外的群居动物冲动中发生。上一辈人从童年起就得不到尊重，被灌输了对他及其未来的蔑视，他怎么能安心呢？富裕的父母允许孩子进行昂贵的消遣，其中很多都有文化价值。这些孩子是幸运的。除非父母有神经症，否则有知识分子的家庭是可以在日常交流中补充学校在文化价值方面的不足的。在手工业或商业家庭中，十六岁后要花力气在劳作上的孩子能得到什么？法律强制他们接受对他们毫无益处的学习，使他们完全脱离了富于价值的日常交流。社会公然指责他们不爱学习，不爱书本知识，不爱听课，不爱被动的纪律和安全的游戏，他们又怎样能融入这样的社会？

实践促使我们在日常生活中观察到，原本有健康的人格结构和健康的俄狄浦斯情结的儿童，到学校却会出现神经症。象征性生活的基础本已垒筑，学校却使社会生活阶段的孩子变得混乱——有时父母的焦虑会使混乱更为严重。他们找不到运用创造力的方法，也因此被带去见精神分析家。

如果我要发出警告，那是因为我被文化环境中集体生活的情感力量说服了。集体应该在人际交流——儿童七岁时就有能力进行——中回应了儿童的象征性生产和创造欲，而他的人格构造是在父母的影响中完成的。我也相信，两岁半到七岁时的集体生活，能让受到父母致病性影响的儿童和家庭分离。儿童不用离开原初环境。幼儿园需要帮助儿童拥有他自己的健康的"意象"，有时儿童在家里是缺乏支持的。

让人无法接受的是，母亲不让两岁半的儿童平日和其他儿童有联系，也不同意他进入社会性团体。母亲的理由是他太小了，或者他还不能和监护人分离，或者他还不能大小便自理，然而这个年龄身体控制力的匮乏是由儿童和母亲待在一起太孤单导致的，这也是关系混乱的明显标识。让人无法接受的是，三岁时不会说话或听不懂话的儿童，学龄前就感到自己无法自由地进入当前学校的群体。他确实需要一些特殊的教育。让人无法接受的是，六岁以上的儿童——即使还没有能力和渴望——必须进行符号学习。让人无法接受的是，所谓"进修班"虽然采用个人化的方法，却只接收八岁以上的学校适应不良者。对于口语和心理动力的发展来说，最重要的两年丢失了，不被团体接纳的感觉伤害了儿童。从权利方面来看，学校机构成了儿童的拥有者，在那里被碾碎的儿童是不可能获得自主的。儿童对依赖的力比多式的挣脱，能促使他转向社会，教师却要妨碍这种挣脱。教师把自己混同为父母，将儿童聚集在班级中。未到或正处于青春期的孩子被狡诈地灌输了这样一种理念：不要有个人动机，要让教师高兴而不是不高兴；要为了老师而成功，而不是为了自己而成功。

与父母、老师分享对文化学科的兴趣，对文学、数学、科学共同的激情，这些在儿童被规定好的时间表中并无位置；作为一种邪恶的社会进步手段，高效又平庸的从众主义获得大力推荐。只预防身体疾病是不够的，我们还必须思考对儿童的失望、孤独和沮丧的预防，不能让他因为被抛弃，或者欲望被嘲弄而深陷泥潭。

精神分析家的职责是使神经症或者精神疾病的主体找到意义，他的职责同样包括警惕公共教育的缺失，警惕有害的学习机构和方法，警惕"有文化"的父母的失职和他们造成的不良影响。文明只能依靠每个成员和他们相互之间的创造性交流来维护，没有必要为过早降临的破坏性精神病和神经症买单。

与精神预防法相关的工作应该被组织起来，可那并不是精神分析家的职责；但如果没有精神分析带来的新观点，这些工作也不可能被组织起来。在可能习得文化的年龄（因人而异，但不早于七岁），我们要做些什么才能拓宽学龄儿童真挚地表达欲望的道路，使他意识到个人价值——他的个人价值和从属的整个群体的价值是不可分割的，进行自我表达，与同类人交流彼此的欲望和学习计划，独立于学校、教师、身边人和父母的评价，自主接受个人教育？在自由交谈时，负责又自信的表达能给儿童带来对自己的觉知和对他人的觉知。

为什么学校不配备一个或几个心理学家呢？想表达自己的希望、困难和疑惑的学生，可以自由地向他们请求晤谈。学生感到自己被倾听、被理解和被支持，同时不会使谈话者焦虑，更避免了和谈话者共谋。学生能在寻求解决问题的方法时得到支持。针对家庭中教育模范的缺失，学校还应该提供有益的社会教育。

儿童从未从老师口中听说过——父母由于缺乏知识或者认为不说更好，也从未和他们说过——支配着人类的自然法则：规定父子关系和母女关系的法则，规定着个人欲望和社会贸易的法则，与食人、偷窃、谋杀、自残、乱伦、强奸和通奸等禁忌相关的法则。然而，儿童又处在这样一个社会里，即除了食人，所有犯罪行为都任凭他观察和体验，如吸毒和性交易。

没有任何人和儿童谈论过法则，没有任何人对他说过父母对孩子的权利和义务的限度，或者儿童对自己、父母及其他人的权利和义务。如果随便问一个十二岁的儿童，我们会发现他相信自己没有什么权利，发现他会因为爱或害怕被抛弃而受人摆布，然而立法者不仅制定了人权宣言，还制定了儿童权利宣言。[79]在面对没有掌握好力量、滥用权力、荒唐粗暴的父母时，有多少儿童懂得寻求法律援助呢？那是一个有待革新的领域，事实也是如此，但是愈加严重的早期社会适应障碍和由此产生的忐忑，迫使那些遵守法令并过着沉重校园生活的儿童远离现实，而这种现实才应该是值得这些七到十五岁的公民付出时间、勇气和创造力的。可怜的"有文化"的成人，不懂得尊重他们营造的生活，也不懂得为后代打开进入现实的大门。

怎样进行儿童精神分析[80]

在很多情况下，我们需要避免过早让七八岁以前的儿童独自接受精神分析。因为尽管他有严重的障碍，但这些障碍可能只是对父母紊乱状况的反映，是对父母和孩子之间扭曲关系的反映。

和儿童单独进行精神分析有使儿童的家庭变得更加混乱的风险，或者有使儿童陷入无止境的心理治疗的风险。

在和精神分析家进行的初期晤谈中，父母会各自说出他们的紊乱，但这些紊乱有时和儿童来访的原因毫不相干。这种紊乱使父母期待孩子能为他们解决问题，然后又会指责孩子令他们失望。

我们在父母身上发现，夫妻的紊乱通常源于不同的困境。对于母亲来说，是成年女性气质的母性困境；对于父亲来说，是成年男性气质的父性困境。父母在认同于孩子的同时，或者在认同于第二个孩子时，会不自知地退回孩子出生之前的阶段，退出成人的爱的模式。他们退回和自己父母的关系中，但没有一个孩子能够精确地重现父母想回到的那种关系。父母对孩子的误解也来源于此。尽管孩子的困难是对他所引起的压力的反应，因为他拒绝满足父母的欲望（这对他而言是健康的），使父母感到受挫，似乎孩子是父母意识中忧虑的客体，也是父母无意识中乱伦欲望的主体。父母会以给孩子灌输食物、玩具、知识作为掩饰，或者以父母的权威作为掩饰，操纵和矫正孩子。

父母同与其性别相同的孩子的无意识关系有时会使孩子寄生在父母自发表现出的责任感中。在这种情况下，父性或母性没有使他们退行，而是支撑起他们对自己童年时的父母的认同。还会出现父母认同孩子的情况。孩子唤醒父母与俄狄浦斯情结相关的罪恶感。逐渐地，孩子表现出对父亲或母亲同性恋或异性恋的乱伦欲望。例如，孩子以失眠和做噩梦为借口，要求睡在父母床上，或者要求父母陪在自己床前。有时早在父母意识到问题之前，孩子就已变得病态。孩子有时直接地引起父母的争执，有时用和兄弟姐妹有关的行为或者祖父母、外祖母的介入，间接地引起父母的争执。俄狄浦斯情结的作用经常是决定性的。对孩子俄狄浦斯情结的焦虑会引发父母的不合，这不仅会扰乱家庭生活，还会干扰孩子的社会生活，使孩子表现出身心障碍和与年龄不符的行为。父母为此向精神分析家求助，然而孩子自己并未被焦虑困扰，也没有表现出任何想要理解症状的欲望，更没有走出困境的念头。他想带着这些障碍生活，不愿和他人谈起这些障碍。他满足于施虐—受虐的享乐，这些享乐足以给他停滞的生命模式带来压力的发泄和疏通。

当紊乱的孩子缺乏进行精神分析的动机时，精神分析家和父母的数次晤谈足以使父母认清自己被孩子无意识探索到的情感弱点。他们也会清楚，孩子太满足于将父母之间的欲望和爱引到自己身上了，他想成为捣乱的第三者以及家人操心的对象。我们经常看到，通过和单亲家庭中父亲或母亲的晤谈，可能精神分析家还未见过孩子，但孩子令人担心的症状就已经消失了。孩子不想和任何人说起他那虽然紊乱但却让他心满意足的暂行办法。

类似的情况还有夫妻关系不和睦。父母结束了他们的夫妻关系，接受并承认了对这种关系的不满。他们想要承担父母的角色，不希望把孩子卷入他们的不和。他们在精神分析家那里学会了敞开心扉地谈论不和，学会了把这些不和说给孩子听（大多时候他们以孩子太小为理由而拒绝告诉他），还学会了从这种不和所导致的罪恶感中解脱出来。他们能够向孩子澄清，实际上，他们决定开始自己独立的感情生活；但即使分开，他们也不是敌人，他们依然是孩子的完全责任人，仍然是爱他的人。这样孩子就明白了，如此可爱的他不会被父母任何爱和欲望着的人以任何方式取代，不论这个人是父母的伴侣还是朋友。有些夫妇因为夫妻生活的失败而自恋受创，在掩饰的现实被孩子了解后，他们决定进行精神分析。这种情况是很常见的。实际上，父母互相给予对方自由，并且看似是讲道理的，没有谁感到痛苦，因为孩子心照不宣地赞同成为夫妻间应有谅解的补偿，就像做见证的镜子一样。孩子促使父母来做咨询，因为他出现了学业问题或者社会障碍。在某些案例中，家里没有人对此有所抱怨。那是因为在家中，孩子俄狄浦斯期的欲望没有受到考验，父母不再渴望彼此，但是在社会中，其他人正窥伺着他们的情感分离。孩子会和这些人处于敌对状态，如同他在面对父母亲时那样。

由于在成人范式中，生殖驱力缺乏由父母担保的理想自我[81]，儿童只能停滞在早期的想象位置。这种停滞的表现就是情感发育迟缓和社交障碍。情感发育迟缓综合征来自口腔冲动、肛门冲动和泌尿冲动，这些冲动组织的象征性阉割没有得到俄狄浦斯式生殖冲动的支持。实际上，当夫妻被爱和相互的欲望连在一起时，对与自己性别相同的成人的认同就支撑起了主体的认同，保证了他作为男人或女人的未来，又在对乱伦欲望的阉割的支持下构建了社会化的人格。

通过恐惧、压抑和性格问题，儿童使父母的社会生活变得十分异常，当然，他自己也想维持婴儿般的依附状态。他在同龄人中既没有朋友，也没有竞争者。因为父母和父母的困难，儿童无法克服俄狄浦斯情结带来的上述反应性障碍，但这也使儿童不用费力去适应同龄和同性儿童的规则。儿童有时需要很久才能意识到，他浪费了自己的人生，也浪费了他所不满意的父母的人生。无意识的焦虑有时会进入意识，使他渴望得到帮助，这时只要儿童听说过"精神分析"这个词，或者有教师给过父母关于如何应对儿童学业失败的建议，父母和精神分析家就会快速回应儿童的个人请求。

总之，在初始晤谈中，当儿童想要单独和精神分析家讨论他的焦虑和现实困难时，我们的态度应该首先集中在父亲—母亲—孩子的关系上，不论它是带来干扰的还是被扰乱的，不论它是过去的还是现在的。在取得父母的许可后，这些事都是要和孩子说的。实际上，借由认同和投射，这种关系确立了儿童错误自我的构建，而这个错误自我是独立于其独特本性的，是独立于主体尚未明确的真实欲望的。儿童的行为或者身心障碍会使父母的退行，也会带来儿童的抗议和要求。父母在毫不自知的情况下反对着儿童的自立。在儿童能够理解之前，父母就夺走了他掌握主动性和承担风险的可能，他们有时还会伺机提前替他应付所有的考验和失败。

儿童只能借由父母而活，只能为了父母而活，此外几乎没有别的人际关系。他还熟悉父母的弱点，并且会玩弄这些弱点。例如，他操纵他们替他做事，说他累得不能自己喝汤，没法自己穿衣服、系鞋带、洗衣服、写作业；总之他需要母亲、哥哥和姐姐来做他的事。他自己本来可以独立完成的，即便做得不完美、不熟练（或者接受无法完成），他也会从中产生成就感。不论孩子是否在场，父母在和精神分析家的晤谈中都能发现，他们会以微妙的方式妨碍孩子拥有自己的经验，妨碍他承担主动性，妨碍他用言语表达意见，妨碍他对他们的态度和观点做出评价。当儿童提出一个能自己找到答案的问题时，他们从未引导他去自己思考。他寻找的是言说，是让他们对他言说。比起去理解儿童，他们更多是在哺育他，替他做事。他们的肢体行为过于扰人或亲昵，在孩子独自寻找答案的过程中，他们没有维持一种对话。当然不是说没有在物质上为他负担，但他们本来可以帮助儿童自我肯定，帮助他寻找个人的解决办法。

甚至在儿童行动或者表达出欲望、思想、计划、评价之前，就有反对和批评使父母落入圈套，认为他们要满足儿童对照顾的种种要求。在破坏家庭氛围的紧张情绪中（有时只是破坏一个孩子的心情，而其他人根本不觉得有什么问题），他们互相指责对方表现得太严肃、太热心或者太冷漠。这时父母真的很团结，但在日常生活里却还是被"问题儿童"干扰得心力交瘁。他们总是担心他，而且糟心的日子越来越多。儿童的依赖使父母陷入圈套。上述情况发生在扰人的家庭意外之后，这些意外会使儿童痛苦，并需要父母更多地照顾他。在意外过后，他想保留挫折附带的好处。弟弟妹妹的出生或者对哥哥姐姐的嫉妒会刺激这种情况的出现。不论如何，这就是倒错的情况——儿童和父母陷入无法忍受的相互依赖的恶性循环。

儿童应该在同龄的社会和校园环境中面对自己内在的压力和失败产生的焦虑。他们迟早会意识到这些焦虑，并且还要忍受无法摆脱焦虑的痛苦。这就是为什么在这种情况下，他的精神分析应该是个人的。他渴望进行精神分析，他的父母也同意。象征性付费能证明他是真的渴望和精神分析家用一次次晤谈来进行这项改变他存在方式的工作。[82]可以根据年龄和他们定下契约，而象征性费用可以是石子、彩色方纸片或者五到十生丁（如果他每周有零花钱的话）。实际上，儿童被家庭的反应困住了，无论它们是他引起的还是他所遭受的，都使他感受到与罪恶感有关的混乱。这种罪恶感既是想象的，是我们可以用梦解读的，也是现实的，是出现在性格危机和一连串事故之后的。它不仅是父母之间，也是兄弟姐妹之间对此的反应。儿童成了抑郁症患者，他有时对此过度补偿，自寻惩罚来减轻罪恶感。八九岁以后，在晤谈完全是儿童个人意愿的情况下，和他一起进行真正的精神分析是必要的。象征性付费的目的是显现儿童晤谈的欲望。在他不支付象征性费用时，契约就显示出它的用处，说明主体有不做分析的自由。他应该在对自由的掌握上受到称赞。

前青春期的生殖冲动仍然混杂着儿童觉醒的乱伦欲望。当他在父母身上找不到渴望和满意的模范，而只找到挑衅、失望和抑郁的模范时，焦虑会重新浮现。儿童重新感受到早期的和当下生殖化的冲动，这种冲动因为受到他没有认同的同性成人的过分刺激而出现。儿童就这样无意识地被置于同性乱伦的危险之中。他和异性成人则有异性乱伦的危险。儿童缺乏被父母阉割的可能性，缺乏能够释放生殖冲动和焦虑的象征化手段，同时家人不能理解他的焦虑，这会使之前的阉割变得危险。我想说的是口欲和肛欲阉割，还有食人、偷窃、自残、谋杀的禁忌。阉割保障了对学习和社会行为的升华。接下来就是失败，是离家出走，是青少年犯罪及伴随而来的种种问题。

不论儿童在所谓"潜伏期"如何，八九岁之后，在前青春期和青少年期，他的个人分析都不应该一蹴而就，即便他非常渴望如此。在后一种情况中，我们要和他进行一次简短的谈话，使他理解到优先倾听父母的必要性，因为这样我们才能了解他在婴幼儿时期发生的重要事件，还有在那之前发生的家庭事件。儿童总会接受的。在进行精神分析之前，我们有必要和父母进行充分的晤谈。就算他的父母已经分开了，我们也至少要和父母有电话或书信协定，否则我们永远不能开启对未成年人的精神分析。从儿童自己决定进行精神分析那一刻起，只要他愿意，我们就不再在儿童缺席时和父母晤谈，即使父母提出了请求。契约的形式要在儿童请求进行精神分析之前告知父母。我们可以在孩子面前说，如果父母想谈谈和契约有关的事，他们随时可以写信。信件要么从邮局寄来，要么被孩子带来，而他能读到信的内容。如果父母中的一方或者双方，因不能继续和儿童的精神分析家晤谈而沮丧，我们最好给他另外一位精神分析家的联系方式，这可以帮助他们在孩子进行精神分析期间，承受家中可能出现的困难时刻，承受家里其他孩子的变化，承受接受分析的孩子过渡性的校园行为。

父母要面对的事情并没有那么简单；他们想要精神分析家也参与进来，而精神分析家对此要非常警惕。当涉及儿童面对的现实时，精神分析家的任务是让儿童随着分析的进行而说出对现实的看法，和儿童一起研究他的幻想，研究未被移情涉及的冲动所引起的"见诸行动"[83]。实际上，对精神分析家的转移是由幻想构成的；这些幻想需要被体验、表达、言说、分析。如果精神分析家在儿童身边的教育者的压力下退缩了，给出了意见或关于现实的建议，我们知道，幻想和现实的共谋会导致精神病似的状况。即使这样的情况幸运地没有出现，建议也总会显现出精神分析家想在现实中干涉儿童的欲望，这将阻碍儿童或者青少年在监护人或者教育者的欲望面前接受自身欲望的工作。精神分析家不能提出医学建议或者进行药物治疗，他不能既承担教育指导或者教育建议，又不损害接下来要进行甚至已经进行的工作。

在精神分析中，精神分析家并不需要知道儿童的现实教育情况。儿童重复着过去的状况和转移的俄狄浦斯冲突，嚷着要寻找惩罚来减轻无意识的罪恶感，或者在面对成人的要求时表现出确切的无能。精神分析家用倾听帮助儿童理解了他的起源，耐心地支持他进行精神分析，从而解除他因痛苦无能而产生的罪恶感。

精神分析家要向父母解释儿童精神分析工作的必要条件，给他们某个人的地址，这个人能帮助他们理解并承担他们不应该逃避的角色，否则有时他们会中断儿童的分析。实际上，儿童的精神分析在某些时刻会碰到困难，此时如果没有人支持父母，并且告诉他们应该信任孩子，告诉他们每天都要坚持教育要求的话，他们就会失去方向。尽管这些教育要求在一定时间

内看起来毫无作用，但是它们能表现出他们对未成年人的
责任。

对于父母向精神分析家咨询的问题，我们必须区分五六岁
前的前俄狄浦斯期障碍和七八岁后的俄狄浦斯期障碍。对于前
者，有时和父母进行晤谈就足够了；在这种情况中，儿童不管
有没有意识到自己正经受的困境，可能都缺乏为了走出来而单
独与人谈话的动机。在儿童同意和精神分析家谈话，但渴望父
母——其中一个或两个——在场的情况下，和儿童进行晤谈是
非常有用的；如果儿童被父母带来，却拒绝晤谈，那么有必要
只接待父母，让他们谈一谈对孩子的担心。

七八岁之后——在见过孩子的父母后，如果孩子自己渴望
进行精神分析，那么精神分析家有必要不再接待他的父母，并
且要让孩子为自己的精神分析做象征性付费①。精神分析家也
应该允许父母去其他精神分析家那里谈他们的孩子，保证自己
是孩子个人的对话者。最后一次晤谈时，父母、孩子、精神分
析家会重新聚集在一起。如果孩子希望的话，精神分析家会持
续为他服务。他们以后还能再见面，或者在孩子的请求下，精
神分析家给他另一个精神分析家的地址。当然，在很多年之

---

① 青春期以后，尤其是在十四五岁以后，青少年应该支付一部分费用。
这些钱主要来自零花钱，或者是父亲以继承人的名义预支给他的。实际上，
过了青春期，如果主体自己不承担费用的话，精神分析会造成损伤。父母或
者社会保障机构为孩子付费，不要求他有任何承担的免费模式不利于他为自
己负责。

后，如果有一天，孩子想知道更多关于这段童年经历的事，分析相关的文件、笔记仍然可以为他所用。我们从来都不能确定儿童精神分析是否已经结束。很多在九岁或十岁时痊愈了的儿童，会在十六岁到十八岁时回到精神分析家那儿，再进行一到两次自我探索式的晤谈，回顾他的精神分析。有时是在他准备投入新生活之前，有时是在他结婚之前，或者是和他性别相同的孩子长到他曾经进行精神分析的年纪。

在转变的时刻，儿童或者青少年对精神分析家的回访，标志着在晤谈中止后，某些被转移的东西仍在延续着。对经常拜访的地点或者人物的回忆，使得儿童能从发展的一个阶段过渡到另一个阶段。在决定投入生活的时候，这种对某个人的转移会复苏，会使儿童对自己有自信，对重拾欲望有信心。这表达了他对自身经历的回归，最终现实才能参照着有欲望保障的命运来被言说和思考。

在学校中进行精神分析的困难[84]

儿童精神分析的特殊性

当精神分析在学校中进行并持续下去时，如果儿童不知道分析工作是完全不同于教育工作的，不知道精神分析家的角色是不同于教育者的角色的，那么治疗很可能陷入僵局。

如果儿童在现实生活中碰到过精神分析家，那么一段精神分析式的关系就可能在某个时刻停滞不前，有时这个时刻会来得过早。

儿童和成人不同。儿童不知道精神分析是什么，成人则了解过精神分析，或因其他治疗陷入僵局而决定做精神分析或者分析式治疗。也就是说，成人要付全部或部分的治疗费用，要离开生活和工作地点来进行精神分析。

当成人认为，儿童能在教育中运用他无法使用的被压抑的冲动，从而掌握与同龄人的人际交流和创造性交流时，就可以带儿童去找精神分析家了。很多时候，是教师，有时是医生——通常是慎重地——启发了父母对这种心理治疗模式的认识。重要的是，要让父母理解精神分析是什么，理解它不是某种课程，而是一种关注儿童的过去，帮助儿童找回自身历史的心理治疗。最重要的是，儿童自己要知道精神分析家为什么会接待他。这是初期晤谈中最棘手的事情。在我看来，儿童通常需要两到三次的晤谈，才能准确理解这些会面是做什么的，不是做什么的，目标是什么，以及他是否对这个目标足够感兴趣，他是否能够以这种模式和精神分析家一起工作。

在我见过的儿童中，有多少在和心理治疗师——正式接受过精神分析，负责和儿童会面的人——有来往之后，得益于移情而不再退行的？有时，儿童与精神分析家都忍受着晤谈的模式化。在几周、几个月或几年后，精神分析家或者社会保障机构（第三方支付者）会决定停止已变得无效的治疗。

有时人们会提出新的治疗尝试，要么是父母有这个想法，要么是医生或者社会保障机构有这个想法。我也由此接待了一些儿童。

有些个案中的儿童把晤谈理解成在某个大人（他的姓名通常被忽视）的陪同下玩耍的时间，可以自由言说的时间，用手势、绘画、模型来进行表达的时间。除了玩耍以外，晤谈没有任何别的目标。有时儿童将自由理解成可以做任何事情，这和精神分析完全相反，后者意味着说出一切，将此时此地想到的一切在晤谈中表达出来，而绝不是可以做任何事情。

一些儿童知道自己并不是能做所有的事情，但是可以说出一切，画出一切，想象一切，呈现一切，可以自由无拘地将幻想讲述给倾听者。然而，儿童并没有把这几个月或这几年的治疗当作他自己想要的（是父母在付钱），不能通过精神分析来厘清是什么妨碍了他以个人名义成为一个有欲望的人。其中大部分儿童没有意识到自己是紊乱的；他们忽视自己的问题，不想接受帮助。这些儿童没有感受到实际生活和自己有什么关系，是父母在替他们做决定。

当然，让儿童理解精神分析的意义是很困难的。困难还在于，当父母或者教师给精神分析家施加压力，煽动他为儿童"负责"时，我们要给儿童拒绝的自由。父母没有考虑到精神分析家必须在各方承担各自的责任并且咨询者也放心的环境中谋生，尤其在他还经验不足的时候。

治疗的启动：契约及相关研究[85]

我会先和父母至少分别进行一次晤谈，然后在父母在场的情形下和儿童进行一次晤谈。如果我评估儿童确实可以从精神分析中受益，就会再在父母面前和儿童尝试三次晤谈。在此期间，我将和儿童一起讨论是否继续。只有当他表现出对分析感兴趣时，我们才会继续。如果儿童很积极，这可能是因为他将他目前和父母的关系转移到了精神分析家身上。儿童看到了父母的信心，那有何理由不接受分析呢？如果儿童很消极，这可能是因为他在面对父母时很消极。这也导致他在面对任何和父母有约定的人时都很消极。

　　如何使儿童理解，只有他和他个人的欲望才是和精神分析家签订契约的条件呢？我认为，首先要和儿童谈一些比较常规的事情。我会先介绍自己，解释为什么我想要倾听他和他的父母，告诉他无论他做出怎样的决定，我都可以在必要时单独接待他。同样，不论第一次晤谈说了什么，不论儿童有何种程度的退行或者反抗，在儿童离开时我都会做社交性的告别，就像成人之间说再见那样，这也是使他感到精神分析家是有生命的人的一种方式；儿童在面对成人时，尤其是父母也在场时，很少感到自己是个成熟的人。此外，当儿童用"您"来称呼精神分析家时，精神分析家也应用"您"来称呼儿童；当儿童用"你"来称呼精神分析家时，精神分析家也应用"你"来称呼儿童。

　　通过初期晤谈，通过对儿童行为的观察和对其幻想的研究，我能看出儿童是否进入俄狄浦斯式的位置。一旦他决定继续晤谈，我会立刻和他确定关于象征性付费的契约。在儿童有零花钱的情况下，我们商量好，他要支付五到十生丁。在儿童没有零花钱的情况下，我们商量好，他要在家里制作一张小方纸片带给我。这是某种像邮票的物品，可以作为每次晤谈的象征性费用。这种象征性付费说明，如果有人要为晤谈有所付出，那么这个人得是他自己。如果儿童还没有明确地进入俄狄浦斯期，我会待他进入后再要求收取象征性费用，这也总是主体在治疗中进步明显的转折点，因为象征性付费伴随着交给他暂停或中断心理治疗的权力，以及在他感到必要时重新开始晤谈的权力。

有时儿童一开始就很消极，这说明他是拒绝精神分析家的。这出自他对父母负面态度的转移，或者他想要留在三元关系中，而精神分析不利于他维持这种关系。我们如果想要接待儿童，想要理解他是因为转移才变得消极的，还是因为有治疗请求的人不是他而是他的父母才变得消极的，唯一的方式是要求他支付象征性费用。一些精神分析家听取了我的意见，出乎他们及家长意料的是，象征性付费改变了行为消极并且不愿见精神分析家的儿童。这也证明儿童并非完全拒绝理解自己。如果儿童带着父母来，支付了象征性费用，可仍然态度消极，原因可能是他想要单独见精神分析家。如果他不带象征性费用，我会认为他希望我与他的父母而不是和他谈话。如果被留在等候室的儿童嫉妒他的父母，也想进入咨询室，我会让他进来——因为他的父母是为他而谈话和付费的，让他听我们的谈话。

当儿童接受了契约

如果儿童拒绝单独和精神分析家谈话，我会和他以及他的父母一起进行晤谈；从他自己决定留下来，不再需要父母在场那天起，我会要求收取象征性费用，此后即便他又要求父母协助晤谈，当着他的父母，我也只和他一个人谈话。儿童因此明白了，如果他不带来证明，精神分析家会认为他"没有晤谈的欲望"，会坚决地拒绝他，以示尊重。

要是父母知道了孩子和精神分析家之间关于象征性费用的契约，他们得明白这从来都不是为了精神分析家，而是为了孩子。经常有父母对契约感到惊讶，而我会向他们解释这么做的理由，以及为什么这应该是我和孩子之间的秘密。我借此禁止他们提醒孩子晤谈时带来象征性费用，也不接受他们在孩子忘记带来的时候帮孩子补上。

这就是父母的矛盾心情。他们要给孩子进行个人分析的自由。当然，这份自由是受父母预先的许可约束的。我们经常观察到，儿童确定自己是自己欲望的主人这件事，似乎是在质疑父母的权威，尤其在儿童渴望进行精神分析的时候，也就是当他表现出积极态度的时候；尽管他和父母说过来这里是多么无聊，但至少象征性付费表现了他的积极性。父母很难理解儿童是因为转移才会积极地对待精神分析家的，这样的转移和他对他爱着的父母的退行固着完全相反。在精神分析家是女性时，儿童的积极态度尤其能体现指向母亲的固着转移。我不知道男性精神分析家是怎样的情况，可能儿童在面对男性时即便自称消极，也会以积极的方式行动，因为这么做能使父亲放心，或者维持自己对父亲的爱。

不论如何，这涉及儿童对心理治疗的欲望，和他对精神分析家的友好并不矛盾。这一点很重要。最近有例个案，孩子对父母抱怨进行心理治疗多么糟糕，是多么使他难受，但他又坚持治疗。父母说："听着，不要再去了，你没必要使自己处于这种状态！"他回答："有必要，这让我真的变好了！虽然与此同时，我也讨厌它。"实际上，他的治疗进行得极其顺利，这得益于他决定坚持来说他要说的话，坚持来探究自己的困境。他信赖我的专业能力，所以哪怕缺乏好感，也完全不妨碍他坚持进行精神分析。

在和父母一同进行几次晤谈后，如果儿童拒绝再来，只是父母替他来，我会要求父母向他说明晤谈内容。经常会有儿童让父母带给精神分析家一幅画，让他们问我是否可以关于这幅画说些什么。我会给父母一些简单的回复，包括画中有什么以及父母关于他说了什么。父母成了信使。两三次后，儿童又和父母一起来了，并且带来了象征性费用。儿童会在父母一方或者双方在场的情况下提出分析的请求。我会示意父母坐在一旁，不要干预。下一次，儿童可能会一个人来，当然，他将和"这个人"一起进行的分析工作不会干扰他和父母的关系。实际上，父母向孩子证明了，他们有能力承受他和精神分析家的人际关系。孩子有时也是有道理的，他可能并不需要精神分析。是父母需要谈论他，需要借由谈论他来诉说自己当前的和童年时的问题，或者他们在接纳孩子的天性时遇到的困难。于是，儿童的症状会渐渐消失，不管是在家里还是在学校里。也就是说，父母来做咨询这件事足够帮助儿童走出他的无能感。

有时儿童会忘记准备硬币或者小纸片。这种情况第一次出现时，如果儿童表现出对不能晤谈的歉意，我会接受道歉，同时要求他下一次带来双倍费用。我会再次解释为什么他要带来一些东西。我需要他证明自己的欲望，而他完全有来或不来的自由。第二次忘记，我仍然尊重，因为所有的过失行为在无意识维度都是有原因的。在对儿童完全有益的社会关系中，我会和蔼地向他解释，他的一部分还未完全同意为自己负责，所以这次晤谈先停下。这看似无关紧要，却有助于儿童区分什么是他为了自己而需要和精神分析家一起做的，什么是父母没有问过他意见就付钱让照顾他的成人做的。

有意思的是，儿童越需要用消极的方式表达对精神分析家的转移，就会越谨慎地选择象征性费用。他在晤谈中可能会有冒犯的言辞，或者保持沉默，背对着精神分析家。我们也观察到，矛盾的转移到后来会变得非常积极。儿童会因象征性费用而苦恼，因为他太喜欢不付出就得到爱了。

象征性费用也是精神分析家使孩子理解下列事情的唯一方式，那就是不论孩子在面对精神分析家的时候多么积极，后者都只是在尽自己的工作职责；如果晤谈只有父母在付钱，精神分析家就不会以治疗师的身份见他。因为父母控制着孩子在约定的时间能做什么，所以绝对不能把孩子送回去，他在哪儿待一小时都可以。我也会把事情解释给他听。如果是一个人来的话，他可以待在等候室里，也可以待在咨询室里做自己的事。在儿童时不时地望向我时，我也会态度积极地望着他。时间到了，他就离开。关于这次被拒绝的晤谈，我不会透露给他的父母，因为这其实也是一种精神分析的相遇。在晤谈结束时，如果儿童有意愿，可以定好下一次见面的时间。在下一次晤谈中，儿童会解释上一次晤谈时出现的阻抗。有了上一次的经验，儿童会懂得精神分析家总会积极地对待他，不论他在晤谈中表现得消极还是积极。精神分析家的工作是澄清儿童的冲动。这并不是像儿童所说的那样："那是一位喜爱孩子的女士，我去她那里画画。"他可能就是这样谈到之前毫无作用的心理治疗的。一段心理治疗关系在出现色情化幻想后陷入僵局，这一点也不令人意外。这涉及相互享乐式的会谈，即一种攻击式冲动或被动冲动的享乐，同样还涉及分享快乐的晤谈，它们都是和精神分析的计划或者心理治疗的进展相违背的。

精神分析家和父母的关系

精神分析的目的是让儿童说出他的童年记忆，再将这些记忆与其当前情感生活中的事件相联系，最后澄清他的欲望。我认为，儿童有必要知道这项工作也是父母想要的，他们完全同意进行精神分析，而不是盲目听从教师或者医生的意见，任由孩子去这里或者那里。实际上，现在总能见到一些因为将儿童托付给了精神分析家，就相信自己完全摆脱了教育责任的父母。有些父母会得到所谓"心理专家"的建议，至少他们相信他们得到了。"必须允许儿童做任何事情。"为什么？父母和孩子一样，都需要在关于自身历史的真相中展现出自己的欲望。父母在每天的现实中，承担着尚未成熟的儿童的理想自我的角色，还承担了负责人的角色，负责在现实的规则面前监督他。孩子和父母的幻想关系，不论它是过去的还是当下的，都被包含在心理治疗要着手的澄清工作中。

不论儿童对精神分析家说了什么，不论儿童是如何理解冲动的，当他开始从心理治疗中有所收获时，父母和教育者都完全不必再担心他们的生活方式会使孩子受到创伤。这样父母才能继续做他们想要对他做的事，而不必在意会被精神分析家评判。这对教师来说也是一样的。然而，很多儿童会利用自己和精神分析家的关系，对父母说精神分析家说过这说过那，精神分析家发现父母说错了或者"说了谎"。我们在公开进行的心理治疗中可以看到上述情况。[86]父母有时来医院，或者打电话给护士，担心自己的言论被精神分析家逮个正着。精神分析家再次见到这些父母时，有必要向他们解释这些"谎言"——至少看起来是谎言，因为听众证实了儿童的叙述没有一点是真的。重要的是，父母和儿童都明白了，父母是不可能通过儿童了解晤谈内容的，因为这必然会使儿童"说谎"。儿童会编造晤谈内容。这就是为什么我总是对父母说，不要问儿童在晤谈中发生了什么。我也会对儿童说，如果他不告诉父母晤谈中发生了什么，治疗会更有效果，尽管我并不阻拦他这么做。

出于许多原因，我发现在儿童的俄狄浦斯情结消失之前（对于有困难的儿童来说是在八九岁时）——通常还会延续到潜伏期或青春期的开始，有必要由父母中的一个人——如果可以的话——带他来晤谈。精神分析家对父母用"晤谈"一词来称呼自己和儿童的会面，尽管父母通常习惯使用"上课"一词。上什么课？父母仍然认为精神分析家是在给儿童上思想品德课。儿童感兴趣的是在晤谈过程中，他和精神分析家做的事情能够被说给父母听，主要是说他们的错误。晤谈并不处理现实问题，因此也就不处理目前的道德问题，它只是要澄清一个问题，那就是孩子在过去关系中情绪的转移。在现实中，指导儿童的任务应交给父母，而不是精神分析家。

我们有必要使儿童理解，父母为他支付精神分析的费用，或放下手边的工作陪他来，这都证明了他们关注他，因为他们对他负有责任。父母感觉有必要考虑做所有使他变得更好的事，帮助他将来能够自力更生。例如，很多父母说："啊！我们从来没有为自己做过这么多！"他们说得对。因为他们受过苦，所以他们不希望孩子像他们那样受苦；父母有情感上的困难，儿童就是见证人，他也能理解他们的困难。

这些使我感到精神分析家有必要先认识儿童的父母。在治疗开始前，父母能给精神分析家一些信息，主要是孩子展现给父母的各种痛苦，他们对孩子的担忧，还有他们时常由于孩子而和自己的父母产生的情感问题。这样的晤谈作为治疗的准备，促使精神分析家理解儿童及其家庭情感关系的现状。在治疗中，精神分析家和父母必须理解，在回顾儿童的经历时会涉及什么，以及因为什么。父母要意识到他们自己童年时遇到的问题。有不少儿童在晤谈中会提到自己并没见过的祖父母或外祖父母。

精神分析家鼓励儿童注意听父母说的话，从而更好地理解他的家庭。我们听到了父亲和母亲在家庭人际关系方面的事，由此可以理解儿童和叔叔、阿姨、祖父母等相处时的困难在哪儿，理解父母和这些人中的哪个有矛盾，或者过于依赖哪个人。经由儿童的话语，我们也理解了从被孕育起，在父母自身的自恋中，在父母之间的复杂关系中，在父母与他们自己父母的关系或者与他们的兄弟姐妹的关系中，他所占据的位置。我们也知道了他目前的位置。某些事情会使这个位置和生命初期的位置完全不同，如长子的死亡，或者父母中某一方父母俄狄浦斯式的死亡。我们明白了这个孩子是或者曾经是父母中某一方或者兄弟姐妹的投射客体。这些人是在孩子身上看到了自己，还是看到了某个兄弟姐妹或者孕育者？然后，我们察觉到，父亲和母亲对于"好父母"的幻想是有区别的，这导致了一系列教育问题。不同的人有着不同的家庭传统，儿童要么认同家庭的教育态度，要么认同与之相反的教育态度。在精神分析家和父母会面时，矫正式教育和对儿童负责的人性化教育的区别日益凸显。父母发现问题来自他们自身：一部分是无意识的，一部分是所有人年轻时都遭遇过的。从这一刻起，父母将不再感到负罪，因为痛苦本身并不意味过错。

当晤谈是在另外的情况下进行的时候，对于孩子来说就是另一回事了。他完全没有听到父母针对他说了什么，父母则继续幻想着他们为孩子做得太多，幻想着他们有怎样的过错。我必须说，现在的模式是，倾听的人完全不会回答父母的问题。为什么？因为不直接回应请求能激活他们的言说，使得他们对他们想象的孩子有更深的理解。父母为自己说话和为孩子说话是有天壤之别的。父母可以换个人说，我也建议他们这么做。

如果是谈及孩子，他们则不妨找孩子的精神分析家。我要声明，这只是我的规则，适用于小于十岁的儿童，或者情感发育迟缓的十到十二岁的儿童。

如果是进入青春期的孩子，精神分析家在第一次接触过后，会和他进行有契约性质的预备性晤谈，之后就不用再见父母了，因为那没有用，有时甚至是有害的。精神分析家只在青少年要求时见他的父母，并且需要他在场。如果青少年的父母要求见精神分析家，而孩子不愿意的话，我会交给孩子一封给他的父母的信，或者在他面前给他的父母打电话。我会建议父母去和另一位精神分析家谈话，解释说这样有利于孩子的治疗。精神分析家也必须和青少年的父母进行初始晤谈，目的是使孩子在神经症的康复过程中发展已恢复的冲动，同时如同所有爱父母的孩子所渴望的那样，保护父母的自恋，因为父母总是很笨拙。孩子同样可能产生误解。如果精神分析家不能理解父母的性格和伦理观，治疗可能会中止。

孩子状态的改善和康复——我说的是神经症的康复——经常会在家庭中产生灾难性的副作用；这是因为青少年由于转移而省去了阻抗，某些家庭成员消极对待他的方式表达了他们的阻抗。在晤谈中，消极冲动没有被充分表达，它通过孩子的正面转移溢出了。

当有第三者付费，尤其是有和父母一样有情感牵连的第三者付费时，这个人就会多少成为主体自我的一部分；当家庭中的某人，如父亲或母亲，作为付费的第三者，对继续治疗显示出身心反应或者心理阻抗时，主体是需要自己去分析这件事的。如果没有家庭的阻抗，经历过精神分析的儿童能够揭示兄弟姐妹的神经症。我们观察到，和父母的晤谈会产生副作用（我刚才说的这些）。对主体而言，重要的是，在一次次分析中，在倾听了父母的表述后，他明白了某个兄弟姐妹因为他先前的性格而表现出的抵触和失常；也有可能是他的父亲、母亲或者兄弟姐妹无意识地和他捆绑在一起，到现在才突然发作。儿童在治疗中发现了现实和想象的区别，这确实使需要获得自主的他受益良多。他认识到，一直被他当作模范的大人和哥哥姐姐，在碰到类似的困难和情感考验时也会受影响，他还认识到他们为了自己，也需要像儿童一样去理解精神分析是一个动力学过程，而这个过程在所有和儿童有情感牵连的人身上都起作用。常常有接受分析的儿童，在不知情的情况下成为周围人的探索者，甚至分析者。当治疗"进行得很好"时，我们时常观察到一个人能帮助整个家庭；儿童不是神经症的传播者，但因为他的状态正在改善，所以其他人也能够更加自由地做自己。儿童在这个过程中会出现一些小的性格问题，甚至小的身心问题；但如果治疗顺利，这些问题会得到解决。当儿童处在精神分析中时，家庭各层面的力比多的流动会有所变化：真正的话语将在先前淤积的地方重新流动起来。

精神分析家和教育者的关系

与很多精神分析家的意见相反，我不同意教育者在他照顾的孩子的精神分析家那里进行分析（甚至只是去那里探究自己的教育行为）。常常有教育者写信给儿童的精神分析家，请求后者提供建议。我的回应是，鼓励他们对接受精神分析的儿童尽可能地做能做的事，尽可能地做想做的事，不用担心做得笨拙或消极。在精神分析过程中，儿童会对自己的幻想越来越敏感，意识到自己犯了错。

有些教育者担心儿童出现过于积极的反应，妨碍"对精神分析家的转移"。当有教育者提出这样的问题时，不论其个人特征怎样，我都会回答："是儿童自己要适应，要改变，是儿童在和精神分析家往来，而不是你要改变。"说实话，这意味着相较于儿童，他们更喜欢以一种迂回而虚假的方式理解精神分析。

在发现教师对全班都有致病性态度时，我们会想："既然借着这个机会从儿童身上观察到了这件事，难道不需要给教师一些意见吗？"当然不需要。一方面，建议没有任何意义；另一方面，不论这位教师什么样，照料儿童都是他的职责。如果他被学校留任，而儿童又在他那里学习，那是因为他有他的优点。不用进行精神分析的儿童很快就会知道问题出在谁身上，就是自己有个性的，甚至有神经症的教师。如果儿童的自恋处在正确的位置上，他将和痛苦的教师共度考验，不会因为教师而发展受阻。他们体会着一种特殊而边缘的人生。从某一刻开始，儿童能够利用精神分析，并且得益于转移，来说出一切。这不会像在家里发生的那样，激起对他所谈之人的评价。自那一刻起，我认为，儿童已经完全有能力应对自己性格有些反常或者倒错的教师了。

有时，教育者很关注儿童和精神分析家接触后的变化。他想要明白发生了什么，要求和儿童的精神分析家谈话。我们没有必要生硬地拒绝类似的请求，尤其当他是被儿童自己带来的时候。儿童看起来很渴望教育者介入自己的心理治疗。但是，在答应儿童之前，我需要知道儿童为什么渴望第三者介入他的心理治疗。为什么儿童想要满足教育者的欲望？我会和儿童一起探讨他对他人欲望的屈服，或者相反，对他自己想带教育者来的欲望屈服。这是很有意思的工作。如果儿童不希望教育者来，那就不需要见教育者。分析完动机，倘若儿童继续坚持让教育者来谈话，那就是碰到了和父母有关的类似情况。当儿童更倾向于不让教育者来时，精神分析家可以写信回应说（由儿童带给教育者），如果想要明白儿童在心理治疗中发生了什么，他可以去见其他精神分析家，后者会帮助他理解。尽管如此，如果想要谈论一些关于儿童的事，他还是可以写信给精神分析家的。此外，知道精神分析家和教育者有信件交流，这对儿童有非常积极的意义。他会明白精神分析家只在意儿童的欲望，而最了解自己欲望的应该是儿童自己。

得益于精神分析，儿童会改变他在班级中的行为。教育者会因此有意识或者无意识地对自身产生怀疑。这就是教育者向儿童的精神分析家写信的原因，后者尚不知道这一变化。教育者的请求是很有意思的，这经常是他第一次在学校中目睹心理治疗对儿童的积极影响。精神分析家的职责不是待在象牙塔中，而是使不同群体——尤其是负责培养年轻人的成人——理解精神分析能治疗智力、社会适应或性格上有重大问题的儿童。在儿童的治疗过程中，如果教育者只是出于职业兴趣而请求交谈，我是完全不会接待的。此外，儿童应该知道教育者的请求，知道我的回应：儿童说的任何话都是不能泄露的，这就是让教育者另寻精神分析家的理由。最终教育者会多少理解心理治疗中发生的事，甚至使他的这个或那个学生受益。

关于"总结"

"总结"的事很少被说起，但我认为，教育者和教育学家面临的很多问题，都源自他们相信不断提出关于这个或那个请求治疗的儿童的问题是有益的，而且精神分析家——尤其是学校里的，甚至是负责师生关系的精神分析家——出于软弱或无知，并不明白这种做法的危险，会随便说出儿童在心理治疗中和他说过的话。为了更好地引导儿童的发展，很多学校和日间医院都觉得有必要进行"总结"。如果教育者和领导者在谈到儿童时，儿童的精神分析家不在场，他们会很沮丧。但如果只有精神分析家在场，儿童不在，这又有什么意义？

实际上，心理治疗关系是二元的。[87]如果精神分析家在儿童不在场时参与"总结"，说了些什么，那他就违反了职业道德。如果想更好地帮助困境中的儿童，精神分析家可以作为无声的见证者在场。精神分析家的一言不发可能会使教育者不满，然而他只能这么做。如果精神分析家通过"总结"知道了儿童很多现实中的事情，这其实只会干扰精神分析，因为精神分析是一项幻想层面而不是现实层面的工作，是关于儿童的言说而不是关于儿童如何被言说——就像在说一个客体一样——的工作。精神分析家的阉割，仅仅是通过儿童的诉说，通过儿童和现实生活中的一些人——他和这些人重复着过去的场景——的经历去接近他的无意识。

学习和特殊教育的场所也是培训教育者的场所。精神分析家、教师或特殊的教育者在学校的职责是让儿童学习，那么如何应对在治疗中陷入僵局的危险，同时又理解心理治疗的进程和意外呢？我认为有一种解决办法，那就是如同"私人执业的"精神分析家接待儿童的父母时那样做。我们也可以称其为某种"总结"。当精神分析家接待父母时，儿童会到场倾听，也会说他自己想说的。在治疗的某些时刻，有必要和儿童、父母一起晤谈。这要么是因为儿童提出了要求，要么是因为父母提出了要求。父母往往因在家中无法忍受儿童而变得焦虑，想要和精神分析家谈话。有时如果治疗效果比父母所预见的好，他们就会提出是否有必要继续治疗的问题，因为治疗的花费妨碍了儿童参与其他活动。

在治疗中，这个同时接待父母和孩子的时刻是富有成效的，父母会在儿童面前讲述对于他们而言实际上发生了的事情。精神分析家倾听着，时不时询问儿童是否赞同，或者请儿童回答些什么，甚至询问儿童——现实的见证者——他们讲的对不对。不论这些证词是表达了一个困难的时刻，还是表达了一个令父母满意的行为，儿童最终都会被现实和他自身感受的碰撞影响。因此，应该是由儿童的欲望来决定是停止晤谈，还是为了走出困境而继续工作，尽管继续的话，治疗的代价对父母来说会变得沉重，也许对儿童也是，因为治疗剥夺了他其他的活动。这些都是要在儿童面前探讨的，也要邀请儿童表达自己的观点。

在后续晤谈中，儿童会通过绘画和玩偶把话语的线索提供给精神分析家。这是他对此次晤谈的回应，我们可以称之为"总结"，也就是对现实和想象的比较。这在治疗中要么由儿童提出，要么由父母提出。当儿童出现了心理治疗所附带的严重问题时，精神分析家可以对父母说："我知道您的孩子正处在对他而言非常困难的时期，您应该也不好受。但我们都知道，他在此的目的是理解自己，以及使您理解他的人生将去往何处。"这样的话非常重要，精神分析家能借此向儿童表明他认识到了儿童无意识的问题，认识到了儿童的行为和现实人际关系的僵局，但只是将这些困难看作一个过渡；表明儿童在现实中要适应并与之相处的教育者（后者不断给前者施加压力），对于精神分析家而言是和儿童一样有意义的对话者；表明儿童的社会角色是和其他人一样真实的，儿童也有自己的话要说，而精神分析家不会无视儿童的想象和实际遇到的困难，正是这些困难使他目前无法有令人满意的行为、学业和社会上的成功。精神分析家和儿童在现实生活中的愉快的晤谈，向儿童证明了，不论他对现实生活中的人有怎样的想象，不论是在他和这些人的相互关系中还是在他重复着的对这些人的转移中，精神分析家都不会改变对父母和教育者的态度，也不会改变对他的态度。精神分析家会把儿童当作社会中的人和精神分析的当事人。

我认为，在学校或者教育机构中，所有和教育者、管理者一起做的"总结"都应该让儿童到场，精神分析家和儿童应该共同面对学校的现实，面对教育者以及他们对儿童的反应。

反对的声音[88]

我在有的教育机构中说过，通常存在两种对"总结"的反对意见：一种是教育者感到不能自由地言说；另一种是不满的语气会让儿童感到痛苦。

在这两种反对意见中，我看到了来自教育者的阻抗和投射。如果儿童因为人们说话的方式而痛苦，那正是因为教育者不相信一个人不论什么年纪，都应该在他人身上看到、听到或理解自己所引起的反应。若是教育者说到儿童学业成绩差和行为不良呢？儿童是会知道的。如果不知道，那他需要很久才能明白自己的行为给别人带来了困扰，或者他学业上的表现让教育者头痛。对任何儿童——尤其是特殊教育机构里的儿童——都有害的是，他相信自己无论如何，只要进入学校，就会得到所有人的支持，而且没有人对他有任何期待。精神分析家在那里就是为了帮助儿童考虑到现实，让儿童把现实看得和想象生活同样重要。如果使儿童相信他总是被保护的物品，所有人都会原谅他，不论他是平静的还是退行的，我们对他的社会行为都没有任何进步的要求，那么我们就是在愚弄儿童，是在将儿童当作机构里的物品。如果在"总结"期间，精神分析家和儿童一起在场，精神分析家可以先把一切都记下来，再在之后的晤谈中和儿童一起回顾儿童记住和忘记了哪些言辞，和儿童一起探讨每个被父母和社会委托来照顾他的人的独特观点。

精神分析家在那里是为了帮助儿童接受现实的要求，即使他还不能以令人满意的方式回应。确认自己欲求着什么，这同样重要。没有一个儿童，除非有神经症，不渴望成长和发展，想停留在焦虑中。他们都希望与外界有一种惬意的关系。精神分析家在那里是为了帮助儿童成长，而不是使儿童认为现实不存在，或者适龄的学业要求不存在。

缺失父母的儿童

有些儿童是全寄宿的，在假期之外从不回家。教育机构看到他们处在困难中，往往会同意他们接受心理治疗，然后由教育者陪同他到会诊的地方。治疗是由受父母信任的教育机构决定的，但我总是更希望父母被提前告知这一治疗决定。如果父母不能前来，那么书信交流也是很重要的，这样才能使心理治疗关系运作起来。通过信件，父母寄来了儿童以前的信息。不论来的人是负责儿童的教育者还是陪同者，我都会在每次晤谈之初，当着儿童的面和他们做一些有针对性的交流，就如同儿童是被他的父母带来的。

　　我也治疗过被抛弃的儿童，他的"监护人"是公共援助机构。在这样的情况下，我总是要求教育者出席晤谈。所有我们知道的文件都要让儿童知情；这样一来，他对自身存在的现实与精神分析家就有了相同程度的认识。重要的是，儿童从精神分析家那听到了自己命运的真相，知道负责保护和监护他的教育者是由代表着社会的公共援助机构委任的。儿童必须知道是谁为他的晤谈和教育付费，他知道精神分析可以帮助他，因为他有这个权利：父母不能负责他的教育是不幸的事，可他仍是完整的公民。总之，儿童要理解他去见的精神分析家和教育者是完全不同的。就像对其他儿童一样，象征性费用也会起作用，但是在这种特殊情况中，社会及卫生事务局（DDASS）是无人格的实体，其表象总是在改变。正是这些人——机构的主任，公共援助的代表——要做出关于儿童的决定。如果儿童可以清晰地说出自己的欲望，那么治疗会进行得更好。这是精神分析家能帮助他的。但精神分析家在任何情况下都不该就孩子的现状给出具体建议。在和教育者有针对性的交流中，儿童意识到了晤谈大体上的区别。它们有的致力于他的想象生活，有的研究他的言说，有的研究他的言说和教育者言说的关系。精神分析家绝不能因为机构所做的事而干预儿童的现实生活。儿童要通过一项长期的工作来回忆过去，尤其是分析他的幻想、记忆和梦。当日常生活的见证者说了关于儿童的话时，儿童观察到精神分析家只将证词作为现实的变化面，而儿童就是因为现实问题来接受治疗的。精神分析家关心的是儿童接受了生命的轨迹，接受能从最遥远的过去到自己最渴望的未来。由于他不受父母牵连，所以没有任何人反对他在他想要去的远方获得成功。

有些成人作为暂时的监护人，负责儿童的教育，而儿童总会狡猾地和他们达成默契，甚至考验他们无意识的弱点。儿童利用他们来重复过去的状况，避免阉割和冲动的象征化。我们得知道，儿童总希望为生命中发生的一切不愉快找到借口。儿童总是相信自己没有错——就好像这全是生活的错，是生活用某种方式使他遭受不幸和变得脆弱。在教育者第一次谈论儿童的困难时，尤其是在缺乏父母的慰藉的情况下，儿童经常会强烈地抗拒："不，这不是我的错，是那个人的错！""这不是我的错，你们总认为是我的错！"这些反应源于儿童不愿承担罪恶感。儿童因为不懂得怎样爱自己的父母，已经感到很有罪了。精神分析家可以说："这件事的确很困难，就像你我面前为了理解这一切要做的工作一样困难！"这样的态度会转移儿童的罪恶感，同时让被教育者不友善的话语打击的他松一口气。由于精神分析家也倾听教育者，儿童会以为精神分析家和教育者站在同一边，也就是对自己失望和责骂自己的一边。精神分析家的任务是，让儿童知道他身边所有教育者的职责，知道他们做这些是有报酬的。精神分析家的工作也是有报酬的，不过他和教育者的角色不同。如果儿童愿意的话，这些人能帮助他走出困境，使他将来独自面对社会和法律时尽量又快又好地从监护机构中获得解放。和几乎所有公共援助机构里的儿童一样，他在里面会感到非常沉重。

我无法详述怎样和从小就失去父母的儿童一起工作，他们要么有语言适应不良，要么有心理动力和社会生活方面的适应不良。面对这些缺失父母的儿童，精神分析家几乎身处纯粹的精神分析环境，因为不存在周围照料者长期自恋欲望的干涉。甚至可以说，比起和父母一起生活的儿童，公共援助机构的儿童更容易使精神分析发挥作用。重要的是，精神分析家在现实中不要认为自己是父性的理想自我或母性的理想自我的代替者。是儿童现实生活中的其他人承担了亲子关系的转移。精神分析家的工作是使儿童在面对这些圈套时理解自己的冲动。儿童需要独自等待自恋得到支持，这个自恋以他过去的欲望为参照：在对于哺育者来说困难的条件下出生的欲望，让儿童可以在这样的条件下存活，这种条件也证明了——如果他处在困难中——他的原初关系被过早切断，此时他还不能构建口腔到肛门的自恋，还未被抚育者恰当地阉割，还未达到公共援助机构规定的进入集体教育机构的年龄。[89]

在很早就被抛弃的儿童的个案中，我们可以察觉到俄狄浦斯情结是所有人在发展过程中都具有的，它独立于成人将儿童视作子女这件事：儿童本身拥有丰富的力比多本能，会将它投射在过去或目前现实生活中的这个人或那个人身上，甚至投射在精神分析家及对精神分析家家庭的设想中。在把投射放到现实中进行分析之后，儿童接受了自己独特的身份，接受了和欲望有关的性的身份，也接受了向未来敞开的自恋。只有从因不认识父母而感到罪恶的幼稚状态中解脱出来，儿童才能独自承担自己的未来，才能感到要对自己负责，才能感到自己充满欲望，以及充满爱和被爱的可能，从而在日常生活中寻找他所需要的模范。在最后的晤谈中，他会找到他欲求着的，也为精神分析家所赞同的模范。

阉割的方式：儿童和成人的区别

成人精神分析和儿童精神分析的差异源于：很多儿童因为适应问题而被带来时还未经历口腔冲动和肛门冲动的构组，其问题早在俄狄浦斯情结出现之前就产生了。不能正常说话，心理动力迟缓，这些障碍都表现出儿童由于被阉割而精神错乱的身体意象。儿童的身体尚未被冲动投注，目的是保留断奶时的口腔冲动，以及排泄时的肛门冲动。[90]还有正处于俄狄浦斯期的儿童，他要么由于父母的情况不能安放俄狄浦斯情结的组成结构，要么因为父母无法给予他阉割和揭示乱伦禁忌而走不出三元关系。

当涉及婴儿，或者由于障碍而像婴儿一样活着的儿童时，精神分析家的工作是要明白：在缺失亲子关系的团体中，在给予孩子饮食、盥洗、睡眠、社会行为的自主后，他的母子关系和父子关系去哪儿了？孩子有怎样的口语能力、游戏能力和身体掌控能力？他有着怎样的性别认同？他是否有坚定的主动性？他在面对他人时能够表达和承担后果的欲望是什么？相较于父亲的欲望、母亲的欲望、家里其他人的欲望，哪些欲望是他不赞同的，哪些又是他赞同的？

很多儿童到了能够接受俄狄浦斯情结阉割的程度，遇到的是父母实际上没有被阉割。父母不能承受自己对孩子——他们的部分客体——的欲望的阉割，他们想要控制、引导和负责他的全部欲望，让孩子只能配合他们的欲望而活着。按理来说，儿童应当回避他们的欲望；可由于回避会产生罪恶感，因此他变得不能自主。

有些父母经常摆出权威的模样，但这是毫无意义的，因为这并不意味着阉割，相反，这表现了父母对儿童的完全依赖。有些父母不允许儿童有自由且独立的时间。一些儿童被带到精神分析家那里，但其俄狄浦斯情结的力量似乎完全稳定。成人没有告诉他们：成人有成人的生活，有成人的欲望；儿童不该夹杂到这些欲望中，他不需要关心成人的思想、私生活和生活方式。或许成人只是在口头上告诉了儿童，在生活方式上没有表现出来。成人总是积极或消极地担忧着儿童。儿童要么占据了父母各自的心思，要么占据了他们在一起时的心思，他成了他们对话、交流、期望或者忧虑的主要对象。对于适应不良儿童的教育者来说，他们中同样有相当比例的人为儿童奉献出全部生活。他们既没有自己的私人生活，也没有性生活。给予儿童阉割，正是通过认同于成人、适应成人的欲望，来让儿童从不断满足成人欲望的义务中解放出来的。

经受了这种阉割的儿童知道，不论招致父母怎样的担忧，他从来都不足以妨碍父母以一种儿童不参与的身心语言去拥有他们自己的生活、亲密关系、目标和欲望的满足。父母教育儿童，但给不了他俄狄浦斯阉割，那儿童会始终生活在某种大杂烩中。这种大杂烩混合了他自己的幻想以及周围环境的现实反应，而这种现实反应又恰好和他的幻想相吻合。儿童只是听到了责怪的话："是你使我们痛苦的。""我们只是为你而活着。""我和你妈妈生活在一起，都是为了你。"这些以儿童为中心的家庭和机构，在问题出现的紧张时刻，是儿童的情绪在做指挥。儿童在那里像是在开碰碰车一样，兴奋地撞击着每一个人。

在诱惑父母的企图中，儿童俄狄浦斯欲望的组成结构（时而是同性恋的，时而是异性恋的）想要引起父母无意识中相同且早期冲动的共鸣。他通过回应他们的欲望（要么是受虐的，要么是施虐的），使他们变得和他一样，因为当他必须为自己负责，而不能再是其他人的部分客体时，他感到很焦虑。于是，他成功地使成人变得焦虑，从他们那里得到自己想要的：有压力时，被打屁股；不服从时，有糖果的诱惑。

可以说，精神分析家要阐明的是儿童利用成人（父母或教育者）的自恋中仍然混乱的那部分冲动玩的共谋游戏。精神分析工作要引导儿童不再和父母或教育者共谋，不再寻求将他们的工作和人际关系转向自己。我们必须打破不良的循环，打破家庭和相关机构所参与的错位游戏。如果不小心，关注儿童障碍的精神分析家也很容易落入陷阱，被牵连进去。这是因为精神分析家缺乏对俄狄浦斯危机的辨别。作为临床工作者，精神分析家要想改变这个情况，就需要支持父母的自恋，支持他们对乱伦冲动的阉割。我们也要知道，很多儿童在这一刻可能会要求离开家庭；如果身边有人回应他并给他庇护的话，这对父母是一种诱惑，但他实际上并没有消除俄狄浦斯情结。他在别处，在儿童中心或儿童收容所待上一段时间，回家后又会开始相同的循环。如果是到了青春期，情况会更糟。人们经常说"到青春期一切都会解决的"，或者认为性生活会解决一切，可事实并非如此。伤害只会加重：他们成为组织性的神经症，他们变成了使自己的孩子生病的罪魁祸首。

兄弟姐妹

儿童精神分析还展现了另一种困难。那就是当哥哥姐姐、弟弟妹妹、祖父母、外祖父母和为家庭服务的人处在俄狄浦斯因素的相互干扰中，处在为了避免父母教育的冲突所做的干预中时，会对孩子产生重要影响。在大家庭中，有的儿童从未和母亲有过身体接触。总是其他人在照料儿童，要么是哥哥姐姐，要么是祖父母、外祖父母或者用人，他的兄弟姐妹或单身监护人从未和他有性的竞争。如此，逃避阉割的方式就很简单了；儿童只需使冲动退行到保护弟弟妹妹的暧昧状况，退行到针对父母的受虐行为上，或者通过压抑生殖欲，轻易地诱惑退行的成人。

很多儿童就是这样犯错的，他们充满爱欲地迷恋上弟弟妹妹，避开了伪父亲和伪母亲的俄狄浦斯情结阉割。哥哥姐姐通过扮演弟弟妹妹的权威，代替了父母：实际上，这就像在混乱的想象中，他和父母中与自己性别不同的一方生了一个孩子。正因如此，他才想取代弟弟妹妹的父母，想让弟弟妹妹证明对他的爱。这是当父母指望大孩子对小孩子负责任时，在大家庭中常出现的陷阱。

一些儿童——现在越来越多——从四五岁起要么和兄弟姐妹，要么和同学生活在生殖性的性生活中。这些儿童在适应学校的过程中，精神和情感极易受影响，因为最初和父母的关系是通过诱惑来发展的，然后就成为习惯。这种快乐和冲动的满足不需要努力，没有达到性向认同的水平，不需要安置和解决俄狄浦斯情结的（有人性的）男性或女性认同，使得儿童不可能有对学业、文化或技术课程的象征化。在精神分析中，我们将看见这些孩子在八九岁时，或到青春期时，在学习方面变得非常愚钝。

事实上，这些儿童是有着消极性或攻击性行为表现的潜在倒错者。很多年后，这些行为可能会使他们在面对法则时出现问题。孩子还有可能在青春期完全无力应对现实要求，导致死冲动浮现并占据优势，进而出现躯体障碍。

现实对精神分析的影响

不论儿童现实中的家庭模式和日常生活是怎样的，所有关于现实生活的言辞，或者他以自己的方式解释身边发生之事的言辞，都应当在晤谈中达到这样的效果：精神分析家用态度指引儿童寻找他自己的想法和感受；然后通过回忆，找到儿童在现实中重复了过去的什么欲望，或者他想让过去什么场景的记忆永远延续下去，而周围同龄人的出现使他注意到自己和他人的社会习惯是不同的。精神分析家应该成为一种支撑，即儿童自恋的补充性自我（不论这种自恋是否具有攻击性），只有这样才能使儿童最早期的反应和最古老的回忆经由一次又一次晤谈而浮现出来。正是精神分析——它从来都不是面向现实的——解放了被主体排斥在创造力循环之外的早期冲动的活力。[91]

　　教育者扮演着完全不同的角色。他的职责是指导现实的学习，引导符合实际用途的行为。教育者的角色是令人沮丧的，是阉割式的。当儿童尊重他时，也就是说，当儿童投射理想自我在他身上时，儿童就接受了教育者的身份。当教育者不能充当儿童的理想自我时，其阉割者的身份就会被拒绝，然后儿童和教育者之间就会产生接踵而至的冲突。如果儿童没有认可教育者，那他会有另外的理想自我。它或许是激进的，或许是保守的，同时也是我们要从儿童过去或现在的家庭经历中找到其根源的。当这个理想自我被投射到他所回避的教育者身上时，儿童可能就理解自己适应不良的原因了。

　　在现实生活中，教育者和父母不必在意儿童对自己的言行有什么幻想，不必知道儿童的行为举止重复了过去创伤时期的并且现在仍然活跃的什么感受，而这些感受就是他固着于这个人或那个人的原因。儿童的目的是操纵成人，以便从成人那里得到退行的满足。他有时能从被他困住的教育者那里得到，有时能从无法再给他教育的父母那里得到。儿童也会操纵精神分析家，可精神分析家只是在记录着儿童想要什么，并不会满足他。精神分析家也不处在教育者的位置上，他只是使儿童理解，从年龄来看，他的欲望和他的公民身份不符。

精神分析家在精神分析中的特殊性就是这样从治疗的开始到结束一点点浮现出来的。在最好的情况下，随着晤谈的进行，儿童可以在对精神分析家的转移中重新经历最初的生活。在精神分析中，我们有时见证了创伤的重现，如出生的创伤，母亲怀孕期间经受的巨大不安，父母在和儿童交流时给他带来的创伤。还有被称为原初场景的创伤，也就是说，在儿童尚未理解什么是生殖欲的满足时，就目睹了与性有关的场景。他将肉体之间的行为解释成施虐或者谋杀。当儿童能再次体验和认识最初的焦虑时，他会在转移中和精神分析家一起去研究它，如把这些事情和具体的时期联系起来。这样一来，儿童就受到了阉割——放弃过去糟糕的享乐，放弃令人沮丧或者过于满足的早期冲动。得益于转移，精神分析家能够解析这些冲动，指出儿童对自己有所期待，并且得不到这种期待的满足。从此，儿童可以放开精神分析家，走向自己的命运，不再妄想找回丧失之物，不再妄想找回受创前的天堂或者相互诱惑的共谋之境。

俄狄浦斯期之前，大他者[92]（及其他人）的相对性

所有对教师或父母不友善的评论都意味着儿童的自恋创伤，因为他渴望在照料者身上重现理想自我。正是冲动受挫和乱伦欲望被阉割的痛苦使人们感到了在消失的他者身上找回理想自我的结构性需要，也借此逐步地接受了对所爱和所欣赏之人的失望，接受他们不是全知全能的。儿童发现每个人都有自己的历史——父母和教育者也都一样，这个历史使得无意识欲望在语言和动作上扭曲被表达的欲望，总之也扭曲了他者的欲望——全能的他者。每个人的历史都不相同。这能让儿童接受现实，接受他以为绝对的感受的相对性。如果儿童爱父母本来的样子，他就知道自己必须接受自己和他们不同。如果儿童不爱父母本来的样子，他会明白，因为血缘关系，因为法律要求父母负责，所以他们是自然地有一些责任的，或者有被授予的、暂时的责任。儿童会明白，父母或教育者没有如他所想的那样享有对他的一切权力，他能够拒绝父母或教育者对他反常和过分的亲热。儿童要承认，父母的责任被法律认可，他们会为他负责，直到他能自己承担起责任。精神分析就是要让儿童认识到这一法律事实，并且帮助他接受这一法律事实。至于精神分析家，他依照约定，拒绝在现实中回应并满足儿童的要求，拒绝直接介入儿童的现实生活，目的是帮助儿童接受为自己负责。必要的话，儿童可以要求政府的帮助，也就是要求社会保障机构的代理人（某个中心的社会援助）帮助他走出现实的困境。

在机构里工作的精神分析家

现在我们要谈谈在儿童机构里工作的精神分析家。如果精神分析家在晤谈外参与了儿童的现实生活，儿童知道精神分析家与教育者常常沟通，知道精神分析家每天都可以通过观察来熟悉自己的行为，知道精神分析家认识自己的同学，知道精神分析家会和自己周围的人谈论自己，精神分析的关系就会走样，精神分析工作会变得很难。幻想关系是转移中唯一应该被分析的，而在这样的情况下，它会和现实关系混淆，变得不可分析。我们知道幻想和现实的相遇看似表明幻想是有道理的，看似证实了欲望之幻想的合理性，但实际上却是神经症起源的创伤时刻。体制化是精神分析的危险走向，它增加了幻想和现实相遇的可能。

我以上谈到的都是真正意义上的精神分析，也就是一种通过研究儿童过去关系的转移而起作用的治疗方法。对精神分析家的移情，意味着儿童重现了和过往生活中的一些人的关系以及随之而来的情绪。神经症儿童将过往的情绪转移到周围人身上，这就是他适应不良的原因。想象使他在现实中投射幻想，妨碍他看清现实本来的样子。精神分析就是要研究移情。为了保证移情能在儿童和成人（精神分析家）之间展开，精神分析家—儿童的二元关系与现实要互不干涉。除了父母或者教育者偶尔与精神分析家的晤谈——儿童需要在场，这个关系是由想象主导的。精神分析家的作用是解读这种扰人的、不符合当前时空的想象。他不能干涉儿童及其周围人的生活方式；当儿童无意中听到分析家对现实的评论，且对此有一些疑问和言论时，精神分析家不需要回应。也要承认精神分析家是机构的一分子，即使他谨慎地对机构中的事保持沉默，儿童还是能通过对他的观察——在食堂里，在办公室里，在谈话中，在精神分析家和他人的来往中——推断出精神分析家的看法。所有的行为都是语言，这就是为何精神分析家与接受分析的儿童有现实来往是有害的。我不是说儿童在面对精神分析家时有困难，而是精神分析家自身有难处，他因为身处机构而了解了儿童的现实，这是一种儿童在晤谈中通过转移所要表达的事情之外的现实。精神分析家也会认识现实中的教育者，他们自然会对精神分析家说起他们看到的儿童的行为，而精神分析家是不应该知道这些的。

我曾经提到，所有成人对于儿童来说都可以是其理想自我，尤其是精神分析家——不论是男性还是女性。对于接受分析的儿童来说更是如此，因为精神分析家代表了成人的模范，他在儿童眼中是完美的；从现实层面来看，在心理治疗过程中，他一直是儿童的补偿性自我。精神分析家同时也是变色龙，反映了儿童投射的所有积极或消极的冲动，还反映了儿童在转移中想象地投射在他身上的，从最早期开始的所有阶段的力比多。不论是指向同性的还是异性的，儿童的自恋都试图粉饰自己；儿童培养并保持着自己难以满足的占有欲、控制欲和特权关系。总之，在治疗过程中，儿童和这个了解自己所有秘密的人维持着一种不可言喻的联合，就像他在生活中处处都幻想的那样。因此，儿童的问题会变得复杂，因为他更喜欢这种幻想关系，它是某种不正常和诱惑性的补偿，同时也成为治疗进程中无法被分析的阻抗。

晤谈期间，精神分析家看起来不受任何义务制约，在机构中也没有任何教育和教学的责任。教育者在现实中是有明确任务的；他们需要制定教学大纲、时间表、进餐纪律、课堂纪律、课间纪律，总之，都是一些以集体生活之规定为名的令人沮丧的事。再者，精神分析家在晤谈中是单独和儿童相处的，而儿童和教育者在一起时，同一个团体里往往还有其他人。如果儿童爱教育者，这些人就会成为他嫉妒的竞争对手。教育者还有一个任务，那就是进行技术或者技术性学科的教学。儿童必须在这方面取得进步，掌握这样或那样的本领。儿童只有掌握了这些本领，才能实现象征化。教育者对儿童的积极评价能推动儿童进步，在掌握本领的过程中，儿童能够知道自己是否取得成功。在每一个学科中，教育者都应该形成关于价值的评价，它是学生学习和努力的标识。精神分析家不会这么做。教育者是现实的指导者，有时是自控力和能力的榜样，这是受机构承认的。他们指导儿童如何循规行事；他们应该成为榜样——有时也确实如此。总之，只有参加儿童的集体活动，履行好看护和监督儿童的职责，教育者才算做出了榜样。精神分析家则是支持儿童早期冲动的浮现，而且相对于儿童在机构中度过的时间，精神分析家与儿童相处的时间很短。当然，他容许这些早期冲动的表达，因为他要解析它和儿童固着的某个历史时期的关系，让儿童学会利用被阉割的早期满足的冲动，然后发展这些冲动。这都多亏了儿童现在的理想自我相对于年龄和陈旧的过往来说更完善，更符合他的天性和发展，更符合他在晤谈与精神分析家之外找到的兴趣点；也就是说，把（口欲的、肛欲的、前生殖期的、积极的、消极的）冲动运用到一些文化和技术活动中。在这些活动中取得进步，既能满足压力和自恋，又能获得同学和老师的称赞。精神分析家在晤谈中调动起这些冲动，使它们从压抑中解放出来，但是冲动的方向和他没有关系；到了晤谈之外的学校生活中，那就是教育者的职责了。

在晤谈中，儿童或许能感受到一直被压抑的早期冲动，却看不到自己的欲望。如果精神分析家是在学校任职，儿童可能将他看作教育者，就像他在晤谈外看到的那样把他和学校其他人混淆；对于儿童而言，这个"教育者"是讨人喜欢的，因为他什么都不要求，并且接受自己退行的欲望。有时儿童会对严格要求的教育者失去兴趣，只想在机构中等待着晤谈。他的治疗进行得很好，教育进入了死胡同，可是儿童并不是为了做分析而进入特殊机构的。在乱伦冲动产生时，儿童在机构中完全重现了家庭中的自己，他把早期的母亲功能投射到精神分析家身上——不论分析家性别为何。他把他所拒绝的父性阉割功能投射到机构中，然后出于一些明确的目的，又将某种乱伦欲望转移到精神分析家身上[93]。如果是男孩，他在面对男性精神分家时将饰演同性恋的诱惑者，面对女性精神分析家时则是异性恋的诱惑者。如果是女孩，在面对女性精神分析家时其分析会涉及同性乱伦的移情，在面对男性精神分析家时其分析则会涉及异性恋的移情。从儿童和精神分析家在现实中有共同的生活之时起，移情就变得不可分析了。例如，治疗期间，他们在别处有私人会谈，有无人目睹的会面。这些交谈在快乐或者焦虑中会变得情欲化。就像我们看到的，不同于支持性心理治疗，也不同于转移未经分析的再教育心理治疗，精神分析在学校中进行会面临很多困难。精神分析要求学校的团队了解这些困难，只有这样，儿童、机构和精神分析家才不会陷入僵局。这个僵局就是无休止的治疗或教育的失败。儿童会无法区分现实和想象，把它们搞混。没有对想象欲望的阉割，就没有象征化。所有教学计划都离不开教师和学校负责人提出的阉割性要求。这些要求必然带有对儿童一般行为和进步的评价。儿童能看见这些评价，就像其他人可以看见自己的实际工作成果，就像儿童可以看到社会对同学和家人的态度。不论是身体的需要，还是放松时的娱乐，都要遵守家庭规则和集体法则。

治疗计划和教学计划

精神分析的计划完全不同于教学计划。前者允许儿童通过自由联想（由于精神分析家的无意识阻抗，约束会尽可能少）来释放被压抑的冲动，然后在转移中用幻想表达出来。儿童在精神分析家身上，或在自己身边亲近的人身上，重新体验到这种冲动时，就会在情绪的引发下回忆起某些时期，回忆起这个时期的人际关系和人际创伤。精神分析家需要阐释这些冲动和这个时期的某些关系。儿童不仅体会到投射到精神分析家和自己身边人身上的感情，也幻想出了对精神分析家身边人的感情，如精神分析家的家庭，他的配偶、孩子、教育者、父母和同学。在儿童那里，幻想可能会面向现实，但是对精神分析家的幻想不论是否以某种方式面向现实，都是没有任何益处的。关于儿童的分析，只分析他对精神分析家的移情是不够的，就和关于成人的分析一样，还要分析儿童对他谈论的其他人的移情。在分析投射和幻想的后期，精神分析家必须提醒儿童，要在日常生活中观察和认识他人的实际情况。为了摆脱回忆的束缚，儿童曾将幼年时对抚养者——目前是父母和教育者——的情绪转移到精神分析家身上。儿童必须依据集体法则来理解他人的角色和自己的角色，这也与任何人都要遵守的法则之现实要求有关。[94]

教学计划中的阻碍

我希望在为有困难的儿童服务、有明确专业的教学方法的学校中，儿童能依据爱好自由地选择自己的活动。如果这样并不会打扰到集体的话，为什么不呢？[95]教育者为了有意识地支持儿童成功的意愿，会要求儿童将自己的决定坚持到底，要求儿童开始行动。这就是教育者的职责，即使儿童鉴于自身的不稳定性，还不能完成某些活动。教育者应该为儿童自己选择的活动做技术指导。在主张自由创造的工作坊中，儿童以文化形式（如戏剧、舞蹈、绘画、雕塑、哑剧、话语）表达自己的幻想。专业老师使儿童的作品符合材料特性，使儿童声称要呈现和扮演的事物符合儿童的计划，使儿童的语言能被理解。工作坊辅导者的职责从来都不是分析创造性幻想的动机，也不是分析投入其中并且有时无法实现的冲动到底是什么，他应该见证和鼓励儿童寻求以建设性批判为目标的交流。

如果儿童正在接受精神分析，没有什么会妨碍教育者（在儿童面临失败时，是他们见证了他的困难和焦虑）鼓励儿童去和精神分析家谈论遇到的困难。这些困难有的是班级上的，有的是工作坊里的，有的是玩耍时和其他人的关系中的，有时是和教育者的关系中的，或者是儿童自己（身体上或手工上）的笨拙导致的。儿童最终要和精神分析家一起理解自己的困难并超越它，精神分析家就是为此而存在的。这不是说教育者要迎上去和儿童一起理解这些问题。儿童要意识到教育者是一部分，精神分析家是另一部分，他们促使他明白困难的意义，帮助他超越这些困难。儿童以两种形式出现——和精神分析家在一起的自己，在机构中其他地方的自己，他用不同的方式谈论事物。精神分析告诉我们，正是倒错的享乐支持并增强了适应不良。儿童陷入了这种享乐的陷阱。出于焦虑，他想要维持施虐或受虐的表象，维持这种幼稚的欲望。儿童的困难总是表现在两个层面：现实世界中的困难，幻想世界中的困难。后者妨碍了儿童变得成功和掌控现实。重要的是，在儿童的理解范围内，教育者的角色是一部分，精神分析家的角色是另一部分，二者绝不能混淆。在教育者的理解范围内，同样不能有角色的混淆。精神分析家也是。避免这种混淆的最好办法是，精神分析家不要在教育机构任职，因为那里还有为接受教育而来的儿童。

我所说的似乎是革命性的，因为在我们的社会中，在治疗和教育儿童的机构里，状况完全相反。

实际上，这些机构是为了适应不良的儿童建立的，因为当儿童住在机构中时，在行政条件上更容易进行精神分析。这是一个行政管理问题，是一个官僚主义的问题。目前人们认为，有学习障碍并且不适合专业公立教育的儿童，只有寄宿或者半封闭在心理治疗机构或儿童心理教育机构中才有可能进行精神分析。如何解决这个问题？我不知道，但这不是我们不接待和不分析这些儿童的理由，也不是我们逃避和放任这些困难的理由。此外，在父母不能照顾儿童时，寄宿也是有好处的，儿童能从机构中受益，更好地适应自己，还可以从公共救助机构领补贴。如果家庭环境无法确保儿童接受教育，在机构中寄宿是很有益的。我认为，如果有足够多的精神分析家理解精神分析和治疗计划、教学计划的矛盾，我们就有可能改变政府专横的决定。由学习和住宿的机构负责，或者由日间医院负责的儿童，是否有可能在另一个机构进行精神分析，并且不必额外为治疗花费呢？

例如，可以设想机构 A 中的儿童配有其他多个机构的精神分析家，他选择了精神分析家甲，一起进行准备性晤谈，然后在机构 B，和从未去过机构 A 的精神分析家乙进行精神分析。儿童把机构 A 中秘书处的代用券交给机构 B 的精神分析家乙，为自己的治疗付费。同时，精神分析家乙或者机构 B 的精神分析家还有一个职责，就是使机构 B 的儿童理解，为什么在他们有需要时，应由机构 A 或其他机构中的精神分析家负责治疗。这些治疗可以在日间医院进行，或者由日间医院把儿童带到地区门诊的咨询室。总之，每个儿童都需要带着某种代用券，就像从自己家来的儿童那样，然后由政府工作人员来接他，这样儿童和精神分析家都不会陷入困境，能进一步保证治疗的效果。我想到了这个办法，但是应该还有其他办法。我相信，政府会对我们的提议感兴趣的，尤其是如果我们使人们理解，儿童的精神分析倘若在他从早到晚生活的机构中进行，就完全是像在儿童的家中进行，而我们知道，在那样的环境中是不可能有效进行分析的。

我希望这些关于精神分析的思考，能引起人们对解决方案的思考。我们必须找到解决方案，只有这样，那些为在集体生活中适应不良的儿童准备的精神分析才能在更恰当的环境中进行。这是儿童的利益，更是整个社会的利益。只有这样，目前关注适应不良儿童的重要工作才能真正开展起来。

第五部分

社　会

消化性学校：教育的问题[96]

　　我在第二次世界大战之前认识了几个无法适应学校生活的孩子。他们的心理状态已经高度结构化和反社会化了。战事迫使他们跟着家人从城市转移到乡村。再见到这些孩子时，我惊讶地得知，他们在去了只有一个班级的乡村学校后竟然完全恢复了学业和个性！一位母亲告诉我："我提醒学校的老师他什么都不会。他在巴黎检查过，医生提议采用一些特殊的方法来对待他。他心智发育迟缓，一直跟不上学习进度。可我能怎么办呢？他觉得无聊，想找一些孩子做朋友。"老师说："还是先把他送来吧，我这里有一些孩子。如果他在教室里感到不舒服，可以到院子里去活动。他会交到朋友的。"这种散心似的方式使这个发育迟缓的、不稳定的孩子与学校和解了。去或不去学校都随他的意愿。他和其他孩子建立起亲密的关系。适应不良以及发育迟缓让他只能听着其他孩子咿咿呀呀地念单词。既没有老师的教导，也没有父母的单独照顾，这个小家伙竟然学会了写字，然后又学会了阅读。他选择了一个老师提议的练习活动，参加了一个活动小组，回答了问题。简而言之，在乡下生活三年后，他达到了同龄儿童的智力水平，而他之前在比奈—西蒙智力量表①测验中被贴上了无可救药的标签。

另一个案例让我印象格外深刻。那是一个大家庭里的老四。这家人生活在郊区。父母是有学识的工人，男孩在小学被预言会"很有出息"。九岁左右他被送到医院做诊断，因为注意力、记忆力和现实适应力严重失常，并且出现了严重的阅读障碍和计算困难。他陷入了巨大的失落之中，开始假装冷漠。他把小树林当作避难所，会爬到树上躲起来。他积极又富有感情地画了一些混乱的、不完整的图案。他过去从未缺勤，现在却无法忍受上学了。他也被家庭抛弃了，或者说他是如此感觉的，因为儿童—精神病服务中心试着把他送进郊区一个半寄宿制补习学校。除了自己喜爱的兄弟姐妹外，他变得害怕其他所有孩子。他的智商是正常的。父母都要工作，去巴黎做心理治疗也不现实。怎么办呢？

我们通过乡村社会福利员间接地了解到，有一对没有孩子的夫妇与两三名雇员开发了一个农场，他们愿意接待这个孩子，与他一起生活，教他做农活，饲养家畜。他不用去任何学

---

① 比奈—西蒙智力量表由法国心理学家比奈（Binet Alfred）和助手西蒙（Theodore Simon）于1905年编制。测验的目的是区分异常儿童和一般儿童，以便对前者进行特殊教育。——译者注

校，能躲开噩梦并参与到家庭劳作中。我和他的父母说服他停学到乡下去休整。和城镇的距离（超过八千米）使他有理由不去上学，而对于"文明"地区的孩子来说，除非是有健康问题，否则不上学就是违法、异类的生活模式，不论他是否因为上学而感到痛苦（我们要承认，成人在过度疲劳和精神消极时是可以停止工作的）。

父母没条件在家照顾孩子，孩子也无法上学，并且得不到心理治疗。在源源不断的焦虑的侵扰下，父母曾试着把他送到半寄宿学校。孩子在那里又滋生了和同学接触的恐惧。父母最终决定放弃由医疗—教育机构来照顾孩子，选择了乡村的家庭式收容。

孩子忘记了学校里的知识，在寄给父母的信中只有一些绘画。精神分析就是从这时开始的。父母每周给他写家庭的新鲜事，养父母会念给他听。

八九个月后，男孩不会写字了，也不认识数字了；但寄给父母的画开始富有逻辑性，色彩斑斓，达到了他这个年龄的"正常"水平。养父母说，孩子很开心、很大胆，是一个很有效率的小帮手。不论是去农场还是去集市，遇见其他孩子时他不再惧怕了。就这样，一年过去了，养父母采用初级教学法，帮助孩子重新开始学习阅读、写作和计算，每天的学习时间不超过一个半小时。在几个月内，男孩恢复了基础学业，不再有阅读障碍和计算困难。下一年，他还是待在农场，但借助母亲寄来的教材补上了缺失的知识。之后他重返学校，跟上了课程。

这也使他恢复了自信。

我听说，他高中毕业后开始实习，目标是成为实验室助理。他通过了高考——兄弟姐妹中唯一一个，选择了兽医专业。他曾回到图索医院，表示："我是来感谢多尔多女士对我的信赖的。当时我的大脑非常奇怪。她是对的，我想证明给她看！"这个年轻人最终成了兽医。

我之所以引用这些例子，是因为它们让我想起了"情感紊乱"这个概念，它是学校适应不良的原因或结果。在某些案例中，儿童在人生初期突然出现情绪困难，还时常伴有器官性紊乱。儿童学习能力衰退，运动机能发育迟缓或在社交方面反应迟钝。

起初，有关无意识动力学及其核心的俄狄浦斯情结的精神分析训练启发了我，让我看清了义务教育的作用：如果义务教育对发育中孩子的动力有推动作用，那它就是支持性的；如果义务教育起到了阻碍作用，那它就是干扰性的。这不单和教学方法有关，更和孩子对他感受到的学习环境的反应有关。孩子看到的一切都印记在他的大脑中。我并不是说传统的学校在所有情况下都是有害的。但因为学校制订了静态的规则，依据着考试成绩的优劣和是否扰人来评判学生，所以那些被认定为不适应的儿童很难（而且越来越难，甚至不可能）在小伙伴之间保持自信；父母也很难对孩子的未来充满信心。学校的差评代表着社会性的失败，这又会导致一系列焦虑。这些反应被深深地植入家庭，也被间接地植入主体自恋的内聚力及其俄狄浦斯结构。

没有一所学校的氛围能帮助那些后天或先天的不幸儿童在社会上体现他们的价值，对有天赋的儿童来说也一样。在这个意义上，精神分析家不得不感到惋惜。这些儿童既没有被隔离，也没有被歧视，但已然丧失了很多能力，被排除在创造和交流性语言之外。其实他们恰恰更需要被适应集体的人带动和帮助。

现在的教育模式是以达到统一的智力水平和相同的生产节奏为核心的，这在我看来是荒谬的。实际上，对于达到义务学龄的儿童，这样的教学模式会引发很多潜在的神经症。儿童之前在家庭中以自己的节奏活得健康无比，现在却要接受将学习成绩看作唯一的价值标准。

对于这些复杂的问题，无论教师和教育学家对个人心理治疗持何种态度，我都一直保持着关注。

学龄儿童用自己的名字登记入学，成为公民。但是，他是谁？他来自哪里？他对学校有多少了解？他为什么在那里？他在那里是为了做什么？

对于浓厚的肉身渊源、丰富的情感体验、无法交流的幻想，儿童至今只是无意识地在内心的、语言的、身体的、手工的游戏中进行着表达。他将要学会在学习生涯中结合这些渊源、体验和幻想的独特性，用一种易于表达的创造性方式，用一种具有语言价值的社会成果的形式，将它们表达出来。在"文明的价值观"的名义下，学校为儿童提供方法，使他获取知识，找到能够在社会中有效工作的方向，争取自己的权利来支持将来的小团体——他将在家庭中养育孩子，并在保持个人原初凝聚力的同时推动所在群体的技术变革和语言变革。多好的计划呀！这不仅关系着教养，也关系着教育。能否给个人的事加上"公共"一词呢？还是说教育只能是家庭的，而不能是社会的？

说回入学的儿童。

除了必须在规定时间到达的（不顾活动、休息和自然需要的生理节奏，也不顾季节和时间的变化）明亮巨大的建筑外，我们还能在学校里看到一些重要人物，其中最特别的当属教师。儿童总是尊敬或害怕教师，不会无视教师。不论动机和文化水平如何，父母自从将孩子托付给教师起，就对教师报以巨大的期待。

对孩子来说，这个重要的成人是权威的代表。虽然儿童可以用名字称呼他，但大部分时间，儿童对这个人的名字和社会地位一无所知。这个人到底是谁？他是"男老师"，她是"女老师"。儿童只能通过倾听身边人的言论来评价教师，而这些人也是根据他们对童年时学校生活的残余幻想进行评价的。

这些陌生的"同学"是谁？儿童只能根据那些他认识的人（主要是兄妹、堂兄妹和其他亲戚）的形态和外表进行评判，前提是他经常拜访这些人。班上的人围坐一团，叽叽喳喳，没有一个是他认识的，这种集体对于孩子来说是什么？他不能先验地设想班级，只能以幻想为根据，或以在其他团体中的现实经历为依据（如家庭），或以他去过的机构为依据（如少年之家、夏令营和医院）。

教室的门关上后，逃跑是没可能了。如果学校过于自由，缺乏纪律，那么门关上后，就没有人会维持教师所要求的认真态度。孩子会把班级看作他参加过的团体，那里总是有一个激进的领导者，缺少适度的父系法则。教室里不仅有教师，还有儿童之间的丛林法则。孩子坐在那里，学习着。"瞧着吧，学校可不是能闹着玩的，你要听话！"这样的话语不断出现。

儿童去学校的动机是什么呢？谁想要在学校里看到他？他有什么理由去上学？上学的目的是什么？

无论年龄多大，一个人的"自我"能否破壳而出都取决于家庭经历，取决于很多情感和社会因素。

为什么母亲、父亲或者哥哥要把他送到学校？是为了摆脱他吗？是因为人总得去学校？父母说他在学校会很开心，会学到他们知道的所有事情，而他们也是在学校里学到这些的。还是说只是因为孩子需要一个教师，如同父母自己也有一个雇主？孩子听到父母谈论老板，谈论老板的压榨和苛求，谈论所谓"工作"让他们情绪低落和疲累，但也知道父母月底能带薪水回来。所有孩子都知道，爸爸妈妈的工作是能赚钱的。

如果孩子的"我呀，我"①萌发了，他就会进步："我呀，我

---

① "moi-je"在口语中近似于"我自己—我"。父母和孩子在家里经常有如下对话："爸爸妈妈待会儿要去上班了，你呢？""我呀，我要去学校。"——译者注

要去学校。""我呀，我在这个班里。"

"我呀，我"是谁？众所周知，这个表达背后隐藏着亚语言的幻想，如"我自己呀，我父亲—我""我自己呀，我母亲—我"。正在进行俄狄浦斯期自我构建的儿童，心里怀着对孕育者中某一方的幻想认同和欲望认同。

又或者，"我呀，我"以兄弟或姐妹为参照，在幻想层面上是一对"大小"的组合。如果"我呀，我"以狭隘的方式被情绪化地纳入乱伦（或兄妹间的类乱伦）幻想，那孩子能否在学校中找到满足他欲望的东西？

总之，孩子必须捍卫他熟悉的位置，它能保障安全的完整性。"我呀，我的父亲"或者"我呀，我的母亲"不能转换成"我呀，我的老师"，孩子遵循的是比父亲或母亲所说的更有价值的真理。如果某个同学占据了孩子曾经喜爱或讨厌的兄弟姐妹的位置，他的"自我"在家中的安全状态将受到威胁。孩子会改变。他不再是以前那个他所以为的自己，不再能够证明自己的价值。

如果在儿童消除俄狄浦斯情结之前，学校就已耗尽儿童的情感力量，那么他与家庭的关系就会变得病态，会缺乏安全感。儿童感觉在外面比在家里自在。这种感觉动摇了儿童在家中自恋价值的秩序，破坏了俄狄浦斯情结构建的核心力量。

儿童不是一个人在抗争。儿童的尊重、热爱、倾听、认同欲望、价值感直到那时都仍归属于他和父母的关系，如果现在这些都归属到他和教师或学校的关系中，不成熟的父母会感到苦恼。或者和兄弟姐妹暗地里的竞争被转移到和同学的竞争上，从而导致新的情感问题。

在新的经历中，人们（不论年龄多大）会借助无意识的幻想保留一些感受上未经触碰的东西，"我呀，我"先于经验之前的"他呀，他"。身体形象是个体保护自恋的屏障，个体寻求着在自己熟知的范式里进行体验——为了感受自身的存在，也为了投入新的情感历险。

阐明了儿童的意图，我们就能看懂他的经历。他可能会为了参与到集体中而带来一个苹果。① 这个他熟悉的，属于他自己的东西，支持他过去的"我呀，我"变成——和他的个人物品一起——融入新环境的整合性的"我呀，我"。他和自己的亲密关系并没有因此破裂。

穿过俄狄浦斯期幻想，儿童期待着成为小学生（前提是他认可成为小学生能带来进步）。这意味着什么？这意味着在小学的历险中，他特别重视所有支撑其幻想的事物，如对父母的诱惑，通过移情而产生的对教师的诱惑（献花），对竞争、渴望、嫉妒的镜像的攻击性认同（对同学的恶意中伤）。如果俄狄浦斯情结及其带来的焦虑使儿童在无意识中产生了罪恶感，那他会在学校里惹事，以此招致责罚。他贪婪地寻求着完成某种

---

① 在《体制教学法》中，有个孩子在学校总是心不在焉。有一次他写信给朋友说："在我家，当苹果落地的时候，秋天就到了。"他认为这是令人印象深刻的事情，于是带了一个苹果放到班级展示台上，然后吃掉了它。从此，他真正融入了自己的班级。——译者注

拯救性阉割①。[97]他只有让令人无法忍受的无能是"他人的过错"，并且"不幸地成为不公的受害者"，才能振作起来。总之，一系列无意识的干扰性动机伴随着他来到学校，焦虑、回避和压抑的情绪变换是这个漫长的关键期的特征。

不同的儿童有不同的情感。"在学校的他"，他对教导的欲望或者回绝，总是因为俄狄浦斯情结而色情化。在最良好的情况中，这会持续到他九岁。

如果儿童变成了被动的参与者和虔诚的执行者（也就是我们说的守纪律的好学生），那么班级里的团体、老师布置的任务对他来说都会成为向去生殖化的早期位置退行的因素。他会出现一种学业性强迫症，阻碍他的俄狄浦斯情结和社会性的发展。教师和父母对此却偏偏感到高兴！

很多学校的传统方法都再现了幼儿寄生在母亲身上时人际关系中的消化性态度。可以用厌食和呕吐的儿童进行对比。儿童在学校感到沉闷和压抑，或者会贪婪地将课文原样背下，再很快忘记。至于在班级中，这些讨人喜爱的、守纪律的学生，他们的身体和语言会完美地模拟出教师所提倡的样子：好学生，没什么可说的，让人满意，虽然有时"本应该做得更好"。他们的一切看起来都合乎规矩，实际上这些会长大的孩子的欲望被清除得一干二净。他就像患有神经症，乖巧地接受着填鸭

---

① 我不是说对阴茎的损伤，而是对身体形象的完全放弃。这是一个使他和父母，和由父母联想到的其他成人的关系色情化的，让他幻想到生育关系的身体形象。

式教育；比起玩，他更喜欢学习，他的责任感还未显露就将已久或者永远被毁掉。

为什么消化性学校将继续获得成功？它对小孩子说："吞下这些声音和手势，然后再做一遍。"它对大孩子说："吞下这些课文，再背诵一遍。写字要有写字的样子。我们来看看谁在抄袭同桌的作业，谁在翻书，谁在交头接耳!"

这些吃喝拉撒式的口令来自传统的学校。"进食"能在考试中带来好的成绩，好的成绩意味着成为精英。为什么？因为重复令人心安。创造性事物伴随着风险；不能重复的事物是不可评判、不可编纂的。

在"新式"的、特应性的学校中，任何事都可能发生。这种不可控使教师和父母焦虑（由因及果，儿童也会焦虑），传统的方法则能使他们安心。面对教师灌输的不可置疑的话语，学生变得沉默、孤立、僵化以及孤独。

在这样的学习机构中，教师和学生都在时间和空间上受到限制。求知的意图、个人的选择、需要长期酝酿的创造性计划、耗费精力的研究计划，这些统统没有地位，最后以文化贫瘠告终。学生没有时间说话和闲逛，没有时间和朋友一起散步，没有时间和教师谈论过往，没有时间讨论某个学科给他带来的痛苦和快乐，没有时间提出这些问题或那些问题……

在孩子很小的时候，大人就要求他抬头，看着教师，听教师说话，闭上嘴巴，手里一直拿着铅笔或者钢笔，然而此时。这些被约束的小家伙还不是自身幻想的代言人。操纵物体，好动，正常的生理需要，注意力不集中，性欲的刺激感，都是这种"无知"的代价。如果儿童还保持着活力的话，自身的感受、感觉以及周围的自然环境都会对他产生影响，同时他还要听教师的话。

我们不是听好教师们这样说过吗："脑袋装得满不如装得好。"脑袋？不，那不过是由同一个模具加工出来的罐子而已。孩子作为人类，是血肉、肌肤、气息，是兴奋、运动和幻想，是文化用有序的语言赋予了儿童恰当的表达方式：话语、绘画、雕刻、物品、音乐、运动和舞蹈。

当儿童受到班级——集体——欢迎时，他能够观察其他人，能够和他人谈话并做出回应，能够生活和呼吸，这就已经是生活在人群和社会之中了。

教师叫着每个人的名字，希望通过这种方式介绍他们。要是有学生因为分心而没有回应的话，教师会真诚地替他感到惋惜，会提醒身边的人关注他，使他成为集体的关注点。教师也因此确保了集体的凝聚力。[98]

儿童全神贯注于能自由进行的活动，以此来表达和取悦自己。儿童看到自己的工作被他人认为是必要的，看到教师——成人——协助并准许集体进行愉快的交流，邀请每个人用话语表达自己的看法，见证每一个念头的产生。儿童看到所有人都有被同等地倾听，看到自己的行动刺激了新计划的起航。这样一来，儿童就得到了进入文化社会的邀请，它们比任何"权威的教学"，比任何被命令完成的"作业"，比任何学到、记住的功课都更有说服力。

沉默、孤独的儿童之前谨慎地封闭着自己的幻想，现在开始展现自己并寻求表达。他松开了话语，动作充满了意图，渴望遇到向他展现生存权的他人。

成人要扮演组织者（因为成人的形象是诱人的、完美的）的角色，不要扮演权威的角色。他自己也变成了儿童、学生——他是某个有名字的人，他的身体来自父母，他意识到自己是喷泉，是话语，是情感，是参与班级踊跃交流的行动。

也有人说，如此自由的方法只能面向大一些的儿童，他们聪明伶俐，性格正常，渴望学习，渴望了解，渴望创造。不是所有人都具备这种水平的合作能力。如果儿童在发展中混入了过于不同的智力或精神动力，那么不可能有任何班级或大纲适合他。因此，要从班级中清理出懒惰、不稳定、瞎忙乎、不专心、讨人厌的孩子，把这些家伙重新组织起来。

恰恰不该这样！人是语言的存在，所有的表达都源于其个性，而个性是由周遭的环境决定的，前提是我们把他当作人，用尊重他的话语与他交流。

只要活着，不论是不会说周围人说的话，还是变得不再说话，我们都会作为一个人而在欢迎自己的群体中感到轻松。交流能带来适意的幻想，构建并启发儿童自己的意象。[99]儿童会由此感到受欢迎，感到"更有生命力"。这是由于其他在场的人在接受他时没有破坏他表现出的形象，也没有强加给他一个和他的表现不同的"外表"。

以指导者——如教师——为榜样，亲切地接受或容许新成员，认真对待新成员的所有表达，把这些表达作为一种他在集体中在场的必要证明，这对小组来说同样必要。集体表现得"更有生命力"，使得每一个成员都产生了一种解放了内在束缚的、具有传染性的、"更有生命力"的感觉。

希望那些对某些学科毫无兴趣，但是对其他事情感兴趣的儿童，不被排除在学校之外。

谁来说说被宽容的退行、性格危机有什么积极作用？例如，在返校的头几天，在长期病假后的前几次课间，在遭遇家庭问题的日子，教师知道如何保护并维护集体中每个学生的面子，能让他们专注于他们正操心的事。

儿童如果没有感受到惩罚性的耻辱，没有感受到蔓延的焦虑，没有感受到教师和同学贪婪又病态的好奇心，而是感到焦虑和自恋受伤所引起的退行和冲动行为都得到了回应，那么很多时候他们是能够在社会中自行调节的。

至于对铅笔、橡皮、尺子、点心的小偷小摸，这有时是恋物癖式的收集行为，或是儿童有意识的掠夺行为。他这样做是因为感到无力使用自己的用具，或是无力维持它们的良好状态。这些行为都是儿童特有的，可是出于某种个人原因，它们总是受到防碍。

艾达·巴斯克斯(Aïda Vasquez)和费尔南·欧利(Fernand Oury)在《体制教学法》(*Vers une pédagogie institutionnelle*，1967)中讲述了一位教师的案例。这位教师以公诉的形式开了一次班会，并以独自出席的友好方式去和一个被认为有掠夺、偷窃和欺诈行为的孩子交流。那是一个所有人都无法忍受的孩子，但教师独特的、乐于助人的风度使这个孩子没有陷入放弃求助的、无力的自恋丧失之中。

这样的例子来自现实的学校集体生活，表明了持另一理念的学校的有效性。失常、适应不良的儿童会在鼓励下变成合作者。除了被集体合理谴责的行为外，他们的腼腆得到了尊重。他们生机勃勃，不再用野蛮孤僻的方式来捍卫自己的个性。无能、倒错、偷窃、狡猾的孩子似乎对每个人，对整个集体都是有害的。孩子感到自己的活动受到干扰，想要集体把他排除在外。然而，戏剧性的班会提供了更宽和的协调方法以及交流反思的体系，在这个体系中，那些之前被排斥的、难以融入的孩子走出了紊乱的孤立状态，接纳了自己的形象。教师像父母般支持着孩子，像对待其他人那样对待孩子，帮助他运用自己的经验，帮助他融入社会。任何人，只要读到了书中那些最终轻松的时刻，就能证实这确实是心理治疗发挥了作用。

说回到一般意义的校园工作，即文化知识的学习和没有署名的学生工作的执行。这些工作都是单独地被交给儿童的，执行者不会意识到他能够在集体中创造出什么，便不会意识到活跃的思想交流会怎样支持、启发和充实他。

在这样的学习环境中，想象力终于找回了自己的价值。传统的学校容许过儿童的想象力，但现在为了他们安静地进入高校，就用遏制和训导来削弱儿童的想象力，因为它在高校中没有位置。在新式学校中，不论智力水平、性格、精神状态和个人选择怎样，每个人都能感到想象力处在中心，是整个学习生涯的操纵杆。想象力总是且愈加促使他们开口表达。被解放的想象力具体地表现在文化行动上，其中，一个人的道德从不会被认为违背了名为学校的庞大共同体的体制化道德。学校成为有生机的地方，不同年级的人都贡献着口头的、图画的、手工的、个性的表达，创造着生活。各年级——如果没有年级之分，就是各班级——都有一个工作坊和一个技术负责人，儿童可以根据自己的意愿自由地展开活动。配置齐全的图书室方便学生随时根据自己的需要来使用。毫无疑问，在这样独立的社会化苗圃中成长的儿童，将依据自己的天赋变成有创造力的人。

教师的位置会变得怎样呢？如何培训他们？在这样的学校中，不再是教师做主，而是集体做主。集体开启了社会生活，但它是在教师的指引下进行的。教师是集体的一员，指挥并协调集体。如果儿童因为内心冲突的溢出而侵扰别人，那么他会迫使集体变成被动的单子①。每个人都不再能找到自己的位置，只能屈服于想象、诱惑以及更强硬但文化性更少——社会性更少——的权威。真的是这样吗？不是的。只要家长会能很好地运行，这样的风险就不会存在。

①　莱布尼茨把单子定义为最基础的元素，不可再分。单子不具备一般物理粒子在时间、空间上的延展性，是一种抽象存在的形而上粒子。——译者注

当然，现在的教师还没有准备好。他们不是因为能担任团集教学的领导而被遴选出来的，而是因为通过了大量的书面考试。

强加在教师身上的，割裂且不可变动的日程表也提供了规律又均衡的精神套餐，给认真的班级食用。但囫囵吞下知识而缺乏学习的欲望，是没有办法真正掌握知识的。

填鸭式教学通过对比来评价教师，并且通过分数评出学生是在班级的前列还是末尾。但这些学生难道不是和其他人一样，都会在成年后成为公民并加入社会人的行列吗？既然适应不良者和学业失败者越来越多，既然目前的方法带来了灾难性的现状，为什么不寻找别的方法呢？

一个个对扭曲的或被家庭问题纠缠的人进行心理治疗不是解决办法。受训的医生和心理分析家的人数也不够。

要解决令人焦虑的教导和教育问题，有一个现实有效的答案，那就是彻底放弃典型的教师，放弃典型的教学，放弃典型的课程，放弃培养典型的学生，放弃达到典型的同质化。

因为自身力比多问题而立志成为教育学家的成人，不见得比被动听话的儿童知道得更多，更何况这些人，这些老式的管理者，远离新生代的日常交流，远离实际问题。教育学家是精神的探索者，是人类珍宝的探索者，而这些珍宝仍然在家庭的温室中沉睡着，或陷于无力感和孤独感。不要再因为所谓"正常学校"的强制风格，而将越来越多的儿童排除在外；甚至一些正常或较高智商的儿童会因为没有障碍而不能享受更好的教育理念和更有活力的教育方法——这些方法本来对他们来说是很棒的。对适应不良和不受欢迎的儿童来说也是一样，他们只能从更好的学校中一点点受益，智力不足和社会适应问题成为这些学生的组成元素。他们形成了与主流社会和主流文化相去甚远的群体。这种强制延长到以后的学校生活，迫使适应不良者和他们的教师变得孤立，缺乏社会关系。

然而，这些学生中的每个人都会变成男人或女人，难道我们不认为他们将来能够正当地投票、交税、相互接近吗？我们不能忽视，学校无法在一个共有的框架下教育和训练这些孩子，无法通过灵活生动的教学法来保证所有人都能够汲取社会经验和知识，并直接应用于他们当下的生命——无论是在他们的家庭生活中还是在他们的社会生活中。

我们需要场地、工作坊、图书室，需要可以自由使用的房间，需要足够多的能用来消遣的庭院，需要更喜欢任由儿童发展而不是对他们发号施令的成人。这样的成人决意让儿童表达自己，而不是告诉他们该知道什么，该思考什么。他激发儿童的创造意愿，而不是让他们专注于成绩。一切皆有可能，儿童的未来值得我们为之努力！

城市里的儿童

城市里的儿童不同于乡村里的儿童，后者的居住环境不会对他们的身体或心灵造成实质性的危害，而且他们能接触到植物、流水、动物、鲜花、森林和地球上很多使生活愉悦的自然事物。乡下的房子一般都有小花园。从学会走路到上学之前，只要天气好，儿童都会在花园里玩耍。和在城市里不一样，在乡村，儿童是不会被关起来的。

城市里的儿童只要一出家门，就有各种麻烦事在等着他们：交通拥堵，公园太远，或者公园有一些荒谬的规定，如禁止在草地上玩耍。此外，还有钱的问题。城市里几乎没有什么是免费的，但乡村几乎能给予儿童一切，成为他们学习和娱乐的源泉。在城市里，儿童会受到消费的诱惑，但大多数情况下父母挣钱都很辛苦。还有一个困难，即在青少年时期想帮助家庭成员时的无力感。在乡村，工作关系和邻里关系更加有组织性，人与人的联系更加紧密，青少年能在这里或那里帮父母和邻居一把。乡村里的儿童很早就开始干活了，父母也知道他就在自己身边，并且是安全的。

我们生活在一个历史和社会维度崭新的时代，这个时代的主要特征是工业文明。乡村里的人受到城市便捷生活的吸引，离开了乡村。时间固定的工作、空闲的周末以及年假吸引着他们，这些在乡村是闻所未闻的。虽然这些假日（或者娱乐）早已经是疲惫的代名词，是散漫又荒唐的机械运动的代名词，但城市的"生活方式"仍然吸引着乡村里的年轻人。

在工业化发展的同时，城市化也在发展着。这是高速又可悲的发展。鳞次栉比的高楼、摩肩接踵的公寓里从早到晚地进出着匆忙的男女。他们被吸入工厂、大型商店、教育机构，之后又被排出。

这种都市现象导致了一系列后果，给 20 世纪末的每个人都烙下了伤痕。从工作的角度来看，这带来了越来越普遍的体制化，而体制化代表着具体的法律保障——不仅是成年时职业生活的保障，也是退休后无风险无责任时光的保障。对于公务员而言，退休是生活——这种生活常常很无聊——的抚慰，是他安享晚年的希望，是他对自由的希望。可当这种自由突然降临时，他的生活又会完全失常，出现早期退休综合征。

这就提出了一个问题：在这个历史进程中，城市里的儿童，明天的一代，会成为最大的输家，拥有最少的生命愉悦吗？

年轻人开始并且继续离开村庄，因为有人在诱惑他们，向他们许诺城市的快乐和幸福。明亮的街道，咖啡馆——邂逅的场所，还有营业到深夜的一应俱全的商店。人们渴望找到一处"宁静"的住宅，或者一套两居室，或者一间"舒适"的公寓。"宁静"，也就是说没有监视你的父母，没有对你评头论足的邻居，没有乡村或外省小城的杂乱——那里的青年都感到很压抑。在乡村，到了寻找伴侣的年龄，总是有人向年轻人的父母通风报信，总是有人把年轻人选择爱人的关键时刻讲出去。城市承诺了工作和自由，还能逃避繁重且受制于季节的农活，这对于不成熟的青少年是多大的诱惑啊！

　　在乡下，工作是没完没了的，总有需要医治的动物，即使周六日和节日也不例外。如果你是工匠，你会发现乡村的顾客是很难应付的。他们总是很匆忙，付的钱也不多，还有额外要求，因为在你还是小不点时他们就认识你了。如果周日你的邻居有一台机器坏了，那你可就倒霉了！

　　在城市里，工作方面总有工会提供支持。工厂也许令人厌倦，但是非常稳定——至少人们是这么说的。如今，乡下也有工会，但如果我们总能和老板在街上碰面，如果他们总是对我们直呼其名，如果人们普遍关系亲密，我们又能怎么办？在城市里，大家都无名无姓。普通人或许羡慕权贵，但也并不会害怕权贵。在乡下生活和长大的人认为自己的生活一点也不轻松，似乎一直被监视着。只有城市居民才认为乡村生活很美好。

现代都市是数代法国人的梦想，现在已经成为现实。工业文明改变了地区人口密度，它用城市和工厂的工作做保障，创造了"更快乐、更自由"的新愿景。但如果工业文明不会在日常生活中带来更多的快乐——看看城市生活的那些问题，为什么人们还是要离开乡村呢？为什么他们不回去呢？这也许是因为在城市里生活有一种无法解释的吸引力。这种特殊的吸引力在于城市聚集了规范化的服务人员和工作者。他们遵从着考勤时间而不是季节变化，被迫住在狭小的公寓里，还必须像长跑者一样赶很远的路去上班。

随着都市化梦想的实现以及新生活格局的形成，城市儿童不断增加。这些不幸的儿童生活在狭小的公寓里，失去了和大自然的接触，也失去了真诚的家庭关系。在治疗工作中，我看到城市使儿童受到越来越多的考验，其原因可能是父母工作繁忙，也可能是城市的环境很冷漠。

新的生活状况改变了传统的家庭生活方式，对儿童而言，还改变了他们心中年长一辈的形象，改变了兄弟姐妹的形象。强制性的工作和对金钱的担忧，使父母在儿童眼中的形象破碎了。父母曾被他们的孩子看作知识、权力、爱和安全感的依赖对象，现在却被当成担忧、疲劳、恼怒、饱受折磨、贫困、消极、怀疑、惊慌的人，还是负债者，总抱怨工作、上司或者行业。在儿童眼里，父母的工作是苦差事；儿童诧异地发现，父母下班回家后，会要求自己写作业和思考未来。这种未来就是此刻他们在父母身上看见的：一种没有乐趣、没有放松、没有前途的生活。

在乡下，如果我们问儿童关于父母工作的问题，他总是知道他们具体是做什么的，也知道邻居对父母工作的评价。然而，如果我们问城市儿童同样的问题，一半的人说不出父母从早到晚在忙什么。

"我的父亲，他在工厂工作。"

"他做什么呢?"

"我不知道……操作机器吧。"

"那你呢，你的父亲做什么?"

"我的父亲，他写文章。"

"他写什么文章? 在哪里写?"

"我不知道。他是公务员，在政府上班。"

"他在那里做什么?"

"我不知道。"

总是同样的"不知道"。

母亲是销售员。但是，她是在销售什么呢?

很少有城市儿童知道父亲和母亲在忙什么。

在家中，我们闲聊时从不会谈起工作，因为那不过是烦恼、焦躁、疲惫的来源，是我们向医生申请休假的原因。在城市儿童的眼里，医生是危险的人，是自己不愿意喝汤时母亲拿来威胁自己的人，然而也是能让父母休假的人。父母不再是儿童羡慕的成人。儿童越爱父母，就越抱怨他们。当知道忧虑压垮了父母，知道他们晚上到家时完全紧绷着，儿童就会掩饰自己的傻事和坏成绩，因为它们很可能使父母焦虑和尖叫。人们变得疲惫，并且满是抱怨。全家共进晚餐时总是伴随着对共度良宵的期待，这种期待现在却常常落空。愤怒、哀诉、责备、牢骚、指责，短促又挑衅的声音充斥着儿童的鼓膜。天真的儿童并不知道，自己自出生起就是父母的寄托，负担着父母无穷的希望。父母每天都在从孩子身上重拾希望，如孩子身强体健，较早大小便自理，学业成功，安静如毛绒玩具，尊重父母（就如父母年轻时对他们自己的父母那样）。他们曾经确实尊重父母，因为他们的父母在乡下是"某个人物"。可在城里，他们谁都不是。

父母面对着生活压力，希望孩子处处节约，不要糟蹋东西，不要弄脏衣服，不要磨坏鞋子；希望家庭成员彼此亲密无间。但如同大部分家庭，在如此紧绷的气氛中，儿童不可避免地会被压力影响。这种压力与父母到家时的平静感完全相反，也与儿童在父母在场时的安全感完全相反。

很奇怪，父母对孩子的期待是听话，有学习的欲望，或者说在考试中成功。父母喜欢听到别人称赞孩子成绩优异，就像他们喜欢听到别人说他很早就能大小便自理。这种自理其实对幼儿来说很危险（我们马上就会谈到）。父母对孩子反复念叨工作毫无意义，念叨自己的挫败感，却期待孩子赶快变得像他们一样……儿童对此自然没有任何兴趣。父母的疲惫压迫着孩子。他们不过是和一个见面时没有喜悦、没有欢笑的床伴结婚了，需要孩子来安慰他们。

我几乎只谈城市里的儿童。毫不夸张地说，如果父母能够自省，他们会发现，在晚上全家人都到齐的时候，他们其实期待着孩子带着他们自己的父母出现。父母期待子女像宽容慈祥的老奶奶一样给予他们一些东西，或是像退休后悠闲的老爷爷一样任他们躺在腿上，讲述有趣的故事给他们听。老人也许不很时髦，但能使人得到休息并且总有趣事可聊。有多少父母，晚上不是给儿童讲述有趣的事，而只是反复质问那个本来等待父母为自己打开世界的孩子："你今天在学校做了什么呀？"

　　当一对期盼孩子的男女决定迎接这一切，组成家庭时，他们怀抱着童年时对幸福时光的期望。那时他们聚在结束了劳作的父母身边，在火炉旁谈论着邻居、今天发生的事、待产的母牛、下次的集市、狩猎或者捕鱼。总有儿童喜欢的好故事，这些故事使他们羡慕父亲能从种种困境中顺利脱身。相较过去那些晚上梦幻般的幸福，在城市里降生的孩子给年轻的夫妇带来了不少难题。电视"窗"透过电子管亮着，在漫漫长夜中，人们不是边沉思边看着火炉上跃动的火花，而是看着嘈杂的西部片、枪声不断的侦探片和刺耳的时事新闻。父母喊道："安静点，别碰电视！快去睡觉！你想被打屁股吗？快停下！"

　　周末，父母把孩子塞进车里，到乡下去寻找安宁，为了野餐和一小时的热气球时间而让所有人——尤其是被牢牢系在后座的小家伙——在让人心烦的路上花费四五个小时。父母说："闭嘴！别吵你的弟弟！""不，我们不在这儿停。如果在这儿停下，其他车就超过我们了！"孩子大声尖叫。这会变成母亲的问题："他没有喝水，这样就不怎么尿尿了。"这也会变成父亲的问题："注意！别太快！""我做我想做的。""好家伙，走着瞧！"他报复地超车，斥责、怒吼在这个移动的铁盒中蔓延开来。

"啊！家庭！啊！周末！啊！假期！""快点上班吧！至少那能让我平静下来。"丈夫对妻子说："是你想要这些小家伙的。"孩子会说："爸爸，我爱你！""妈妈，你爱我吗？""爸爸妈妈，你们为什么要在一起？"

不，皮埃尔、珍妮、波波尔薇罗尼卡，这不是你个人的错。冉、费尔南、乔赛特，任何一个与你同龄的儿童，任何一个在你这个位置的儿童，处境都是相似的。这不是你个人的错。这是因为城市生活中本来就没有儿童的位置。城市没有留位置给欢闹、嬉笑、推搡、抚爱、顽皮、游戏、平静的夜晚、膝下的欢歌、被讲述的故事、生活的喜悦、平静的自由时光以及爱人眼中的相互信任；儿童既不能成为享受存在的喜悦的人，也不能成为他人幸福快乐的源泉。小家伙不能不想着紧迫的时间，不能不想着另一颗哭泣的心，不能不想着买不起的东西；父母在被索要时总感到无能为力，同时邻居家的孩子却在炫耀着自己的礼物。

"你看见谁谁了吗？他买了一辆新车。如果养小孩没那么费钱就好了，我们也能给自己买一辆。我们能买一辆漂亮的旅行车，或者一人一辆。如果没有孩子，我们能再布置一下卧室！"这就是城市里的儿童整天都听到的话。"啊！如果重新来过就好了！"工作、房子、邻居，都是城市里的儿童受到埋怨的理由，这些都被推给他们负责。

还有仓促的婚姻！怀孕，然后分开。父母分开了，孩子既不认识父亲的家族也不认识母亲的家族，身边只有一个孤独、乖戾、失控的父亲或母亲，一个需要爱的人；他向孩子索要爱、依靠和安慰，使后者感到要为父母孤独、破碎的命运和"牺牲"负责。离婚使孩子左右为难，手足天各一方。

如果如同儿童听到的那样，相爱使得父母有这么多抱怨，他们还说会在新的家庭中找到更好的前途，那么相爱是错的吗？如果另一方会感到不满，那么爱父亲或母亲是错的吗？还存在父亲嫉妒儿子的情况，因为父亲曾经也不成熟，也是独生子，他想像孩子一样得到母爱。他不像一个男人那样去渴望女人，而是像一个儿子那样去渴望母亲！远离乡村，远离邻居，远离家族，城市里的年轻人遇到了异性伴侣，在不知道自己是在寻找什么的情况下进入了婚姻。实际上，他们寻找的是一点点重建在乡下很容易得到的亲密感。他们就这样未经深思地突然成为父母。对于男孩而言，被无能的父亲放在对手的位置上简直就是一场灾难。这是颠倒的。

然后，母亲的心被女人的嫉妒入侵了。她为母性特征所困扰，被家务活困住，又被工作弄得手忙脚乱。母亲嫉妒成长中的女儿，女儿惹人喜爱的形象让她想起自己是父亲的小女儿时的感觉；她的父亲可能忘记了抚养者的身份，使她离家出走并且产生了性和感情的混乱，回避了——甚至她自己都不知道——乱伦欲望的考验。

城市里的儿童常常要为父母的分手负责。父母有时明确有时含糊地让儿童承担起这份罪恶感。女孩会为了避免和父兄生活在混杂环境中，过早地开始性生活。她被家庭抛弃，缺乏防备，缺乏性和社会经验的模范，独自奋斗着。成为母亲后，她又被自己的父母抛弃，后者不知道他们自己也是有责任的，只是把她失败生活的罪恶感和责任感抛了回去。这些年轻女性放任着自己，她们没有文凭、亲友和住所，随时准备和任何人以任何方式一起生活。她们的生活没有真正的意义，她们也没有任何真正亲近的人。

至于在家中听着父亲责骂和母亲哀怨的年轻人，他没有什么挣钱的办法，然而城市里的一切又都那么诱人，于是他会放任自己变成未成年罪犯。他们中的大多数都听父亲说过："在你这个年纪，我已经开始养活自己了！你却什么都不会，是个懒汉！"对他而言，经济犯罪是多么诱人啊。他驾驶着偷来的摩托逃出去，或者做其他违法的勾当，开心地用钱打发着时间。

多少家庭因此而破裂，多少儿童因此失去了根基！城市里的父母要与工作、与养孩子的困难做斗争，不再像在乡下那样有长辈的帮助。那时的生活肯定更快乐，或许也更简单。不再有家庭传统可以参照。男人和女人为了成功而背井离乡，谁都不愿意承认自己的失败和内心的忧伤，也不愿意面对"为了谋生而离乡"的指责。那些留在乡村的老人不再能理解他们。

有一些城市里的儿童是幸运的，他们的家庭中还有人留在乡下。这些人并不嫉妒选择去城市生活的家庭成员，也愿意接受他们的孩子。这些孩子有刚出生的，有在哺乳期的，有上全日制学校的，还有放假的和患病休养的。但这些儿童多么少呀，这还不考虑那些因为嫉妒而限制孩子的父母。他们发现孩子离自己越远就越自由越开心，看见孩子如同自己过去那样变成了农民，抱怨着又得回城市。这也是会让儿童有罪恶感的事，因为他爱自己的爷爷奶奶、叔叔阿姨、外公外婆，这些人会在他的父母无视子女的物质困难或者教育困难时伸出援手。

这些城市里的儿童没有根，没有兄弟姐妹，没有亲朋好友，没有对大自然的认识，没有大自然对他们日复一日的教导。教育机构和康复机构可以照顾有困难的儿童，但那里的员工只是被暂时聘用的，如护士和教育者。他们和儿童的情感连接会在儿童回到城市的数周后迅速断裂。对于在夏令营、补习班和疗养院中偶然认识的伙伴来说，情况也是一样。

至于父母，他们的家族都住在外省或乡村。距离使乡村的亲友不了解城市生活的压力。在他们看来，城市生活是很轻松的生活，完成学业的年轻人理应留在城市，或者当公务员，或者在工厂、城郊找一份工作。亲人们会很久都收不到年轻人的消息。家人不再互相熟悉。有时因为心血来潮或是发生了激烈的争吵，站台上窘迫的告别让所有人都尝到了心碎的滋味。

过去在城市里安家，人们说不上有多怀念乡村，但是会给好奇的儿童说起乡下的往事，给他讲自己没有一个子儿，没有自由，也不知道如何生活。在乡下，人们则说："我的儿子，我的女儿，在城里是大人物，什么都有。"至少乡下的人是这么认为的。羞愧阻碍了他们说出事实：相当一部分是吹嘘出来的。隔阂就这样形成了。接着到了重拾和家人的感情的机会——老人的离世。人们返回家乡。然后在遗产问题上，因为感到利益受损，兄弟姐妹间、父母和孩子间发生争执，即便片刻前他们还相爱着。

那些住在阁楼里的、被扔到街上的、沉沦的下一代人，我很为他们感到惋惜；他们从未认识过父母的家人。乡下的人却说："他们在城里活得很自私，看不起我们。"他们的孩子要么住在南特，要么住在圣丹尼或者其他市郊，就住在小得不能再小的公寓里。父亲和母亲要工作，孩子也和他们一起早出晚归，此时乡下的人并不理解为什么自己从未被邀请去做客。

嫉妒的乡下人和疲惫的城里人完全失去了联络，他们之间多少的误解和失望皆出于此。乡下人想象着幸福富有的城里人已经忘记了自己的家庭。在城市里，人们不幸时梦想着乡村，如同在乡村，人们不幸时梦想着城市。

儿童的情况会怎样？乡村里的儿童，尽管他们的父母挣得很少，住得不舒适，也没有很多钱，可他们并没有不幸福。他们的日常生活扎根在父母和长辈叙述的故事之中，在空气、水分、土壤、家畜、蔬菜、快乐和必需品之中，在象征着生活的文化土壤之中。他们应有尽有。不幸的是城市里的儿童，尽管他们的父母拥有一定的财富。最不幸的是那些家庭很贫穷或者很富裕，并且不和祖父母或者其他亲属来往的儿童。父亲或母亲的家族所在的乡村不再是这些孩子扎根的地方。有些人会在困境中想起一代代人年复一年传承下来的回忆和故事。不知道家庭史的人在碰到困境时会尤为痛苦。他们没有亲近过大自然，没有走进过森林，没有自由地玩耍过，没有过过舒心的生活，也没有因被当作"某人的儿女"而受到欢迎。儿童只有在想到某些面孔时，想到父母给他讲的历险时，想到他在墓碑、纪念碑上看到的名字时（这些名字又通过照片、文字、小物件、回忆使他联想到事业、劳作和活动），才能意识到生活的价值。这些讲述将会在儿童的记忆之中沉淀下来，并且与教科书和电影所提及的宏大历史联系起来。这些回忆因给予儿童生活的意义而产生了价值。父母及其年轻时的朋友（他们是过去时代的参与者与见证者）的逸事，有奇特的，有富于人情味的，有彰显亲情的，有个性化的，儿童借助它们找到了当下生活的意义，也知道了亲友赋予了家庭何种价值。

人们在和自己的伯父伯母、祖父祖母做比较时，能对他们的爱好、亲和力、欲望、性格、体能和智力有所体会，对自己与他们的相似点和不同点有所体会。儿童听说了关于家族中某个人的事情后，会将这个人的选择与自己的选择（智力的、情感的、社会的、文化的）做比较，从而判断个人选择的有效性。

得益于这种由语言具体化的对事物的想象，"代代相传"才能超越时间，支撑起希望。这种希望能让人们在今天使用昨天的成果，造就明天的成功。一个社会也正是在这种有意义的连续中，通过逝者、生者之间遥远又亲近的链条，拥有了自己的民族感；回忆和传奇会在人们遇到困难时给予他们勇气。

人的一生中总会有遇到困难的时候。热血激昂的青春期的困难，充满考验的成年期的困难，这些可能只有家里的某些人，如伯父或者伯母，才知道如何摆脱。父母不仅要担忧孩子，他们还有教育的困难、孤独的困难、衰老的困难。人对自身的信念、在危机时刻的信心、对后代的期待等，若不能在家族中找到可参照的经历，没有回应、模范和根源，都将是空洞的。如果赚到的金钱、走过的地方没有得到回应，如果在与人重逢后没有能够分享的回忆，如果不能叙述出在日常生活中察觉到的细微感受，不能在分享中与他人产生共鸣，那么一个人的生活是没有诗意和热情的。

家族的记忆，在心灵之间传递的语言和情绪（这些情绪让人联系起从小就有的感官感受），相互的注视（从儿童的面容和性格中，人们想找到血缘的证明，这让老人、中年人、青少年和婴儿联结在一起，也让他们和逝去的爱人联结在一起），一代又一代地构建了儿童身体、心灵和精神的和谐。人们通过语言超越了肉体情欲和分娩情欲，传递了对后代的爱意。人们经由语言和模范超越了伴随着行动、爱、怀孕的风险，传递了对自然惠赠和个人取舍的信念。怀孕的欲望不仅来自为了满足幻想的和被掩饰的需要而进行的功利性考量。作为躯体的囚徒，人也会因死亡焦虑和无聊焦虑而繁衍后代。

正是通过语言，人类在生命的衰竭和个体意义的死亡之外，传递了家庭和民族中的记忆。在童年和青春期，人们会在父母身上，以及父母的父母身上找到勇气的根基，拥有兑现被传递给自己的承诺的勇气。当感到自己处在边缘时，他知道自己有所依靠，知道自己想达成的事其他人也尝试过。他选择同样的职业，秉持同样的信念，希望获得成功。他知道自己并不孤独，知道自己拥有能够提供支持的历史。只有这生动的爱的语言能从父母失败的重担下解放城市里的儿童，前提是父母不指责儿童，而是用他们所代表的家族的品质，将他们年轻时的回忆和信心通过语言传递给儿童。通过语言这条爱的丝带，父亲、母亲和孩子编织出历史的意义，确保了欲望一代又一代的延续。这条爱的丝带经常受制于时间或空间，产生断裂，如丧事、分离、战争和工作变迁导致的身体接触的断裂，但是语言会填补裂痕，并且维持情感的连接。在沉默中，情感只会产生缺口，而不会产生关于父母的过去的，关于父母和父母家庭的连接式的话语。

城市儿童的悲剧，准确来讲就是他们的父母切断了和家族的联系，不再和儿童讲述自己的家族。在父母分离、早逝或离婚时，儿童是孤独的，在世界上缺少生存的参照系。儿童单独待在母亲身边（当父亲遗弃孩子时，通常是母亲在照看孩子），无法求助于曾使他出生的联合感，不了解父亲抛弃母亲之前的事情，不认识母亲家族和父亲家族里的男男女女，成了新时代的亚当和夏娃。因为没有任何依靠，他们感到自己是有罪的。

当类似的意外或变故发生在乡下时，儿童总是知道他是父母家族中的谁。即使他是私生子，没有正式的家庭，邻里也会谈起他。他能因此找回自己的起源，并爱着在沉默中希望将他占为己有的父母，并不会觉得父亲或母亲偷走了他脚下这使人感到安全的土地。

从表面上看，乡村儿童似乎没有城市儿童调皮，即便有天赋，他们也不会像后者那样轻易地变成热爱知识的孩子。他们总是精力充沛，有事可做，并且总是好奇心十足，渴望了解世界。

我们应当知道，城市里有超过一半的儿童，三岁时词汇量严重不足。他们没有任何器质性疾病，身体灵活，但可能不知道自己姓什么，也不知道父母和兄弟姐妹姓什么，在见到祖母或外祖母时也不知道她是谁；他们做不到自己穿衣、吃饭、洗澡和睡觉，只要一离开母亲，马上就比兔子还惊恐，比离开水的鱼儿还痛苦！

这些儿童不能适应学校。当身边没有母亲的身体和保护时，他无法在令他不安的环境中与任何人建立关系，也没有可以使自己被理解的手势或话语。他们是初期的社会性残疾人，任何事物，包括成人、同伴、玩具、花、鸟都不能使他一展笑颜。我敢说每二十分钟就有一个精神残疾的孩子出生，他直立的哺乳动物的躯体之所以会残疾，只是因为缺乏语言和理解，而不是因为缺乏需要的满足！他并不缺少照顾，他缺少的是人类的话语。

这就是城市的象征性恶疾。除了让房产、玩具、衣服、卫生用品和食物在商业上增值，除了通过医学来让痛苦的语言性症状沉默——尽管他用焦虑表达了身体上的疾病、植物性紊乱和功能性紊乱，并且我们还未知晓其心理成因，儿童没有任何地位。如果没有让儿童感到安心的母亲在场，只是借助物理和化学疗法，单纯地治疗儿童的身体，那么这样的痊愈只是暂时的。

我们应该帮助母亲去理解她的孩子，去和他说话，去倾听他的痛苦。倾听母亲的焦虑，将她从沉重的罪恶感中解放出来，这会对孩子——对母亲也一样——大有帮助。让父亲来医院看望孩子，对孩子也是有帮助的。父亲能由此承担起他在三元关系中的象征性作用，而不是像在治疗机构中那样陷于父性无能的焦虑。那些异化的机构只检查身体层面的生理紊乱，将同质化的治疗方案施加在痛苦的儿童身上。他被孤立，缺乏爱和身体接触，闻不到母亲的气味，听不到对治疗进行解释的话语和熟悉的声音，没有像公民一样得到尊重。他就这样毫无防备地被送去做最不适合又最无用的尝试，如同实验品。

儿童在医院度过数周监狱般的生活，身体被治愈了，但是和父母之间的象征性创伤加重了。心灵交流的缺失带来了象征性关系的裂痕，也导致了儿童的语言发育迟缓和精神发育迟缓。城市里有一半的儿童不能好好地上幼儿园。

自出生以来，小家伙时刻准备着依从最初的母子二元关系的节奏进行感知—运动交流，准备着从爱他，抚慰他，对他微笑，对他说话，并且从在他对自己的身体冲动产生怀疑时安慰他的人那里学习声音、手势和动作。在这个世界上，如果爱他的父母或母亲的乳房（之后被奶瓶代替）不在场，他只会碰到奇怪的刺激。如果他有天赋，有感官和智力上的才能，他会对刺激更加敏感。

出于谨慎，女人如今都在无菌环境中分娩。这么做对于安全且顺利地生下孩子是有益的。但为什么总要人为地引发或催促分娩呢？这完全没有意义，不过是为了节约产科医生的时间罢了。这是毫无必要的刺激，一些进行精神分析的发育迟缓的儿童能在无意识中完整地回忆起它。也正是因为在精神分析中用话语表达过和回忆过这一刺激，这些儿童在敏感性上显现出天赋，有的甚至找回了我们以为已经永逝的活力——我们曾经给他们贴上生活残疾的标签！

为什么要以卫生学和母亲的产后休养为由——这种虚假的理由其实是对烦琐的医院规则和个人方便的妥协——让在子宫中和母亲共享了九个月韵律和情感的孩子一生下来就和母亲分开？摇篮应被放在母亲身边，宝宝可以如母亲所愿地被她抱在怀里。母亲和父亲的声音对宝宝来说都是必需的，父母也需要用视觉、听觉、触觉和手势的交流来爱护和了解宝宝。母亲—孩子—父亲三元关系的幸福初体验，对于孩子早期和出生后象征性关系的建立是不可或缺的。

在乡下，儿童在家里出生，身边围绕着附近的妇女，未曾受到象征生活早期障碍的伤害——这对城市里的儿童来说时有发生。父母、祖父母和其他亲友喊出他的名字，或是他的耳边轻声说话，其中包含了社会对他的期望和欢迎。他在一开始就被语言带入了社会。这种和周围人的原初连接会持续数个月，随后到来的是有意义的生活，其间没有我们常在城市儿童身上看到的那种断裂。

和过去在乡下一样，在城市里，我们应该让母亲和孩子尽早出院。新生儿很快就会熟悉家里的环境和声音。早在断开脐带之前，他就在母亲的肚子里听过这些声音，对它们很敏感。如果社会保障机构能资助母亲在家待上一段时间，开销只会更少，儿童也会有更好的未来：将不会有儿童的紊乱，尤其不会有青少年的紊乱，也不会有伴侣生活的紊乱、女人在适应母亲这个新身份时的紊乱。新生儿将不用和家人分离，不用和其他新生儿一起无益且危险地在病房里号啕。

接下来，我们要依据婴儿的生理节奏来给他喂食、换尿布和睡觉。目前，独处和绝对安静还不是他的常规模式：白天，婴儿的摇篮应该被放在有人活动的房间；夜晚，如果可能的话，他应该与父母分开睡。但谁会告诉父母要这么做呢？

孩子没有表现出需求，却把他叫醒，给他喂奶，这是不正常的。许多母亲却因为没有这么做而感到负罪！同样不正常的是，在孩子醒来时任由他哭泣。此时他需要有人使他安心，需要被有节奏地抱着或晃着——这意味着在场的人在他焦虑和孤单时会专注地照料着他。

当孩子醒着的时候，需要心与心的交流，需要感知—运动的交流，需要母亲有节奏感的怀抱，需要母亲的言语、动作和手势。他需要微笑和话语；只有父母在场时，那些让他感到困感的事物，那些意外发声的事物才会有意义。当孩子因为感到异样而哭喊和呼唤的时候，是父母让他感受到人性；当事物引起孩子注意的时候，父母会赋予它意义，唤起他丰富的内在感知和外在感知。有人会提醒母亲："别把他抱在怀里。让他哭。现在不是喂奶的时候，不然你会让他养成坏习惯。"不是这样的！正好相反，如果温情的、微笑着的母亲告诉孩子他身边发生之事的意义，那么接下来的几周他可能会很安静。

我为新法规的出台而高兴，它在经济上帮助了想要留在孩子身边，直到他能走路为止的母亲。她能坚持母乳喂养，而不必过早给孩子断奶。如果缺乏数周的断奶过渡期，危害会很大。在过渡期内，人们经常把孩子从母亲身上抱走，使他明白她不再是他的奶妈但仍是他的保护伞，是他与世界的中介。现在，法规支持母亲留在孩子身边，教育他，直到确认他能走路。她不会因此失去重返职场的权利。

我们必须知道，如果没有接触过街道和公园，没有日常性地拜访其他孩子，被母亲养大的孩子、被保姆养大的孩子是存在社会性匮乏的。儿童需要悄悄话和歌谣，需要母亲的怀抱和微笑，需要她用话语解释她所做和所体会到的一切；但是为了让社会成为超越父母关系的与同龄人交往的中转站，他也需要和同他差不多大的儿童有身体接触和语言接触，需要轻松自在地和小伙伴一起玩耍。那些被母亲关在家里单独养大的孩子，如果没有在父母的监护下经常接触同龄人，就无法与幼儿园里的集体建立联系。[100]

在日托中心和托儿所中长大的儿童，由于常和其他儿童来往，因此比和母亲单独生活的儿童适应力更强。但是他们也有匮乏之处：害怕和成人接触。总是生活在托儿所的儿童不太能认识周围的世界，因为母亲很少有机会带他闲逛，或者带他认识街道、邻居和离得远的亲戚。

如果儿童是被母亲或育婴员等抚养大的，那就有必要带儿童去一些非全日制的接待中心。母亲、父亲和保姆在那里能找得到同伴，和其他人交流，参与到宝宝和学龄前儿童的玩耍中；儿童和同龄人待在一起时，习惯于旁边有令他安心的人。接待中心、儿童乐园应该允许儿童在有人陪同的情况下自由出入，在那里，有资历的人会帮助碰到困难的母亲、保姆或者一同前来的父亲。就这样，父母在比较专业的人指引下学会了如何在儿童和别人相处时观察他，学会了如何发现儿童在日常生活中表现的自主的欲望，知道了为何要放手让儿童自己去尝试，为何要用话语鼓励他而不是时刻亲自帮助他。不幸的是，家庭妇女和照顾儿童的人通常都不这么做。我可不是说要把儿童单独留在接待中心一整天。

父母在接待中心和工作人员谈话时，可以谈谈他们的焦虑，说说他们对身体和精神方面微小意外的担忧。这些担忧一直萦绕在他们心头，使他们时刻担心着孩子。在欢快活跃的小组中，家长可以自如地说话，也更容易放手让小家伙去玩；小家伙可以经常到接待中心，与同龄的小朋友见面并和他们建立亲密感，这是预防神经症的最好方式，也是防止儿童因为孤单而退向自我，或转向母亲，或转向唯一陪伴着他的保姆（她们也同很多城市里的女人一样缺少社会来往）的最好方式。

有些母亲被原生家庭孤立，家务和照顾孩子是她们主要操心的事。这对孩子自主性的觉醒非常不利。儿童之间、母亲之间的亲密关系，促进了家庭之间的社会性关系的建立。

当母亲决定重返工作时，她能和接待中心的工作人员或者其他母亲谈论让孩子上托儿所和幼儿园的计划。她也可以在大孩子深受嫉妒之苦时谈论她的健康担忧和教育担忧。这些大一些的孩子也可以在幼儿园放假时去游戏室、感知—运动唤醒室，它们是为还不能参加集体课外娱乐活动的儿童准备的。

这些交流、游戏、说话和生活的场所，是给有人陪同的幼儿和稍大的儿童准备的，母亲可以把已经习惯了和别人待上几小时——购物或者办手续的时长——的孩子托放到这里。这些接待机构从早上开放到晚上，能接待二十到二十五个儿童，陪同者也能在那里找到交流的机会。

母亲或年轻的保姆到了接待中心，会在有理解能力又专业的人的帮助下学会和孩子说话，和他玩，理解他的请求与欲望，发现他日常的进步。年轻女孩也可以在学校放假的时候来这儿，同理还有孤独的人、退休的人，他们可以为了获得照料儿童的能力而来实习。在小城镇中，这些人会和街区、社区里的家庭妇女一起增长知识，他们也能很快在家里帮助她们，而大城市里无聊、消沉、没有孩子、没有家庭的退休者是很多的！我相信，这些既接待小家伙又接待家长的接待中心能够帮助儿童避免语言障碍和精神发育障碍，帮助他们找到可以一起玩耍的同伴。

重要的是，在任何情况下，儿童活动中心都不应该行政化、医学化、心理学化和心理咨询化。活动中心应该向所有儿童开放，像公园一样：没有号码牌，不用登记，几乎完全免费。这是城市对未来公民的义务。人们会在那里看到接待精神。受到政府扶持的工作人员如果既惹人喜爱又有能力，将对母亲和孩子充满吸引力。

我希望儿童能免于母亲之间对尽早断奶的竞争，获得不可或缺的断奶过渡期。在这几周内，母亲不是把儿童托付给别人或者幼儿园，而是为他提供断奶后的软着陆，继续与他保持身体接触。我希望儿童能免于母亲之间对尽早控制大小便的竞争，这种竞争既不人性又很自负。我所谈论的大小便控制，专指在被母亲要求控制大小便时，儿童其实还不能够熟练地走路，不能够做有难度的动作，不能够灵活地控制身体（这可以通过技巧性游戏和儿童对语言的理解力得到确认），不知道物品的名称，不知道表示动作的词语。

语言发育迟缓和精神发育迟缓是城市儿童的创伤，它延缓了儿童的入学，引发了儿童进食、排泄、运动需要的失调。母亲要为这种失调负很大的责任，因为她没有观察和尊重儿童需要的节奏和欲望显现的节奏。在儿童的感知—心理发展中，欲望的显现只取决于他和母亲的语言关系，而不是对大小便的控制。至于视力障碍和听力障碍，接待中心能及时发现征兆，避免儿童在语言和精神动力上变得孤僻。运动机能的发展有的快，有的慢，我们要知道每个儿童都有自己的个性，同时尊重这些个性。医生和心理学家热衷于让儿童通过治疗尽快恢复，这也成为母亲负罪感的来源。母亲能做的只是使宝宝和他人——首先是和亲近的人，接着是和周围的人，和同龄儿童，和成人——保持活跃的、有生命力的、充满信任的关系。母亲要为孩子营造安全的氛围。有了母亲独特的在场，有了母亲对孩子的日常观察的解释，孩子便能从中学习认识其他人。

像上述那样对儿童说话是人性化的，尽管他的一些体验让自己感到煎熬，或者超乎他的意料，但只要他——不论年龄多大——听到熟悉的人的声音，听到这个人真切又安慰的话语，认识到自己是被尊重的主体，是成人应该协助的对象，那么他就不会留下任何焦虑。儿童的心理、感知、运动能力能否发展，取决于他和周围人是否有良好的语言关系，他是否感到安全。随着儿童体重的增加和身高的增长，成人一次次地鼓励他进行新的活动，鼓励他探索周围的环境，逐渐把安全感传递给他。成人应该鼓励儿童，而不是如同在儿童开始学走路时经常发生的那样去吓唬他。城市里的儿童在童年早期，一直受到社会压抑和心理动力压抑，这是因为父母缺乏准备，不了解自己的教育权利，不知道自己应当在儿童面临挑战时声援和鼓励他。如果儿童想要体验需要后果自负的小事，而父母也同意了，还用解释性的话语协助他，那么他很快就能入门。

得益于对儿童行动的尊重，这种自信心教育的经验证明了，比起乡村里的儿童——他们在成长过程中于活动范围内遇到的危险较少，但听到的话语也不多，城市里的儿童更活跃、更机灵、更有生命力。这和目前城市儿童中一半人的现状完全相反。

大家应该知道，在专注的母亲的教育下，二十个月大的孩子如果被允许在进食、穿衣、游戏、使用家庭日常用品等方面发挥主动性，那么他也会在必要时寻求帮助，也能像他观察到的那样向他人提供帮助。

小大人就是这样炼成的：在欲望的推动下，儿童开始模仿信任的人，模仿他心怀爱意观察到的人，模仿成人的举止、话语和一般行为，然后再从模仿到认同。当然，前提条件是成人不抱怨和指责儿童。但实际上，城市儿童的生活中充斥着没完没了的指责，如指责他大小便失控。

我们是否知道小家伙只有在二十四个月到二十八个月以后中枢神经系统才会完全形成？在中枢神经系统完全形成后，儿童能很自然地控制大小便，因为脊髓内部的神经末梢（控制足底肌肉的辨别力，直肠和膀胱充盈的辨别力，以及肛门和尿道的使用）发育完成了。中枢神经系统神经末梢发育成熟的证明是儿童能够自如地行走，灵巧地跑动，在登梯上爬上爬下。只有到这个年龄，儿童才能控制自己的大小便。

在中枢神经系统完全形成之前，所有习得的大小便控制都是矫正性的，也就是说，是儿童对母亲话语和命令的依附。这样的大小便控制是危险的，因为当关注于自己正在做的事情时儿童会忘记。他不能既关注着自己手头的事，又关注着膀胱或直肠的充盈感。[101]母亲可以在换尿布时用话语提醒孩子，他的尿布里有尿和便便——他自己已经嗅到了，但不要责备他，因为他其实是想像他看见的大人那样排便而不是憋着。只有在中枢神经系统形成后他才能控制大小便。在这之前，儿童对大小便的控制源于对成人的依附，因为成人让他害怕或者诱惑他去依赖成人。这样的成人破坏了儿童的自主性，对他今后心理动力的发展造成了极大的伤害。我们必须知道，儿童从学会走路起就应该站着换尿布而不是躺着。学会走路后，躺着的姿势是对儿童的羞辱。

我们也需要知道，男孩在二十五个月到三十个月之前（时间因人而异）能在勃起时排尿。在生殖泌尿器官的人体构造发育尚未完成时（发育完成后，他就不能在勃起时排尿），男孩本能地把手放到阴茎上，这并不意味着他意识到了排尿的需要，而是意味着他很乐意在感到勃起时排尿。

勃起时射出液体，这是雄性所固有的特征。[102]儿童通常一天要小便七到八次。这只是因为他勃起了，而不是感到有小便的需要。禁止儿童随意小便、探索阴茎的教育者，如果指责儿童触摸阴茎，指责儿童在母亲规定的时间之外小便，那么这个雄性器官及其功能的自由发挥就会成为导致他们不和的一个理由。儿童先要观察到勃起时不能小便，然后在被母亲如实告知这是自然的身体现象后，才能区别勃起时的阴茎和小便时的阴茎。[103]

一个排尿和排便（在有大便的情况下，勃起同样是对排便的引诱）能力不受约束的男孩，他能以自己的节奏——这对每个孩子都是不同的——自发地控制排泄。教育不是让孩子以母亲所要求的方式和时间来排泄，而是让他学会满足自己的需要。

至于遗尿（尿床），大约会在儿童能自发地控制大小便的三个月后消失。一些儿童由于依附于母亲，白天阴茎的功能受到限制，就把夜间尿床变成了对白天被压抑的性欲无意识的满足。

在整个童年由于撒尿或触摸阴茎而一直被唠叨的儿童，会对性勃起感到罪恶，这时阴茎区域的任何感觉都会引发排尿反应。儿童想消除勃起，以及勃起带来的罪恶感。在母亲的灌输下，一些精神发育迟缓的儿童，他们身体的笨拙深深地埋在大小便失控的罪恶感之中，其后果会相当严重。

我还记得和一位老乡村医生的对话。他要是活到现在，应该有一百二十岁了。在1914年和1940年的两次战争之间，他惊讶地看到，来找他的已婚年轻人无法和妻子有性生活，而他以前明明没问题。这位医生表示，他在1914年之前从未见过性紊乱，除了在个别很富有的家庭中——他们把儿童放在襁褓里。在乡下，儿童穿着特定的衣服，也就是落到脚踝的长罩衫，而且一直不穿短裤。在乡村房屋的硬地板上，总有祖母在清洗着意外被弄脏的衣服。大约在1930年，英式襁褓，也就是有短裤的长罩衫，开始流行。不断清洗短裤无疑让人疲累，所以母亲有理由把与性有关的罪恶感抛给孩子。当孩子以后和他爱的女人发生性关系时——尤其是在这个女人成为他的妻子而改姓后，他会产生罪恶感。

小女孩的大小便自控，相比小男孩来说要更早，因为她不会在膀胱和直肠的充盈感，与阴蒂、阴道处无意识的情欲冲动之间感到困惑。从可以控制大小便开始，有时是在那之前，她就能不尿床了。也就是说，在学习控制大小便的过程中，性别对儿童有着非常重要的影响。同样，性别对精神运动能力也有重要影响。小女孩即使不小心尿在或拉在短裤上，也不会因此与母亲不和或者产生罪恶感。

过早地学习控制大小便会让儿童感到挫败，尤其是城市里的儿童。母亲有必要了解儿童的骶骨神经丛发展的知识。在大部分时间里，母亲将儿童教育局限在对一个问题的担忧上："要干净"，也就是尽早控制大小便。如果儿童向母亲的意愿屈服，那么将不利于他作为人的充分发展，不利于保持轻松感，不利于在一些富于技巧和趣味的活动中自由发挥精神运动能力和精神集中能力。

相较于成人来说，在十个月到二十五个月这段时间内，儿童的生活只有以他自己为中心才有意义。此时的反面教育是用责骂使以他自己为中心的感觉变得色情化。这是一种让性欲的天然感受变得罪恶化的教育。性欲会本能地表现出来，但在成人不当的教育下，它会和肮脏、排泄物混淆，给儿童埋下巨大的情感冲突。小家伙神经系统的长期不成熟，会带来许多神经性克制——主要是关于身体的。

　　羞辱儿童是对他尊严的伤害，是对他自信的伤害，更是对他身体自主性的伤害。教育应该教儿童爱护自己的身体，教他用自己的节奏给予身体应有的照顾，绝不应粗暴干涉他。我想到了一些托儿所。虽然有时和儿童相处很折磨人，但我们不可以在儿童能够走路之前就强行开展卫生教育。有些保育员出于卫生考虑，会强迫儿童按时去厕所。我认识好几个孩子，他们的排便其实已经有自然的规律了，不需要强迫他们每九十分钟或两小时去一次厕所。他们在家里已经能保持干净了，但被带到托儿所后，由于节奏受到了干扰，或者为了让保育员开心，他们又变得很脏，总要频繁小便。这是节制教育的后果。母亲们担忧地对我说，自从将孩子送去托儿所，他们周末一直尿裤子，甚至大便失控，而此前他们在大小便上是很规律的。

　　三岁前儿童的教育，其重点还应该包括性教育。性教育要实话实说，清晰地解释儿童在自己身上和同龄人的身上观察到的两性差异。这样的教育应该在运动机能发展时期就开始，那时儿童对自己观察到的异性撒尿的方式感到困惑，想确保自己身体的完整性。如果是女孩，她想和以后会成为女人的其他女孩身体一致；如果是男孩，他想和以后会成为男人的其他男孩身体一致。

　　在社会和政治活动中，性别差异、欲望及其升华形式的情感模式是了解和尊重每个人的性别人格的基础。这份了解和尊重应该在儿童第一次忧虑地观察他人身体的时候就给予他，同时还要告诉他关于未来的事情。他或她长大成人后想和父母一样成为父亲或母亲，去获得自己的生活。

正基于此，每一个儿童都会被警告不要伤害他人的身体。然而儿童通常又是成人、医生和护士的物品，他们相信成人会为了寻开心，或者出于恼火，而伤害儿童。小男孩们相信事情就是如此，理由是人们因为女孩不乖而剪掉了她的小鸡鸡！我们应该向儿童承诺保障他的完整性，确保不会对他进行身体攻击（除非为了帮他），同时还要警示他不能攻击别人的身体。

很多儿童都同情屠宰场里的动物。教育的一个任务就是解释人类的生存处境：我们为了获得食物，一方面必须伐采植物，杀死动物；另一方面又不应让它们承受不必要的痛苦。

要反复告诫儿童，尊重他人的财产和心爱之物。父母自己先要尊重属于儿童的东西，不要把儿童的玩具当成自己的东西，也不能在玩具损坏时随意将它丢掉。儿童很爱自己的娃娃、小物件和毛绒玩偶，即使它们已经损坏了。如果成人不尊重儿童的财物，那么儿童也不会尊重他人的财物。

正如我们所看到的，儿童早在三岁前就对自身，对自己的姓氏、自己所属的家庭有了意识，他们还意识到了人际关系的规则。这个规则要求人们尊重他人的身体和自己的身体，尊重他人的财产以及维护自己的财产。

这些初期教育为儿童进入幼儿园做好了准备。我认识很多这样的儿童，他们已经到了上幼儿园的水平，却为了好玩而保留着早上或晚上喝奶的习惯。他们还有其他一些小癖好，如吮吸大拇指或带着护身符睡觉。我还认识一些虽然尚未完全掌握语言，但是有能力用游戏和身体语言使自己被理解的儿童，他们也理解他人的语言，和同龄孩子在一起时不会感到危险。这些儿童是能够进入幼儿园的，也是能够迅速学会用母语说话的。

在儿童三到五岁时，也就是从他进入幼儿园开始，教师应该反复强调尊重他人，包括尊重他人的财产和劳动。但如果父母没有用话语把这些概念教给儿童，他们自己也没有身体力行的话，那么这种社会生活的入门语言就是没有意义的。在这方面我看到了为城市儿童准备的接待中心和儿童乐园的好处。儿童可以在那里学到常识，陪同的母亲也可以在与接待中心工作人员的谈话中了解这些常识。

有人和我说，尽管存在这些场所，但仍有在传统方式下成长的儿童——过早接受了大小便控制教育，他在入园时生理就已经被抑制了。怎么办？他会一辈子发育迟缓吗？当然不会，但前提是幼儿园要变得真正适合尚不成熟的儿童。[1]

我们称之为幼儿园，同时是法国国民教育之骄傲的，事实上是"父亲式"学校。教师在那里扮演着父亲的角色。是儿童团体承担了母亲的功能，每个人都是团队的一分子，团体才是幼儿园中母亲功能的实体。教师的角色相当于父亲，团体的角色

---

[1]　原文是"école maternelle"，直译为"母亲式的学校"，大致等同于中文里的"幼儿园"。——译者注

相当于母亲。遗憾的是，这些发育迟缓的儿童还是来到了幼儿园。由于支撑性团体不能使他们变得自主，因此他们长时间陷入发展的停滞。他们仿佛是无个性的、从众的羔羊。就算到了大学，他们依然迟钝。这种精神发育迟缓和语言发育迟缓会让他们不自然地发展出某种强迫性，即只喜欢学校和被指导的活动，逃避游戏和身体上的愉悦。

事实上，沉重的学业损害了孩子对谈话和游戏的兴趣，他在被学业榨干后有了强迫症。在儿童去幼儿园之后，如何清除三岁前早期发育迟滞的负面影响？

我认为在日托中心或家庭与幼儿园之间应该有种过渡学校。学校既接收男孩也接收女孩，即使他们自理能力不足，会弄脏短裤（总是有备用的短裤可以替换）。学校会教他们自主地洗澡，穿衣，吃饭，还教他们游戏。儿童可以带来家里的物品，使学校变得和家里很相似。儿童会希望在连接家庭和社会的这一年中，看到一个熟悉的人。这个人只要愿意，就能经常且长时间地待在学校，儿童通过他来习惯社会来往。在这一年中，接待者会为儿童补充家庭所欠缺的教育。等儿童能完全自理，在独自或与他人玩耍时有所持重和感到自在，他就准备好进入幼儿园了。

目前被称为"母亲式"学校的幼儿园，它的职责是教儿童如何在游戏中掌控欲望，如用手势、语言、绘画、哑剧以及玩偶戏进行隐喻。儿童能通过这样的幼儿园亲近自然。他走出学校，去探索集市上、商店橱窗里、公共建筑工地上（儿童非常喜爱观察这个地方）的语言，去探索路上的车流和交通指示，学到了安全地闲逛所必需的谨慎。所有这些，不是像城市里大多数母亲做的那样，不加解释地将孩子塞进婴儿车，或牵手同行，或让孩子待在车里就能完成的。

幼儿园教师的职责是为儿童打开走向社会的大门。要行使这一职责，就必须有人类共同体的法则的支持。这个法则不同于统治着其他生命，如植物、动物的生存法则，后者服从不变的本能，是孩子在车里，以及在城郊农场的饲养棚里观察到的。我们还必须让儿童观察和比较动物法则和人类法则。动物社会中，个体受制于自然选择；人类社会中，个体过着不太自在的生活，有选择地照顾其他人，尽可能地融入集体活动。也许过程更漫长，但对人类个体而言，这样的方式更公正。

儿童会互相模仿。人类的喉咙很独特，可以模仿他听到的声音。我认识很多孩子，他们把自己当成机器、汽车和飞机；有些孩子甚至不知道机器和生物的区别，不知道动物和人类的区别。人的教育是个人化的，也是社会化的，学校教育应该始于支持每个儿童完美地掌握身体及其保养的自主，而这不是靠儿童之间的相互模仿就能做到的。他们需要相互帮助。已经明白了的儿童需要帮助还不明白的儿童，展示该如何去做。成人要做的是确保儿童既没有固着于新的依赖关系，也没有重复对母亲（她的角色由已经明白了的儿童扮演）的依赖。

对于关注自己身体的人来说，单独行动是必要的，这是儿童健康又自然的渴望，只有糟糕的幼儿教育、天生残疾和精神发育迟缓才会妨碍这份渴望。

在家庭中未能完成的教育会被转移到学校来补足。为了使儿童学会独自洗漱、穿衣、梳头,学校必须配有水房、盥洗室、淋浴室。直到儿童上二年级(八岁),学校都必须要有一个或多个服务人员,提醒儿童维护好上述场所的环境,教导他在家中也要保持卫生。有多少儿童的痛苦是因为在学校中觉得很糟糕,感到自己从未干净过,头上有虱子,还要因此受到同学和教师的责备啊。这样的懊恼和凌辱是不可理喻的。学校应该教育和支持儿童自己动手,而不是责怪母亲的疏忽。

幼儿园和小学的区别在哪里呢?幼儿园必须有备用的短裤和围裙,以便应对各种突发情况,防止儿童回家后被责怪。这些准备是教育的基础,也是个人语言教育和社会语言教育的基础。这些语言教育想给所有儿童一样的机会。这同样是互助的教育。

至于被分配给整个班级的必要工作,应该轮流交给由两个儿童组成的小组,然后再变成由三个儿童组成的小组,培养儿童维护班级良好运行的互助精神和责任感。

要鼓励儿童为自己负责。集体应该完全接受这一点。这样一来,当有事情发生时,将不再有人说:"这不是我的事,是他的事。"教师可以引导说:"你们几个要互相帮助。我看到工作没有完成,所以想向你们重新示范一遍,讲清楚该怎么做。"

儿童八岁前的学校应该是工作坊。儿童可以对各式各样的活动感兴趣,然后通过以所选活动为中心的小团体来行动。教育者既是指导者又是教师，他要走到每个团体中间，一个接一个地回答问题，肯定儿童的观察行为，协助他们在互相帮助中寻找答案，寻找诗意的、充满想象的表达方式。形状、颜色、声音上越来越细致的感觉辨别力在觉醒，实际上是视觉、触觉、听觉等的觉醒，也是动手能力的觉醒。教师唯一应该关心的就是这些事。这种关心还包含对儿童自主的尊重，对他对某一活动的偏好的尊重。教师也要教导儿童不要单纯地模仿他人，要关心他们之中表现有所不同的人，不要互相嘲笑。

教师有职责使每个儿童理解：不论一个人多么幼小，都没有人和他是相同的，而且对于班集体而言，没有一个人是多余的。教育是要促使人们合作，而不是像我们在仍然盛行的动物式教育中不幸地看到的那样，儿童没有受到指引，无从发现彼此不同的天赋。他们没有作为和谐的班集体互相尊重与共同合作，而是抛弃了不合格和不积极的人。

如今，在口语学习和单词学习方面，很多城市儿童缺少解释性的图片、可操作的玩偶。如果有了这些，他们能更好地交流各自的感受，会说话的儿童还能给不太会说话的儿童做示范。

在食堂，工作人员应该是喜爱儿童并懂得指导儿童的人。儿童以小组的形式，轮流负责协助烹饪和进行餐桌服务。他们从中学到了单词和一些实用的操作知识，如食物的准备和摆放，小组膳食的装饰。接下来，他们要灵巧仔细地洗涤并整理厨具和餐具。很多儿童是不做这些事的，因为他们的母亲太着急了，从未让他们帮过忙，也不告诉他们该怎么做。

有人会说，学校最重要的事，也就是阅读、写作、记背、注意力的培养怎么办？是这样的，对于集中精力和提升记忆力，比起每个人都坐在桌子前做烦琐的功课，我所说的事情更有用。在我看来，常规的功课不论是对儿童而言，还是对集体而言，都没有任何社会价值。

在成人的引导下，儿童会被阅读吸引，会对它感兴趣——他在集体中解释并表演这些符合他年龄层次的故事，再默记一些有助于听力的小短文（寓言和儿歌）。以后，他也会对写作和计算感兴趣。这类学习只是为感兴趣的儿童准备的，不是为所有儿童准备的。最可惜的是那些对它感兴趣且学得很快的儿童，他们抱怨学校反复教相同的内容，被迫变得在课堂上只听半截课。

这让我感到有必要预设一种只进行课业学习的小教室，那里有一到两名教师——一名教写作和阅读，另一名教算术。教师将同一水平的学生分成一组，每组五六人，每次最多教十分钟。还要有一个圆桌，因为很多儿童有阅读障碍，只是由于教师在黑板上写下单词和数字后会转过身来，儿童无意识中也会跟随教师转身，背对着黑板上的符号。这永远不会发生在由教师手把手教书写的儿童身上，他会给儿童演示如何正确地书写所有符号。围绕着圆桌进行学习，能避免纸上的字符变得立体化。每个孩子都会注意自己的笔画，而不是简单模仿同桌。

老师应该把书写模板单独递给每个儿童，因为有些儿童会由于光线反射或者视野不好，看不清黑板。这很容易使他们抓狂。我帮助过一位教师，在她开始上课的第十五天，有一半的学生出现了阅读困难！她总是讲得很快，每年都有学生把字母写颠倒。因为她不能改变教室的布置，所以我建议她，不要转身背对黑板，而是走到教室后面，走到每个儿童身后，手把手地教儿童写黑板上的字母，边教边走向黑板。她这么做了。三个星期之后，她告诉我，在她教的三十五个儿童中，现在只有两三个儿童仍有阅读困难。

对于仍有困难的儿童，我建议她使用小圆桌的方案：把他们单独分出来。两个月后，她的班级再也没有阅读困难的儿童了。我认为这样的例子是令人信服的。遗憾的是，教师并非都能这样做，所以在一些儿童的学习生涯中，阅读困难一直折磨着他们。

我们知道，基于个人不同的情况，每个儿童的学习也都遵循着非常不同的节奏。为了照顾学得慢的儿童而让学得快的儿童感到不适，这很荒谬；放任学得慢的儿童在一个不发展其他能力——运动、手工、听力、阅读、技巧——的纯粹的学习环境中自生自灭，这也很荒谬。如果学习是在教室之外，在小组中进行的话，其实是能完美兼顾的。我坚信，我所倡导的这种八岁以下儿童的学习模式是预防儿童学业不良、社会适应障碍、感情障碍和精神障碍的最好手段。

还有一种教育，它既关系到性别教育，又关系到社会教育。那就是涉及家庭关系的词语教育。在城市里，如果随便问一个孩子，你会惊讶地发现他可能到了十二岁都不知道"生母""奶妈""养母""生父""养父""祖父""祖母""叔叔""阿姨""姑父""姑妈""堂兄妹""表兄妹""法定父亲"[104]这些词意味着什么。

在城市里，家里没有人教儿童这些词，原因是这些家族成员并不住在一起，被简化的家庭里只有母亲和她的伴侣，后者有时和生父还不是同一个人。幼儿园需要把这些词教给儿童，以便儿童理解自己对于家庭和周围的人来说究竟是谁。有多少邻居被叫作"祖母"或"叔叔""阿姨"，同时母亲自己的兄弟姐妹却被儿童忽视了？

词语的启蒙也是（即使看似不是）性别的启蒙，因为正是在此契机下，儿童才学到了兄弟姐妹之间的、父母之间的乱伦禁忌；但这不包括儿童与成人的性禁忌——儿童总是忽视它，出现倒错的行径。

很多儿童认为，无论自己年龄多大，父母都有权抛弃他，起因是他常听到父母说"我要把你扔掉""我要把你丢到公共救助站"。他没有认识到父母对他是有责任的，在受到身体虐待时仍认为父母掌管着他的生死大权。他所想象的这种权力不仅是身体上的，更是象征维度的。他们认为，只要父母乐意，就能把他们从家里赶出去。[105]

上述事情从来不会发生在乡村儿童身上，因为那里的人都互相认识。儿童总能寻求到帮助，提供帮助的人或者来自父母的家庭，或者是邻居。他们会给他解释，以缓解冲动、有性格障碍或不懂教育的父母在愤怒之下造成的僵局。

哥哥姐姐或父母在神经症欲望或酒精的支配下，会诱惑儿童屈从于自己。儿童自己并不知道，回避过分的要求是他的义务、权利和荣誉，同时也是成人的义务、权利和荣誉。如果学校教授了法律，教儿童像捍卫家庭荣誉一样捍卫自己的荣誉，那么很多儿童就会避开和拒绝倒错，不再会出于害怕、软弱或法律上的无知而屈服。从未有人和儿童说过，他应该帮助父母通过尊重儿童来保全父母的尊严。学校也从未教过乱伦禁忌。在家庭里提到乱伦禁忌时，从来只是说子女对父母的乱伦禁忌，就好像父母在面对儿童时不需要遵从相同的法则似的。

在城市里，乱伦禁忌是一种强力法则，也像是一种社会生活的法则。报纸会说到家庭虐待的新闻，儿童在其中总是受害者——有时甚至死亡；还会说到邻居的沉默，这些人其实很早就应该通知警察的，但他们有顾虑。人们从未想过，在城市里，有些事情还在蔓延着：亲人之间的异性乱伦或同性乱伦。这些事情使家庭生活失去秩序，使儿童的生活变得悲惨。这是狭小住宅生活的悲剧，儿童睡觉时不得不挤在一起，通常还有父母秘而不宣的默许。

乱伦对儿童在智力上的影响是心理障碍，在情感上的影响是性倒错。我说的不是在父亲的默许下，快到青春期的儿子开始对母亲"放肆"；也不涉及母子之间的某些过于亲密的行为。我说的是年轻人的性倒错、同性性欲或犯罪。这源于他不尊重自己，不尊重他人，也源于从小就被灌输的不诚实。这样的青少年以后不可能适应社会规则，因为他从未在家庭或者学校里学过这些规则。正是基础教育的缺失导致了城市儿童生活上的烦恼和悲剧。

性教育本应该在学校就完成。在话题转移前,我必须谈谈对儿童性骚扰的禁忌。儿童有必要知道这一禁忌,但很多成人(包括教育者)在面对儿童时对此绝口不提。这本身也清楚地证明:这些人知道关于诱惑未成年人的禁忌。但儿童对此不了解,相反,他还以为如果自己谈论它,会被法律制裁。于是,沉默的儿童成为倒错的成人的共谋,有些儿童甚至在创伤后遗忘了这段经历。

儿童胡乱指控教育者和其他成人性骚扰,也会伤害很多人。法律的及时告诫会制止那些爱幻想和爱撒谎的儿童。实际上,儿童如果在学校中了解了法律,就会知道自己在类似情形下的义务,他的指控本身就证明了要么儿童自己也是共谋,要么他在撒谎。太多成人因被儿童胡乱指控而上了法院,这不是好事。这些人本来是无辜的。父母会轻信自己的孩子,坚信他是无辜的;儿童可能将性幻想和现实混淆,或只是单纯地想用恶意的话语去戏弄大人,因为法律并没有告诫儿童,法律只约束行为而不约束幻想。对于不了解行为和幻想之间区别的儿童来说,性倒错是很常见的。

我认识一个女人,她十岁时的指控使老师锒铛入狱。她其实很爱他,但谎称他有性侵行为。两年之后,老师没有被起诉,但是老师家庭里的后续反应成为她童年过错的永久印痕。在她的心里,这只是她想让老师知道她的爱而找的"乐子"。她不完全理解自己做假证的意义，面对身边大人剧烈的反应时也很难再说出实情。她作为女人的一生都留存着这份罪恶感。可以肯定地说，如果父母教了她关于性的禁忌，她绝不会如此污蔑那个男人。

我也知道有很多儿童因智力骤退而去见精神分析家。这些儿童听了父母的话，被迫到年老的长辈或道德败坏的亲友那里待几天（儿童讨厌去那里）。父母不明白儿童拒绝的理由，而实际上后者是想避开地狱般的假期，以免内心的平衡被破坏。儿童的拒绝是正常的自我防御，父母要在儿童的拒绝中看见他正处于困境之中。父母担心家族不和睦，担心影响继承权（或者和这些人的亲密关系带来的社会好处），而儿童不知道如何用话语告诉父母他在被送去的地方遭遇了什么。

儿童缺少谈论性的词语，成人在告诉儿童支配着成人和儿童的性禁忌时，还要教给他关于性的词语。如果儿童在面对热情的成人时，在面对父母自认为慈爱的表现或无害的挑逗时，无论怎么表现出对廉耻和自由的捍卫，父母都只是指责他无理取闹，那么他就会进入神经症，会压抑自己反抗成人肆意妄为时的正常反应。

如果学校明确地支持这种先天存在于每个儿童身上的防御模式，上述事情就不会发生。早在性欲觉醒之前，早在三到五岁意识到乱伦的危险之前，儿童就是一个拒绝成为他人享乐客体的主体。得到了对乱伦禁忌的延续禁忌——吃人、谋杀、盗窃、绑架、强奸——的说明之后，他会感到心安。这也会使他对反抗共谋产生责任感。

在出现社会危机、战争和革命的时候，在禁止谋杀、绑架、偷窃的法律被嘲弄或变得倒错的时候，在像尊敬英雄一样尊敬违法者的时期（如在学校里被教的事迹），乱伦禁忌在最原始的人类意识中依然延续着，不可触犯。然而，学校却从未提起过它。

在城市里，乱伦禁忌是最强力的家庭法则，父母用嘶喊、威胁甚至暴力（如果他们是疯子或者坏人的话），将这个法则强加在儿童身上，就像这是唯一保障他进入社会的法则。要么服从这个法则，要么死，没人对他说出真实和明智的话语。关于父母和其他成人对儿童的权利与义务，关于儿童对父母的权利与义务，学校一言不发。

比起谈论羞耻、贞洁和相互尊重，比起解释乱伦禁忌，人们更愿意对儿童云里雾里地说爱、感恩和顺从，告诉他要以让父母高兴为荣，以让父母难过为耻。对很多儿童而言，空洞、含糊的词语是可恶的欺诈。家庭成员以社会和法律之名，戏谑着关于尊重的法则，而那是最神圣的法则。甚至连学校也在这么做，虽然学校本应该支持儿童思想的开放。

也许有人说，学校的目的不是教育，而是教导，教育应该在家里完成。这么说是错的，因为不论我们是否愿意，我们讲给儿童的历史都既是教育性的又是策略性的。历史展示着它的残暴，根本不把道德观放在眼里。在自然科学所教的自然秩序中，如果自然被扰乱，就会引发灾难。公民教育即便做得不好，我们也要尝试在现有的社会秩序及行政体制上努力去做。既然道德秩序被铭刻于情欲生活之中，那么为什么道德的象征化生活秩序不该在学校里被教给儿童并让他们讨论呢？我想说，当教育者谈起道德时，如果要透彻，他们自己也要做出榜样，要尊重儿童的人格和他们父母的人格。但是，面对不负责的父母时，教师也要想办法维护自己的尊严。父母有时是应该被原谅的，因为他们可能在各方面都存在着困难。[106]

由于职业需要而照顾儿童的成人，他在技术上应该为自己的任务做好准备，但是他们中有多少人在精神上准备好了并真的有能力帮助儿童，又有多少人忘记了自己是为儿童服务并因此被付薪水的呢？

至于儿童，他不知道成人对自己不是掌有全部权力的！在很多案例中，他们整日——当被送至寄宿学校时就是整年——毫无防备地面对着羞辱、诱惑和虐待。在上学接受自主教育之前，儿童就习惯于在成人的专制下屈服，仅仅因为他还只是孩子。儿童要么屈服——尊严被忽视，要么被打上"无纪律""能力低下"的烙印而被抛弃。性格、情感、智力、身心上的混乱，表达了儿童情感、智力、身心、心理运动的压抑。是武断和道德败坏的成人造成了城市儿童的这种混乱。学校代表着社会；当家庭里没有激励儿童的话语时，学校就是地狱。

在家庭里，孩子同样感到不被理解，因为父母听信学校的话，认为他们的孩子在那里不受欢迎。焦虑的父母会指责孩子，而不是到紊乱发生之前寻找原因。在城市里，要拿拒绝上学或是被开除的儿童怎么办？父母要工作，要遵从明确的时间要求，他们也不知道在这种情况下该拿儿童怎么办。如果他们有好几个孩子都遇到了同样的问题，就更加一筹莫展了。

这些城市里的儿童，除了因为身体或精神的残疾而被限制外，十八岁时都会具有完全民事行为能力。他们的痛苦是无法当好抚养者和教育者，甚至无法成为有合作能力的公民。没有人教导他们，而他们自己也没有准备好。

我长篇讨论了社会及社会机构在孩子从幼年到十八岁这段时间所扮演的角色。对儿童而言，如果我们任由他发展，而没有将他的模式转变为成人的行为模式的话，那么他在未来会遇到很大的危险。

在经济上援助妇女，开办更多的日托中心，仅仅有这些措施是不够的。精神分析深入研究了心理动力学，证实了在六七岁之前，人一生的性格就已经在身心上完全成型了。如果儿童在五岁时就得到了语言和教育构建，他会变得非常自主，会对自身的卫生和行为负责，并在同龄人中感到自在和自信。如果儿童五到八岁学会了和他人互相帮助，了解基本的道德法则，知道自己的权利和义务，同时人们也尊重他循序渐进的发展，那他会变得既能接纳他人，也能被他人接纳。他能够在众多成功、实用或娱乐的活动中表现出创造性，能够用个性化语言——不仅是口头的，也有手势的、身体动作的，甚至艺术的、工业的——来表达自己的心情和欲望，而无须诉诸身体间的服从或者侵害。

如果学校像我说的那样鼓励儿童（在没有家庭的情况下，或者为了弥补家庭方面教育的缺失）进行自我发展，那他在八岁时就能区分想象（一直活跃在他心中）和现实（不论他天性怎样，现实总是决定着万物的本质和社会的法则）。在传统学校中，在众多有益于城市儿童的娱乐和度假组织中，一个八九岁的孩子总能找到对于他来说必要的东西。当在日托中心、学校中和其他儿童、成人打交道时，儿童也是在学习合作。这能够帮助他准备妥当，促使他在遇到意气相投、友好、有共同爱好并且有真正的责任感的人时勇于展示自己。

对于儿童来说，只要在八九岁之前的几年中，能清楚地获知所有个人和社会的伦理，并且实际地掌握了它们，那么八九岁到青春期的这个时期就是他们的文化艺术丰收期。这也是性驱力的生理休息期，我们称之为潜伏期。[107]如果有人能向他们解释性的意义和法则，潜伏期就会找到自己的位置。

儿童准备并期待着进入青春期，对周围的一切都充满好奇。有生命力的教学法只用稍微推动他的兴趣，提供一些学术的、技术的、艺术的学科，刺激他在这些学科中实现自己的价值。我们也要承认，仍然存在一部分儿童，他们会因意外失去亲人或因健康问题而在一些领域碰到心理、情感或智力问题。现在有很多心理治疗技术可以帮助这些儿童。不过，精神分析家虽多，但也不足以应付这些城市儿童身上出现的，由儿童神经症造成的发展期匮乏。

有了个人的自律和每周的自由交流——班会——的支持，

在超过八岁的儿童的班级中采用合作的方式进行管理与在年龄更小的儿童的班级中一样有益。班会是开放的，所有人都可以表达关于让班级良好运作的想法，关于增强儿童间的互助精神的想法。教师要在场，要倾听儿童，引导他们专注于每个人的发言，鼓励他们讨论各种建议。在我看来，这是现今八九岁以上儿童的传统教育中需要加入的重要改变。

在儿童的学习生涯中，班会应该拥有一席之地。如果儿童到了青春期，班会需要讨论青春期的转变，以及转变所带来的新议题。班会可以讨论文章、电视节目或电台节目，这样做能照顾到学生的羞耻心，因为他们很多人在这个年龄被禁止表达对困扰着他们的情感、家庭或者社会问题的思考。

对城市里不成熟的年轻人来说，在十三四岁以后逐渐融入社会生活是很困难的。他们大部分人从童年起就害怕学校，厌倦上学，因为他们的性困扰或社会困扰在学校无法得到回应，而且这些问题到他们八岁时都尚未被提起和解决。他们就这样进入了男女混合的学校。我必须说，面对拥有女性化身体的女教师，他们更不知道如何坦率地谈论自己在情感生活和家庭生活中遇到的问题，也不知道如何谈论新性征带来的苦恼。

青少年处于必须从父母的焦虑中解放出来的年龄，这时他最需要和别人谈一谈是什么妨碍了他们对认可的欲望，又是什么引起了他的这个欲望。人们希望他成为合作的公民，希望他努力学习，为成人生活做准备，尤其是为对自己的性欲负责的成人生活做准备。还有很多解决办法有待发现，学校、街区、青少年中心、社团正在进行研究。

给青少年提供一些文化、运动、艺术的娱乐活动，让他们发挥主动性和组织能力，这能帮助他们中的很多人避开犯罪和毒品的诱惑。这类诱惑是闲散的、不受欢迎的青少年的庇护所，使他们在暴力或梦想中逃避无法扮演任何社会角色的无能感，逃避童年时忍受的轻视和不理解。

有些人比我更有资格谈论青春期的问题，因为他们正面临着这些问题。这些问题是缺乏教育教导、不能融入社会造成的。此外，一些有勇气、有学历的人也碰上了失业的问题。

我的意图是呼吁读者关注城市儿童的不幸，关注他们在寻找生活乐趣上的困难。有生活乐趣才会有精神上、社会心理学上、情感上的健康。在身体需求方面，现在很少有人缺吃少穿。为了应对都市病（儿童的精神、感情等发展迟缓）的增加，应对早期神经症和早期精神病，我们机械地设置了越来越多、越来越费钱的教育学、心理学和心理治疗的机构。其结果有时让人欣喜，儿童在这些机构中遇到了有同情心的人，使他得以表达自己的痛苦。但这些机构通常更类似警察，服务于虚伪的父母和教育者。

儿童很多使父母和教育者不满的行为都应该得到尊重，而不是被粗暴地视作疾病的症状，因为这只不过是健康儿童的自卫反应，用以反抗某些反常的、徒有其表的、无视其年龄且不尊重其自由的命令。儿童和成人一样，只有当他真正地认识到自己的欲望时，别人才能帮到他。想要帮助儿童的人，应该在儿童不顺从周围人神经质的命令时帮助他通过表达，通过对比自己一时的行为和道德，来认识自己真正的欲望。[108]

在儿童忍受暂时的问题时，我们可以支持他，鼓励他找回并维护自己的尊严、自主和天性，鼓励他说实话，确保他不因软弱或守旧而依赖成人（包括为他服务的精神分析家或教师）的怜悯或幼稚的爱。对于儿童来说，不顺从他人的愿望，不顺从那些不符合其本性和真实欲望的、在诱惑和强迫之下让他屈服的命令，是好过做一个顺从的机器人的，是好过没有快乐，没有希望，没有为欲望而冒险的自由的。

四十年来，我也是这些机构的一分子。看到专制的规范化的网在暗中发展，这让我心灰意冷。这些机构加剧了父母的焦虑和罪恶感，也强化了儿童的客体状态：观察、检测、化疗、心理治疗，还有强制的再教育。儿童无法避开它们，也没有人帮助父母和教育者来理解每个儿童特有的本性和问题，理解那些他们施加给儿童的，与儿童的性格和神经紧张有关的困难。

我惊讶地发现，人们没有做任何事情来帮助儿童和青少年避免不必要的痛苦，避免生活在长期的创伤状态中，避免因为屈服于专横的制度而产生创伤，避免愚昧的牢笼式圈养和愚蠢的初等教育。很少有父亲或母亲用真情去弥补儿童，取而代之的是自私和独裁。他们是情欲化的，是令人不安的。这些破坏儿童的自主的人，他们自己也是可悲的。

在进入校园之前就避免这种混乱不是更好吗？虽然并不是每二十分钟真的就有一个精神、心理、社会层面的残疾儿出生，但确实每二十分钟就会增加这样一个儿童，尤其是在大城市：他在从出生到六岁的这段时间里承受了太多孤独，精神动力的自由受到过多限制，别人对他过于冷漠，父母过多地将他的身体当作成人的享乐客体，他因此变得不再温柔，缺乏安全感和能够帮他获得自由的爱。儿童在最初的年月中悄然成长，三到八岁会表现出与缺乏身体需要相关的行为，不适应班级的生活，无法愉快地和他人交流。于是，人们称他语言发育迟缓、精神发育迟缓、情感发育迟缓，甚至有社会性的不适和匮乏。

这些问题，尤其是由抚养模式引起的问题，本来是能够避免的。然而，自儿童被孕育起，社会在制度上只组建了对他的身体健康的关照。儿童是语言、欲望、知识和心灵交流的存在，人们完全忽视了儿童的象征性健康是快乐和爱。

我的意图不仅是唤醒读者对城市儿童的困难和苦恼的关注，而且要研究其根源，提出我认为紧迫且有必要引入城市儿童教育大纲的措施，让所有儿童从八岁起，能有相同的机遇和途径来获得教育，并且让每个儿童在原则上都有可能掌握个人的文化知识。想要实现这些，八岁以下的儿童先要被允许在安全的环境中，在相信自己、相信他人的环境中掌握自主，掌握社会感和行为的道德感，后者让他能够区分现实和想象，了解成人和儿童都要遵守的法则。之后才是阅读学习和写作学习，学习会一直持续到他完全掌握书写、阅读和心算。

这是我提倡的心理—社会预防的普遍方法。依我看，大都市越来越混乱，越来越没人情味，在这里生活的儿童要承受的会越来越多，所以有必要从现在起就采用这些方法。

这些人性化的措施应该首先考虑做母亲的女人和怀孕的女人；其次是在儿童医院住院的女人，她的父母在任何时候（尤其在痛苦的护理时间，在生产苏醒后）都有到场的可能。我所说的这些接待中心，是向有人陪同的小家伙开放的，它们也是对家庭教育的辅助。[109]这些辅助可以来自与家庭的合作，也可以来自家庭的平行机构，它们都是专门为儿童准备的：父母工作地点附近应该出现越来越多的日托中心，托儿所、幼儿园和小学应该成为儿童的家，每天从早到晚开放，日程表完全自由，依父母和儿童的方便而定。

这样的儿童之家应该取代如今八九岁前的儿童的学校系统。它不用于教学和游戏，而用于个人的常规发展，并且专注于如何在实际生活中慎重行动，如何呵护身体和自我清洁，如何在家庭和社会中自主行事所需的知识。这类学习要排在常规学习之前，也就是在阅读、写作和计算学习之前。个体如果在社会性团体中缺乏这种常规发展，如果没有经历过对自己、对他人的现实和对事物的现实认识，如果缺乏经验，那么所有的教学都只不过是大脑的训练，是话语与精神的依赖。

有人断言，如果没有政治大变革，什么事都成不了。这我不知道。我知道的是，如果放任母亲—父亲—孩子的三元关系扭曲，放任负责护理、育儿、教育的人继续像现在这样专制，如胡乱抚养、粗暴断奶、过早要求控制大小便、频繁更换保姆、教师经常缺席又无人顶替——这些都是为了成人的方便，继续不对儿童说实话，继续不尊重他的身体、心灵和智慧，继续把他当作为成人服务的享乐客体，而不是把他当成话语的主体，那么任何政治机构变革和社会—经济体系变革，都不足以改变城市儿童的困境。

这场习俗变革[110]是关于儿童和青少年的抚养模式的，是关于对他的自由的尊重的。在变革影响到家庭和社会中的成人之后，人类的个人命运将被改写。如果目前一些家庭富裕的儿童，在八到十二岁或者青春期时看起来更有优势——还有待观察，这只不过是因为父母的经济能力允许他更专注地接受专业教育，也能让他参与一些公共教育之外的活动，这能很好地堵上早期神经症和个人问题。但这并不意味着，在自主能力的发展上，家庭富裕的儿童能更好地受到父母培养，也不是说他的父母有更多的爱与理解。

只有专心地爱儿童，尊重儿童的成长节奏，尊重他的神经系统发育成熟的节奏——二十八个月或三十个月，儿童的心灵和精神才能觉醒，儿童才能对自己有信心，同时不会产生先天劣势引起的自卑。负责照料儿童的人只有耐心地、尊重地回答儿童提出的问题，给予其原发主动性以行动的自由，儿童才能变得自主。

在感到痛苦和遇到困难时，在涉及关于生活、死亡、法律和性的问题时，成人对他们的所作所为直言以告能帮助儿童区分想象和现实，让他们不管是在家里还是在社会中，都有和独处时一样的安全感。

这场教育变革能够解放儿童，有效地预防儿童的适应不良。不论抚育者有什么特殊情况，三岁儿童都应该能够在同龄人中做到完全自主，因为社会会帮助他们。我们是否为此做好行动的准备了？生活把痛苦强加在儿童身上。他的欲望虽然不能被实现或满足，但也应该被表达出来，因为没有什么欲望是罪恶的，想象和表达也不是危险的——至少不应该是。只是，人们也应该指出欲望的不现实性。

儿童因此能够借由游戏，自由地表达想象生活。成人应该反复教授儿童现实的准则，包括禁止谋杀、肉体虐待、破坏公物、残害身体以及侵犯他人的言论自由；在对待儿童时应该以身作则，像他要求儿童对他做的那样，在语言和行为上同样尊重儿童。

我们是否准备好把性别的意义、乱伦禁忌教给儿童？我们是否准备好限制我们自己，不再随意地对待儿童的身体？例如，暴力行为或过分的爱抚，后者在儿童的想象中完全等同于色情。"我们"不仅指儿童的父母，还包括所有对儿童有医疗、心理治疗或教育权利的成人。我们是否准备好转变看待儿童的方式了？

如果是的，那么不论是否有政治变革和社会—经济变革，城市儿童的生活都会在几年内完全改变，因为他们的成长方式不同了。从七八岁开始或者再晚一些，他们就成了独立的公民，成了社会意义上负责任的人。

对于受器质性损害、情感挫折、亲人去世影响的儿童或者社会性匮乏的儿童，我们不能只局限于用物理疗法、心理治疗或教育方法来帮助他们。总会有受早期挫折影响的个体，但不应该有如此多的儿童在性格和智力上无法学习社会生活所必要的知识。不论在怎样的政治体制和社会—经济体制中，都不应该有如此多青少年无视或拒绝社会生活的规则。人类的多样性，人与人之间的不同，彼此的宽容，互相帮助和交流，以及个体的语言创作，这些才是民族的财富。其中尤为重要的是每个人对自身行动的责任感，它是社会生命力的保障，是某种抚养和教育儿童的方式的果实，而不是我们现在所看见的情况。

现在还存在人际互助精神的丧失，而这种互助精神本来是人类从最开始就独有的精神，是被包含在语言学习之中的。不论政治取向如何，集体中始终有拒绝合作的人，还有各种层面上的社会感和公民感丧失的人。不论遇到了怎样的困难和痛苦，都一贯存在着对自身责任的系统性回避。与承认自己的那部分责任相比，更轻松的是表现得有错、受欺负或难过，而他在童年时也都是这样做的。每个长大的人都把苦难的原因推给别人，也仅仅只是推给别人。

这个阶段展示了一种神奇的想法，一种从童年起就保持的幼稚的想法，即在社会的各个层面，人们都等待着一个好立法者，一个好老板，一个好领导，如同每个儿童都指望着父母。它现在也还是许多成人的思维模式。正是因为缺乏教育，所以人们仍处在童年的梦想中，没有自由发展的可能，没有和自身欲望冲突的可能，没有和实现欲望的困难冲突的可能。在这样的困难时刻，人们缺少来自抚育者和教育者的支持性话语，很难坚持自己的欲望，直到有办法独自实现并掌控它。这些成人滥用经济手段和约束的权力，使儿童一生都难以摆脱无能感——这比个人奋斗来得安逸，但也必然伴随着不幸发生时震耳欲聋的反抗，或是需要求助于某种安慰剂（不是药物和酒精，就是逃避现实）的消沉。

如果有人在人群之中表现出承担责任的能力，并且天生有这样的兴趣，我们会向他不加评判地献上崇拜，依赖他。他看起来离经叛道，甚至缺乏社会感——不同于巴汝奇之羊①的本能，总是把自己的权威强加到别人身上。他拒绝盲目服从指令，大胆批判，看起来和吵吵嚷嚷的群体不合，被群体中有思想的主体和自由人视作扫把星。

这同样是我们在当今的成人身上所看到的，他一劳永逸地选中一个集体，然后一直依附着它，放弃自己的判断，因为他的生活离不开安全感。这就如同他在童年时，出于依赖，再加上身体发育不完全的无力感，注定要忍受施虐的母亲。他对母亲的依赖也像在学校中学生对教师的依赖，这是一种以个人的异化为代价的相对意义上的安全。

---

① 原文为"Mouton de Panurge"，出自法国作家拉伯雷的《巨人传》。《巨人传》中，巴汝奇为了报复羊群主人，先买了船上最大的一只羊，然后把它扔到了海里。其他羊于是纷纷跟着跳进了海里。像巴汝奇的羊那样行动，就是指与别人做一样的事情，跟随潮流，毫无批判意识。——译者注

思考并决定个人行动的自由，不正标志着人类的精神价值吗？

不论是在什么社会中，互助精神难道不正标志着集体生活的意义，标志着每个男女的人文价值吗？

每个人都有接受或拒绝集体利益的自由，这是最基本的自由，但前提是每个人都能和自己对话。集体利益不能保证每个人的欲望都能实现，当它用隔离或歧视的恐吓使更强烈的或更多人的欲望被异化时，当它不再了解每个人的欲望时，它也就不再配得上"集体利益"这个称呼了。社会价值建立在其中每个成员的个人成熟之上，他们受保护的独创性之上，他们了解的彼此差异之上，他们的尊严之上，不论他年纪多大，也不论他相较于其他人有多"古怪"。这一切不仅被写进法律得到保障，而且事实上也在现行的道德习俗中得到尊重。

这就是一种民主。但是，我们还未想过，人类从童年起，从被孕育开始，就有权得到爱和尊重。这种权利取决于对他出生的欢迎，取决于有保障的抚养模式和初等教育模式。早在儿童接受教育之前，人们就应给予儿童自由，尊重他对生活和爱的兴趣。成人应该用语言和行动表达这样的尊重。不要强加义务给儿童，最好尊重儿童的爱好和选择。[111]

由于生理不成熟，儿童必然会被身边人的情绪影响，而教育的职责就是将其从一时不可避免的影响中解放出来。儿童身处不成熟造成的长期自卑中，我们要想解放他，需要培养他的自信心和独特性，尽早解放他的客体状态，解放他在镜像和依赖之中对他人的服从。要做到这一点，只有激发他与众不同的主体自发性。

儿童在竞争时会不可避免地炫耀自己的成就。成人有义务只拿儿童的成就和儿童自己相比较，和他在想象欲望的表达上取得的进步相比较，和与"实现欲望的可能性以及不可能性"有关的个人体验相比较，而不和其他人相比较。要让儿童抱着有朝一日能够成功的希望，绝不气馁，坚持不懈地追寻自己的欲望，用合理合法的方式赢得成功。

一个民族以集体的形式，给予了每一个年轻人、老人和残疾人保持尊严的方式，给予了他们安全感以及留在社会集体中生活的可能性，并且这个民族也以此为荣。如果它不同时以帮助所有儿童的自我发展为荣，那么它是无法继续存在下去的。

儿童由于完全且长期处于依赖状况中，所以只能依赖他的抚育者，这就是为何后者可以影响儿童的象征化发展和语言发展。在对当今无意识心理动力学有了认识后，集体应该在父母无意识地伤害儿童时去保护儿童。

成人出于无知、冷漠或焦虑，延长了儿童的依赖状态，并且抑制了儿童的自主。自主是一个对自己完全负责的人作为欲望的主体，作为自己的性和社会创造力的主使来融入社会的条件。集体的未来取决于对儿童的关注，也取决于集体有责任去推动的儿童自主的实现。

幼儿园可以接纳多少孩子^[112]

关于这个问题，可以说的有很多。我们必须知道，幼儿园教师的角色（它就像我们希望的那样，而教师也是被如此培训出来的）无法满足现在幼儿园大部分三到六岁孩子的需求，也无法满足两到三岁孩子的需求。越来越多的家长希望孩子两岁就开始上学。虽然社会对孩子的要求太超前了，但孩子两岁就开始被社会接纳并不是坏事。不过，这对于现行的幼儿园框架来说是不可能的。

一个孩子，如果他还不能完全自主地满足身体需要、穿衣和辨别方向，如果他长时间不懂如何与同龄人相处，那么当父母不在场时，他是不能从幼儿园中获益的。尽管幼儿园教师受过正式训练，可他们一次要照顾二三十个孩子。为了让孩子达到三岁时应有的水平，需要有人协助他，而这个人就是以前被称为"侍女"的人，她的天性、她对孩子的爱护、她的感知和语言都使她对孩子来说就像母亲一样。是她让孩子掌握了关于自己身体的知识。孩子爱着自己的身体。他不仅要懂得如何让它行动，还要懂得所有关于它的词语，更要学会如何为自己的身体负责。

人们需要专门教导孩子，这样他才能学会如何了解自己的身体，了解它的感受和功能，以及如何照顾自己。他还需要和其他孩子一样，得到作为人的尊严。人们需要像母亲般慈爱地指导他，让他学会如何注意个人卫生，如何上厕所，如何穿衣服，如何梳头发，如何洗澡，如何洗手，如何修指甲。儿童在人们面前的形象是重要且具有构建性的。人们应该鼓励他，让他变得自信，让他为自己的性别骄傲，让他不在意自己的身体特征，不在意自己和别人的不同以及先天缺陷——父母也许已经在家里告诉过他了。他还要学会不去依赖母亲，不去依赖哥哥姐姐，不去依赖由孩子组成的团体。这种程度的自主和矜持在心理动力和社会层面上代表着他达到了三岁小孩该有的发展维度。如果没有达到，他会失去自我，直接融进班集体。他只是看上去很融入并且积极参与集体活动，其实并不独立。他就像盲从的山羊，跟随或者寄生在班级里，未曾感到自己是自由且独立的。他也并没有"跟着"去关注和理解班级中的事。在山羊般的集体主义和无个人参与的盲从主义这两种可能中，绝大多数时候，幼儿园都使孩子变得呆滞，甚至退行，对他的人格构建毫无贡献。很可惜，这样的融合与盲从反倒被当作对幼儿园适应良好的表现。孩子其实并不是不喜欢学校，他也没有妨碍到别人，只是在学校里他没有学会成为自己。

还有第三种可能，它会发生在最敏感的孩子身上。在这种情况中，孩子在面对集体时，会通过隐藏自己来进行防御。他变成那个在和母亲的早期关系中无个性的自己。孩子由于学校而表现出或者发展出语言发育迟缓和精神发育迟缓。这种迟缓只是以一种合理并且人性化的方式表达了对自己的活力的克制，他借此保护自己上学之前潜在的身心完整性。学校也没有为它负责，没有为了它的发展而接受它本来的样子。孩子该怎么办呢？他先会被动地保护自己，然后很快开始主动地保护自己。他的象征性功能，他的语言交流和行为交流的方式，在他入学的年龄就停止了，他的情感和智力的发展也停止了。我们会观察到一种消极或积极的模式。如果消极模式占主导地位，我们会说他发育迟缓；实际上，这是他的表象，只有在面对社会要求时他才变得迟缓，因为他尚处在困境之中。如果积极模式占主导地位，我们会说他不稳定和情绪化，然后他就真的变成那样了，因为社会这面镜子（也就是以他为客体的投射，如对他说一些冒犯的话）在五岁前对个体人格的构成有决定性影响。

我说的第一类孩子甚至被称为"适应良好"的孩子，他们因为喜欢学校而转入了父亲、母亲、家庭、托儿所或者保育员的客体状态，或者学校同龄团体的客体状态。他们敬爱教师——"牧羊人"，臣服于他，不再成为有自己主观判断的主体，不再有自己的欲望，不再有自己的行动，也不再有自由的自然需要。他们的行为完全符合别人对他们的看法。同学、教师的言论和看法被他们视作绝对的真理。顺从的模式让他们很满意。这样的真理让他能作为部分客体跟随或寄生在集体里。这就像是照镜子，他对照着镜子行动，想舒服地待在镜像中，追求不可小看的安全感。

第二类孩子是各种积极或消极的不适应者，他们保留着潜在的人性，而且无疑是最丰富的人性；然而，他们被抛弃了，因为他们作为有潜力的主体干扰了"羊群"的秩序。孩子不能自己当自己的母亲。他不会照顾自己的身体，不会爱它，不会保护它。他也没有词语和细致的方法，来表达他感受到的舒适、开心和难过，或者来表达他和别人来往时，别人的攻击性让他感受到的伤害和羞辱。此外，因为他的身体和他这个主体没有被接纳，所以他在独处时或者和别人相处时，甚至达不到刚入学时的交流水平。他将一直欠缺结构性基础。为了让这些不适应者进入社会，必须保障他们和父母的联系。如果父母太忙了，那就要保障他们和日间保育员或者之前托儿所照料者的联系。

幼儿园应该最开始就在孩子面前建立起幼儿园和监护者——他目前的负责人，这个最了解孩子的人——的口头交流。这不是幼儿园教师的职责，而是某个单独照顾儿童身体的女人的职责，她协助他的保养，在他吃饭时帮助他，关心他吃了什么，还教他如何自己吃饭。也就是说，她是一个能够在他还不能自己应付时关心他需要的人，和小家伙有默契的人，和他分享快乐、痛苦的人，懂得化解他和其他有些暴力的儿童的悲剧关系的人，知道如何用清晰的词语解释生活事物的人。总之，她是使他认识并且爱上幼儿园的人，是教他为人处世的人，是使他在新环境中熟悉新鲜、未知、陌生事物的人；她是和他谈论他的同学的人（说出他们的名字，引导他理解他们各自不同的性格），是把他带到集体中又使他保持独立的人。这个母亲般的女人和孩子建立了个人的、安全的关系，每次出现意外事件时，孩子都会聚到她的身边。她使孩子掌握了表达自己欲望的词语，使孩子学会了如何在参与集体活动时保持独立，如何衡量集体与自己所扮演的角色的关系。

幼儿园教师对于集体和个人而言，更多是一个父亲般的角色。[113]教师负责交流型活动的学习，负责演示游戏操作和手工操作，他还教儿童集体生活的法则。幼儿园教师只有在孩子听从他时，才能真正起作用；只有和人数有限的小组（不超过七个孩子）在一起时，才能真正工作，才能唤起每个孩子的能动性，才不会使任何一个孩子被迫去模仿别人（重复自己曾经成功为教师做到的事情）。

如果在教师之外有至少两个接待人员，那么一个幼儿园班级就可以容纳三十到三十五个儿童。接待人员的职责是教育，其风格被我称为"托儿所"式的。从人性化的社会心理学观点来看，"托儿所"式风格是非常重要的。接待人员照顾那些在五到七人小组之外的孩子，教师则有选择地一个个照顾这些小组。教师每个小组每次照顾半小时。

教师在班级中的职责是激发孩子的观察力、注意力和语言能力，使他掌握关于感知的正确词语，学会某些关于物品和兴趣的表达。手工课、词语课、身体表达课（有时还伴有音乐），这是一些真正的教学。孩子聚集在教师身边，每次最多保持半小时的注意力。每个班有二三十个孩子，分成四五个小组，教师每组照顾半小时。这样对孩子是最有益的。我指的是对每个人都有益。这些小组在班级中有自己的位置[114]，在一个圆桌周围；教师站着，能走到每个孩子背后，手把手地将技术展示给他看，指导孩子的手势。孩子能够观察到教师的手势并且听到他的声音，而不是像通常那样只是看着教师的脸。孩子在不用看着教师的时候，能够听得更清楚；对手工和身体表达的学习应该与对别人的模仿区分开来，后者是孩子更倾向于去做的。每个人都有自己的行动方式，这是最好的。坐着（或保持同一姿势）超过五分钟，这个年龄的孩子的身体会受到伤害，所以他可以站起来，走到教师周围，观察物品，研究图片，听教师解释，学习诗歌，听故事，做出回应，用木偶戏来训练语言表达，发展口头表达能力。他不必坐着不动，这和他们的精神活力完全不符。七八岁以下的孩子为了专注和不走神，需要自由走动，发出声音，说话，有时还要一个人待着。

上述事情需要那些替代了以前的"侍女"的教育者——我称之为接待人员的人——和幼儿园教师进行良好的团队合作。教师不要觉得自己比这些教育者更高级。他们担当着不同的角色，但对这些成长中的小公民来说同样重要。在教育和抚养孩子方面，他们的职责是相辅相成的。虽然有各不相同的受训背景，但他们都要有天赋、智慧和责任感。我们需要一个充分意识到自身职责重要性的团队，来为孩子在集体中的身体、游戏、行为和休闲活动负责。这个团队不是去指导孩子，而是去宽容和理解每个人的困难。教育者因为手工天赋、变化的声调、母亲般温柔的行为、活泼的本性而被选中从事这一职业。教育者需要爱孩子并且被孩子爱着，知道如何照顾和安慰孩子，能与接送孩子的父母保持良好的关系。教育者要和孩子亲近，知道每个孩子的名字，一个个地介绍他们，和他们一起玩耍，知道怎么讲故事和唱歌。他是孩子在脆弱、渴求、消沉和争吵时的安慰者与援助者，从不在他们相互攻击或者主动性受挫时指责他们。孩子经常通过争吵和克服失败来进入与他人的关系，这些不愉快的体验对他们的友谊很有帮助，前提是没有人就此指责他们。如果某天，有个孩子缺席了，我们不应该立刻去打听消息吗？整个班级不应该都对此感到好奇吗？在教育孩子团结一致时，没有比这更好的方式了。

在瑞士，不论是幼儿园还是小学，如果孩子缺课了，会有一个人——在乡下是游骑兵，在城里是退休者——早上去孩子的家里打听消息。他就像一个精力充沛的祖父，每天早上去学校拿缺席名单。如果孩子只是懒惰，或者家里的意外情况阻碍了孩子去学校，那么这个人就会负责照看孩子。在瑞士，我碰见过一位担任这一职责的男士，他散着步，孩子在他身边蹦蹦跳跳，有说有笑。询问之后，我得到了上述解释。有心理学家开玩笑地告诉我："很多孩子都有严格的老师或者无聊的父母。这些孩子会故意留在家中，因为他们喜欢这个游骑兵，觉得他更加有趣。他会和他们开玩笑，在去学校的路上给他们讲故事。有些孩子坚持要他来接自己。""学校不会责怪他?"我问道。"才不会呢，我们小时候也是这样的!"如果孩子身体不适，游骑兵会向学校汇报。这样，全班都能通过教师知道同学缺席的原因。他们会想念他，在他回来时欢迎他，因为班里每天都有他的消息。如果大家在学校做了点心，那么也会有人给他带去他的那份。

在法国，我们还远不明白社会对孩子应该有怎样的作用。和最近人们倡导的不一样，并不是降低孩子进入幼儿园的年龄，就能避免他们变得语言发育迟缓和精神发育迟缓。我们必须重新完整地思考三岁前的早期教育，对于一些孩子而言，这套小组系统——部分时间和教师在一起，其余时间和接待人员在一起的系统——在小学前都是有用的。例如，阅读和写作教学，就应该让孩子以五到七人小组的形式，围坐在圆桌旁。每组每次专注地学习十五到二十分钟。在八岁之前，除了阅读和写作，孩子要学的东西还有很多! 当一个教师面对三十五个孩子时，他是不可能让每个人都发言和被倾听的，孩子们也不可能交流想法，不可能发现和注重他们之间的不同(小组的价值所在)，不可能准确地形成自己的想法，尤其不可能避免对同桌的模仿。如果没有接受过任何心理学和社会学方面的培训，即使教育者很宽容，有自然的母性，教育工作仍是不可能有效完成的。甚至，对五六岁儿童适应不良的偏见就源于早期教育的不完善，如缺少关于身体词语的教育，关于身体保养的教育，关于控制和尊重身体的教育——懂得如何爱护身体，如何清洗身体，如何给身体穿衣。孩子们懂得互相帮助，知道一起嬉笑，一起蹦跳，一起舞蹈，一起生活。这些是个人的事，是班级接待人员的事，教师负责教儿童观察、稳定和言说，他采用的方法能够使孩子感到学校、个人尊严和家庭之间的和谐。在理想的情况下，幼儿园教师应该成为幼儿园教育、学校教育和家庭教育的中转站。我希望在大家的共同努力之下，这个目标有朝一日能够实现。

这不是说要改变幼儿园教师的培训，它本身是好的；而是要在教师之外增加一些热爱孩子的教育者，后者受过和前者相同的训练，但又别有职责，那就是在孩子的身体和早期性格方面进行教育。教师主要负责感知—运动能力的循序启蒙，负责手工能力、手工表达、身体表达、话语表达和音乐表达，这类学习都发生在阅读和写作的学习之前。阅读、写作和计算的学习，甚至还有现代数学的学习，对于一个缺乏社会适应能力和情感发育迟缓的孩子来说是没有意义的。这样的孩子在小组中不爱玩，不淘气，不好奇，不专注，不灵活，没有创造性，既不自主也未社会化。如果孩子像我所讨论的那样，从两岁开始进入幼儿园，也就是进入儿童的社会，和辅导他的成人交流，接受教育，那么，所有发声或者精神运动的"再教育"（它们现在都很昂贵）都不再是必需的了。这样，孩子就有机会作为联系于自身历史，联系于对父母的清晰认识，联系于对自身价值的清晰认识——来自他的不同之处，来自这个男孩或女孩作为公民的尊严——的个体来构建自己。所有的人类集体都能在交流、互助和团结中获得财富，他们有着一个共同的目标：在尊重彼此差异的前提下，让生命之花绽放。

绿房子：一个孩子和家长相遇、休闲的地方[115]

    绿房子是为孩子们准备的，希望他们出生后就能开始一种社会生活。它也是为家长们准备的，因为有时他们面对着日常生活中的困难，非常孤单，只有孩子和他们在一起。

    绿房子既不是托儿所，也不是幼儿园，更不是治疗中心。它是一个接待爸爸妈妈、爷爷奶奶、保姆和散步的人的地方，也是一个孩子和小伙伴们相遇的地方。

    绿房子同样欢迎孕妇和她们的伴侣。

    绿房子的开放时间是周一至周五的下午两点至七点，周六的下午三点至六点(周日不开放)，地址是巴黎十五区梅亚可路13号。

    这个生活和接待的场所(针对没有和父母分离过的三岁以下儿童)运行一年之后，不仅实现了我们建立在最初假设之上的期望，甚至超出了我们的预料。这个场所的建立回应了当今城市居民的需求，它的成功就是一种证明。考虑到场地狭小，以及不确定是否能够继续这份探索，我们没怎么宣传过绿房子。来到这里的人或者通过口耳相传得到消息，或者听从了PMI①的建议，或者住在这个街区，路过时看到几个小孩在房子里玩耍，临街橱窗挂着气球，贴着告示，邀请人们来一探究竟。

母亲、父亲和孩子在这里相遇。他们在接待人员的帮助下互相认识，互相合作。父母能由此避免常在独处时出现的焦虑。毫不夸张地说，这种焦虑会传染给宝宝和大一点的孩子，之后还会引起孩子的功能失常。

如果父母不明白这些反应是一种人际交流的智慧隐语，那么它们反过来会增加父母的焦虑，而这主要表现为对孩子健康的担忧。母亲、父亲和孩子的反应导致了他们无休止的紊乱关系。只要这种关系不危及孩子的生命，它就会成为某些不当照料出现的契机，会让父母只在身体层面回应孩子的反应，如让他镇静（通常被力荐服用助眠类药物），控制他的饮食，对于更大的孩子则是责骂和行为矫正。孩子的这些反应，实际上是一种需要解码的语言。

刚出生的孩子对父母的焦虑是陌生的。焦虑的起因是成人的父性或者母性造成了他们生理和情感上的骤变。孩子成为父

---

① 全称为 Protection maternelle et infantile，法国妇幼护理机构。——译者注

母全新的责任，孩子对父母的自由的限制，孩子的身体特质和性别，这些也出现在现实与父母以前的计划相遇时，以及现实与父母在孩子出生前的幻想相遇时。孩子从来都不可能完全符合父母的想象，一个生命也从来都不可能如父母决定的那样照本宣科。

新生儿在夫妇心中的位置，会重新调整他们的夫妻关系，会改变这段关系。如果其中一人对自己新的生活方式，对伴侣和新生儿的关系感到沮丧，夫妻关系会走向破裂。

这对大一点的孩子与父母的关系来说也是一样的。在这种情况中，年长的孩子难以接受新生儿带给他的考验，感到激动、惊讶、困扰。对于每个人来说，这都或多或少意味着认同的问题，就连最和谐的家庭也会在各种维度上受到这些问题的影响，因为所有人都要接受新生儿降生带来的崭新局面。父母要创造出一种欢迎的氛围，让年幼和稍大一些的孩子能够继续自己的发展，让这些孩子在这种全新的体验中充实起来。我现在要说的是，一些年轻父母面对他们自己的哺育者（也就是孩子的爷爷奶奶和外公外婆）时会产生突兀的转变：他们变成了需要完全负责任的公民，对父母的身份有了充分的认识。如果没有社会的帮助，这种转变是不会自然而然发生的。这种转变也可能导致孩子和年轻父母的退行，使得后者在面对伦理争执时感到沮丧和消沉，想要依赖他们自己的父母去缓和争执。这种依赖不利于新生儿，也不利于父母。父母在开始共同承担对后代的责任时，需要形成新的默契。

实际上，在城市中，我们必须减轻父亲和母亲的孤独感，尤其是那些迎来第一个孩子的年轻父母的孤独感。孤独感会让他们筋疲力尽。同时，抚养好几个孩子的父母也要面对自己全新的责任，克服自己对意外发生时的无知和无力的担忧。在大多数情况下还要面对自己抚育方面的经验匮乏。

　　在产科分娩和生育的方式，以及婴儿和父母新关系的开启，几乎总会带来母亲和伴侣的分离。母亲也会被隔离在婴儿的视觉、听觉、触觉和交流范围之外。这种状况会持续好几天。对于刚离开安全的母体环境的婴儿来说，这样的隔离会使他承受巨大的痛苦。他之前可是在母亲身体的节奏中，在父母的声音中沉浸了九个月！在母亲身体里的后期，他接收着来自父母的全部声响：他们的声音，他们在日常生活中发出的声音，他们周围其他人的声音。以产妇的休息为由，人们粗暴地让孩子和母亲完全分开，把孩子放在固定的小床上，有时则让他躺在哺育室里——那里太过明亮，让他感到陌生。负责照顾他的护士轮班倒，他怎么可能认得出她们呢？在这几天里，如果母亲没有给孩子喂奶的话，母子之间几乎是没有接触的。至于父亲，医院离得很远，他还有工作，而且有其他孩子需要照顾。即使他能够去探访妻子，也会非常仓促，没有时间和她交流。他更没有时间去真正地了解新生儿，新生儿此时只是医护人员的客体。大家都会向父亲表示祝贺，可实际上他非常沮丧。

　　这些外部条件对父母来说很不人性化，对新生儿来说更是如此，并且会在家中敏感的孩子身上引发令人焦虑的后果，最后又让回到家中的母亲和宝宝受到创伤。孩子感受到了环境不寻常的变化，而这个变化缺少他和父母相互关系的调和，缺少父母亲和的话语，缺少母亲温暖的臂弯，缺少伴随臂弯而来的母亲的气味和声音，缺少有人情味的、安全的氛围。母亲和孩子之间没有相互适应的过程。从出生到回家，时空上的断裂会持续好几周。在这期间，母亲、父亲和孩子缺乏互动，互不认识。① 孩子由于健康等问题，可能被留在医院哺育室的保温箱里。

由父母或者和父母一起在场的其他人向儿童解释这些挫折，似乎能补救断裂造成的长期或短期不利的影响。这个方式能让父母和孩子重建沟通的桥梁，而这座桥梁曾经紧密地将他们连接在一起。在绿房子中的数月观察帮我们肯定了这个假设。

在这个漫长的分离考验期中，父母的焦虑会引发宝宝身上一些可被观察到的微弱神经症。宝宝在医院经受着痛苦。医院里的人忽视了一件事：儿童从生命之初就对直接又强烈的象征关系——语言关系——有着迫切的需求。这种早期的人际关系——身体、情感和话语的——是作为"言在"[116]的人类个体

---

① "co-naissance"是根据"conaissance"（认识）造出来的词，"co-""naissance"的意思是共同的，的意思是出生。这里同样可以理解为父亲、母亲和孩子是"共同出生"的，因为正是孩子的出生带来了女性和男性身份的变化，让他们成为"母亲"和"父亲"。——译者注

的人格起源。

在精神分析实践中，我们发现了经过确认的（或明显的）严重人际冲突的起源，它使得儿童必须在学龄期或者更晚的时候接受心理治疗、语言功能锻炼和精神动力训练。它常常也是一种早在生命之初就强加给孩子的早期的（可被确认的）微弱神经症。通常来说，这些迟缓型障碍不是由疾病引起的，也不是由儿童或母亲的器质性问题引起的，而是源于早期象征性交流的缺失，或者是因为过早到来的事件没有被言语化。

孩子突如其来的反应性和语言性的痛苦，简单来说就是尖叫。这其实是小家伙在缺乏安全感时发出的焦虑信号。离开子宫后，他还来不及通过母亲找到新的生存的安全感，就被人为地从母亲身边带走。这些孩子在身体上很健康，但是在关系（情感）上已经有面对父母时的困难了。他变得反复无常，或者表现出器质性问题，耳鼻喉问题，消化问题，大一些的、被动的宝宝还会有轻度的精神发育迟缓。这样的孩子有些有失眠问题，有些有起床方面的问题，但并不会让儿科医生不安。然而他其实是"动力不足"的，母亲不得不在各方面替他担心。

在和母亲交谈，并且看到孩子紧密地和母亲联系在一起后，我们明白了，这些孩子身上无疑存在着某种能够显露他们早期所遇到的困难的身体语言，而我们尚未破译这种语言。实际上，这些孩子被社会排斥，而他们也恐惧社会。在遇到动物时，如猫、狗，他们会害怕，虽然在母亲的记忆中，他们并没有被猫、狗伤害过。我们认为，只要母亲能讲述孩子的早期经历，对孩子还是宝宝时的痛苦深表同情，孩子就能找到或者找回一种不论是和母亲相处时，还是和社会中其他人相处时的生理秩序与平和心态。

母亲只是简单地在人们中间，在接待人员的陪伴下，将孩子早些时候承受的痛苦讲给了孩子。这也向目睹儿童的发展和快速转变的父母证明了，恰当的话语能够帮助儿童排解由过去的伤痕引起的焦虑。我们也看到，话语能够缓解儿童被同龄玩伴激起的焦虑。儿童在和小伙伴建立关系时会本能地把自己当成他人的被动受害者(被攻击和被伤害的一方)，或者相反，把自己当作攻击者；在这两种模式中，他的下场是一样的——被公共场地或者集体的儿童抛弃。

对于上述这类儿童来说，一切都太不容易了。源于早期幻想的自我防御行为，以及被害受虐的无意识挑衅行为，都可以在这种欢迎每一个人的、有人陪伴的、有母亲在场保障的社会化氛围中被言说与表达。孩子的受害者反应或者攻击者反应保护了孩子的认同，这份认同早在他单独和其他孩子展开社会生活之前就受到了威胁。当母亲通过言说，理解了孩子的这些反应，它们就不再会使孩子感到有错，也不再会使他想犯错。孩子会用身体语言表达出不能用口头语言来表达的痛苦，直到他在父母的参与下——他们是他生存环境的保障，了解那些没有被告诉他的关于他的过往——得到了话语解释。

儿童暴力预防就发生在这个节点上。这个早期的社会性接待中心不会把儿童与儿童身份安全的保障人分开。母亲会发现自己和其他女人/母亲的不同（种族、性别、年龄和样貌的不同），发现自己和孩子的关系与其他母子的关系不同。她能从别人身上观察到这些，而这一切都是全新的体验。这些发现也会影响到一个绝对的理念：所有孩子都把父母与自己的关系当作真理与榜样。孩子在观察其他母子的相处时，会表现出惊愕、羡慕或者嫉妒。他比较着自己的母亲和别人的母亲，好奇或惊讶地观察着其他孩子和他们的母亲在一起时的行为。总之，在他沉默地用表情表达疑惑时，我们可以告诉他：的确有差异，你可以去感受，去拥有，去表达，去创造这些差异。

在孩子从事一些他能自控的活动时（他总是想进行一些更大的孩子才能做的活动），我们可以邀请他使用可被理解的语言，去和不同的孩子交朋友，去互相帮助，去遵守同龄人集体的生活规则。这类邀请会让孩子经历人际合作的学习体验，而这些体验有时会让他在自己的无能为力面前感到失望。但是母亲也在那儿，在接待人员的帮助下，母亲能够让孩子重拾信心。不是让他在母亲的怀抱中退行，而是用温和的语言向他解释，为什么他和别人不同，引导他从技术性失败和现实差评中获得积极的经验。渐渐地，在他和同龄人之中，就诞生了力量对等的友谊、合作和游戏。这对于小家伙在社会中的自主，对于融入与他人的生活，有着积极的推动作用。母亲也可以由此一天天地从大部分母亲（尤其是没有工作的母亲）都会感受到的束缚中解脱出来。

这些母亲操心着照顾和保护孩子的事，自己的生活却停滞下来，被侵占与限制；在同龄人中，她对自己作为公民和作为妻子的可能性，对自己作为一个成人的可能性感到窒息。在绿房子这个生活的场所，孩子得以融入集体生活，找到一个动力和游戏性的发展空间，一个行为得以自主的空间。他们不再需要家里那种排他和认同式的陪伴：爸爸或者妈妈的陪伴，兄弟姐妹的陪伴，小宝宝和大孩子的陪伴。这些陪伴都是异化的，因为陪伴者会无意识地扭曲孩子在当下这个年龄阶段的兴趣和欲望。在和其他孩子一起生活的安全环境中，孩子能发现"适合"自己的欲望。一段时间后，母亲会告诉我们："现在在家里，他知道自己做自己的事，不会总妨碍别人了。"

在这个渐渐被称作"绿房子"的"小店"中，我们能够观察到一种不同寻常的人际生活：有将近三十个孩子在这个狭小的场所中一起玩耍（他们在一个月到三岁之间），没有什么恼人的声响；有将近二十个父亲和母亲在这里建立了友谊。这里还有接待人员和不引人注意的精神分析家。[117]接待人员的职责和精神分析家不同，尽管前者在别处可能也是精神分析家。这个人，我称他为"吸收焦虑的海绵"。在发生意外时，他有能力缓和父母之间、孩子之间的紧张状况。

我们的假设是，在孩子的生命之初，我们应该避免给他带来压力和痛苦，消除牙牙学语的孩子和父母相处时的焦虑。我们认为，这些焦虑源于"隐言"和误解，深植于每个人经历深处的人际沟通规则。

人实际上是有两面性的：一方面，他是交流的存在，是可以解码感官信号的接收发送装置；另一方面，从出生开始，他一直受到象征性功能的推动。这两个方面形成了人的两种感知来源，一种来自他自己，是他从自己内部觉察到的东西——他的器质性身体在寻求着需求的缓和，他心灵的欲望在寻求着和他人沟通与交流；另一种来自外界，因为回应或者呼唤了他的欲望而被他觉察。这两种来源就像布料上的经纬一样交织在一起，形成了一个人日常生活中的象征性外衣。令人舒适的和不适的信息混合在一起：有情感上的信息，也有智力上的信息；有快速成长的身体上的信息，也有心理上正在建构的语言信息。

成人不理解的是，孩子健康或者紊乱的功能，有表现力的、模仿性的和运动性的行为，以及叫喊，都是他对于听到的话语，对于他人行为的一种对话、呼唤、请求和回应，它们都含有他要传达的某些意义。孩子要得到身体需要上的照料；然而，孩子和监护人的关系却常变成众多且必要的人际交流中无足轻重的一种。父母和医生只是寻常地关注孩子的身体需要——饮食、休息和换尿布，但孩子的感知——嗅觉、听觉、视觉、触觉和节奏——实则形成于细微的信息交换。孩子因为神经心理学上的满足或者不满足而体验到了感知的多样性，他也自然而然地把这些满足或不满足归到他人的名下（母亲和周围的人）。超越了身体需求上的满足，在营养维度之外还有一些交流是和欲望相关的，如母亲的乳汁和话语，亲口告诉他的和没有亲口告诉他的东西。对于他部分见证的过往，如果缺乏恰当又真实的话语，如果这些话语没有对着他本人，没有正视他敏锐的心灵说出来，他就会感觉自己完全是一个客体——物品、植物或者动物，受制于一些寻常或者不寻常的感受。

　　如果只存在需要的满足，孩子会成为言说物种的匿名样本。他感到自己是这个物种的成员，但实际上并没有被当作这样一个成员。人们不论是否在他面前，都只是谈论他，而不是对他说话。是欲望关系日复一日地造就了孩子的特别之处，前提是他得到成人的尊重。也就是说，他是一个我们对其说话的人，是一个和别人不一样的人，是一个从来都不同于我们期待的人，是一个完全自由的人——自由地生活、言说、活动和表达，是一个即使我们不理解也会尊重和包容的人。

　　孩子存在的连续性告诉我们，他需求的满足有一个节奏上的重复——上厕所、消化和睡觉，这表达了孩子的身体状况和运动需求。所有他身上出现的功能性疾病，都表现出他对外部世界、监护人和自身需要之间关系的不适应。

　　如果孩子活了下来，需要的满足就是充分且必要的，用以支持这种连续性，而在连续性的一旁是非连续性，以及对于他的欲望的非重复性回应。这些欲望由于在存在上和孩子的需要非常相近，所以会展现出和需要类似的风格，而恰恰对于这些欲望，父母是不能够予以刻板回应的：这让孩子开始懂得他人的存在方式，让他可以在空间中认出自己的连续性。在周围的时间和空间中，"他人"由母亲和其他亲近的人代表。这些人实际上是欲望的存在，而不是配合孩子的客体，他们时而在场，时而缺席。当孩子从认识的他人身上体会到一种感知时，早期的记忆能够让他找到他所熟知的感受。他们的出现对于孩子来说是说话、愉悦或者伤心的理由。

孩子习惯于经常为自己提供食物的人，这样的习惯对于孩子来说是安全的。母亲神经性的心理表达行为为孩子的欲望创造了安全氛围，在这个氛围中，无论是从快乐的维度来说，从功能性的量级来说，还是从适宜孩子的节奏来说，他的身体需要都是不会受到干扰的。

向孩子说"真话"——这对他意味着他的健康、他的模仿动作以及他的行为，表现或促进了他的担忧或者平静的感受，他被不同寻常的感觉唤醒的情绪——通过言说建立或者恢复了人与人之间生动细腻的连接，能帮助他一天天增加对自己和对周围环境的了解。他很快就会感到人们在试图理解他，也在试图帮助他理解自己。

在尝试创造这种早期的社会性场所的过程中，我们每个人——我想说的是，我自己，精神分析家团队，还有一些接待人员和教育者，这些人共同支持着这个向儿童和家长开放的场所——都想避免在各种诊断中会看到的严重次生紊乱，尤其是各种"缺乏生机活力"的症状，以及各种不良的、慢性的人际发展方面的症状。当孩子因为必须进入学校而出现障碍并且情况变得严重时，家长就会带他去见精神分析家。

我们认为，这些紊乱源于语言。这就是我们的想法。为了消除这些障碍，我们需要一个父母可以在症状形成之前带着孩子来休闲的地方。这个地方存在着有能力的人，他的作用是创造有益于交流的环境，有益于人的本能发展的环境，而人从本性上来说是社会性的。

如果没有这样的场所，父母只能带学龄前的孩子去拜访朋友的孩子、邻居的孩子或者亲戚的孩子。然而在假期，在休息日，去拜访他们会带来很多冲突。这些拜访经常会引发孩子身上一些意想不到的反应性障碍，因为这些拜访是被强加的，与他和其他孩子的亲密程度无关。父母向我们讲述过，当孩子不和这些"强制的朋友"或者表兄妹来往时，家庭关系会多么不和睦，家庭气氛会多么紧张。这还会严重伤害到祖父母，他们对某个孙子或孙女的偏爱会引发父母的连锁反应，甚至引起他们的懊恼。

这些事实也说明了绿房子这个全新的接待场所和社会生活场所存在的必要性。我们认为，这就是针对儿童神经症，针对儿童在社会中忍受或者采取反应性暴力的最好的预防办法。尤其是在城市里，这些问题常常发生在托儿所、幼儿园和小学。这里的孩子缺少和其他孩子及成人相处的知识和体验。这就是孩子与家庭环境分离的代价，在大多数情况下，这样的分离缺少过渡。一开始，孩子就被迫和家庭分离好几个小时，甚至一整天，这实在太漫长了。

这种分离让孩子无法和他的哺育者——他最初经历的见证者，他的安全感的保障者——分享他在社会中那些关于独立事件的初体验，这些缺乏表达手段的孩子只能用有限的方式建构自己的存在感。在社会中，这些孩子看起来十分适应，但是缺乏自主性和批判意识；在家里，他们保持着早期的行为，苛求或者依赖父母，不让母亲安宁。他们变成了"黏人"的孩子，不知道如何照顾自己，在母亲和别人稍有关系时便会很警惕，或者因为和她分离而感到危机重重。

相反，在一个安全的环境中，孩子会经常与同龄人或者成人交往，与他们建立起情感和感官运动的连接。他们让他的生活有了存在感，他也从中逐渐获得了自主能力。在这个接待和游戏的场所，孩子们不再是抚育者的客体，也不是他所遇到的某个成人的客体。陪他们来的人被叫作"某某的爸爸""某某的妈妈"，或者"某某的祖母""某某的监护人"。孩子们不是接待人员的匿名客体，这些人不像孩子们想象的那样有管教他们的权力。接待人员每天都会更换。他们和父母交谈，也和孩子交谈。他们总会把孩子和在场的母亲联系起来，或者和团体里的其他孩子联系起来，不会要求他去做某些活动，不会要求他遵守他们自己都不遵守的纪律。孩子们感到自己像其他孩子和成人一样受到尊重。

在这个生活空间中，在这样度过的时间里，在父母的陪同下，孩子掌握了独立个体的矜持，学习遵守在场的成人与同龄人都遵守的生活规则。在或长或短的时间内，他们还是会躲在妈妈的裙子后面，但是出于和他人交流玩耍的欲望，他们开始获得自由，同时也让别人获得了自由。很快，他们就摆脱了我们在公园、幼儿园和托儿所中的孩子身上常看见的模仿主义和群居主义。他们摆脱了对他人的模仿性依赖（这种依赖起初让他们受到鼓舞），也摆脱了嫉妒（这种嫉妒最初在他们对某物感兴趣，同时看到别人也强烈地对它感兴趣时，是一种不可避免的刺激）。

孩子从一些人身上发现了亲密感，在和这些人有了互助、合作、竞争、友谊以及情投意合的体验后发现了对他人的包容：当父母和其他孩子有了连接时，他不会因此感到嫉妒，因为当他自己和其他孩子的母亲或者和接待人员有了连接时，母亲并不会责怪或者警告他，不像她在日常生活中，在路上和在公园里那样，一看到有人靠近孩子或者孩子紧密地和成人往来就向孩子发出警告。

至于成人——母亲、保姆、祖母和父亲，他们可以接触到不同经济状况、不同教育水平、不同文化、不同种族、不同兴趣的人。他们因为这些相遇而感到充实，在交流之初，他们会把孩子的教育和特点当作谈话的中心。他们一点点地走出了孤独。这些孤独对于家庭妇女、单身女性或者保姆来说通常是难以忍受的。

父母总是要工作，他们的孩子从早到晚和保姆待在一起，或者被关在托儿所里。当父母在节假日的某个白天，或者下班后的傍晚和孩子来到绿房子时，他们能在那里重新找回父母和孩子的活跃交流，高兴地看到孩子找到小伙伴时的喜悦。孩子也会想让父母参与到他的游戏中。这些父母，他们在那儿，精神和肉体都在那儿，这和他们在家中的情况并不相同。在家中，他们总是有很多事情要做。在散步时，他们也总是不停地禁止一切可能带来危险的行为。

为了不让家长认为自己需要解释孩子的症状，认为他们是来寻求关于紊乱的处理意见的，我们详细说明了这不是一个咨询的地方——人们会因为那里有精神分析家而这样认为，也不是一个再教育的地方——人们会因为那里有教育者而这样认为，而是一个让孩子和家长开心的地方，让他们玩耍和放松的地方。这要感谢有经验的人的在场协助，他们的在场能让其他人从他的经验中获益。每一天，接待人员都会更换，这是为了让家长和孩子感到他们是在自己家中，他们才是绿房子的常客，也是为了不让这些比较专业的人把自己的行事风格强加给父母，或者用他的存在方式和看事物的方式影响他们，因为父母经常（尤其是刚开始时）会来征求接待人员的意见。

目前，就我们看来——拜访过这个场所的家长也这么想，这样的探索应该继续下去。如果母亲在产假期间来过绿房子，她会用话语告诉孩子要把他送去托儿所的事情，理由是她必须回归工作。这样的孩子在去了托儿所之后是不会出现适应性方面的问题的。对于从未拜访过绿房子的孩子、很少认识过其他成人的孩子来说，不适应的情况则很常见。他们在家中总是依偎在母亲的怀里，从未被母亲以外的人喂养和照顾过。当孩子再次来到这里时，托儿所的经历会被母亲用话语表达出来，并直接传达给他。母亲会把与接待人员或者其他人重逢的喜悦，以及这里的气氛，都讲给他听。在他生命的最初，这些也应该被母亲表达出来。显而易见，我们的小屋提供的过渡期会帮助孩子承受和母亲的分离，也会帮助母亲习惯于孩子的不在场。托儿所所长惊喜地见证了这些变化。这与母亲对托儿所的适应并不矛盾。这是孩子初次的适应经验，也是一些托儿所的所长推行的新办法。这其实是一种积极的辅助手段。

日托中心让家庭主妇有了必要的自由时间，绿房子能帮助孩子为进入日托中心做准备。绿房子的经验证明，来到这里的孩子不会再感到迷失，不会再焦虑地想要回到母亲身边；孩子知道母亲没有抛弃自己，在回到日托中心时，他不会再感到担忧，就好像在绿房子里和小伙伴相处时，母亲就在他的身旁。

我们也遇到过对日托中心有创伤经验的孩子。母亲不敢再把孩子送到那里，日托中心施加在孩子身心或者性格上的焦虑吓坏了她。在我们这个地方，见到其他孩子和他们的母亲，对于他的社会恐惧来说算是十足的治疗。有些孩子起初拒绝进入绿房子：他们好几次都只是站在门外，脑袋躲在母亲的裙子后面，母亲则为孩子的行为感到焦虑。接待人员会站在门边和母亲谈话，对孩子的行为做出解释。在母亲叙述了孩子对于日托中心的反应后，接待人员让母亲理解了是什么让孩子对上日托中心感到痛苦，并且孩子对于这段社会经历还没有做好准备。只有度过了这段完全依赖母亲的时期，孩子才能够在日托中心中安顿下来。这时不再需要特别的理由，如母亲对他的拒绝，或者她需要摆脱纠缠不休的孩子。绿房子可以让她可以和孩子分离，帮助她找回自己从孩子出生之后就放弃的社会生活。

在门口进行交谈时，没有人试着吸引或强迫孩子进入绿房子。他是在自己有信心之后走了进来，开始了解绿房子的。他可能还是始终抓着母亲的衣角，但同时也渴望看看里面正发生的事情。某天，他会松开母亲的衣角，自己去玩。尽管我们让他放心，告诉他母亲并不会离开，但他还是时常担忧地转头看向母亲。这样的孩子如果没有任何社会生活的适应过程，几个月后很有可能会在学校受到创伤。

这里也有一些保姆的孩子，保姆自己的孩子。他们总是失落地看到其他人带走他们的母亲，带走他们的玩具，总是被迫向"侵略者"让出他们的宝贝。在绿房子里，一切东西都是为所有人准备的，但母亲是各自孩子的母亲，哪怕所有成人之于所有走向他的孩子都是有空的。保姆的孩子听说了白天或是晚上出现在他家的那些小伙伴的来由；听说了那些孩子被托付给他母亲照顾的理由；听说了那些孩子的父母。对于被看护的孩子来说，他也很乐意听到有人解释说，他的父母是因为要工作而不能照顾他的。保姆的孩子就这样学会了区分什么是被自己的母亲照顾，什么是被一个像母亲一样的，其他人也叫她"妈妈"的女人照顾。他学会了理解母亲的职业，明白了这个职业可以让她赚到钱。她的工资由那些孩子的父母支付。这份工作让她能够待在自己家里，而不用像那些奶兄奶妹的父母一样整天去外面。就这样，在断断续续的对话中，孩子的身份被话语解释清楚了。如果不向孩子解释这个身份，他的世界观就会被扰乱，有些孩子甚至会把自己完全封闭起来。

这些孩子到了上幼儿园的年龄，也就是大约三岁，会被学校拒绝。有些是因为大小便不能自理，有些是因为语言发育迟缓，还有些是因为情绪不稳定，总之是因为一些对于他的年龄来说不成熟的迹象。这些孩子其实并不需要心理治疗，也不需要再教育，而是需要一个在孤立的生活（还有过度保护、冷漠或者消沉的母亲）和学校之间的过渡期。母亲期待她的孩子能够在此期间神奇地转变他那像蝉蛹一样的、延长的婴儿状态。绿房子能帮助孩子走出呆滞。同时，母亲在和其他人交流后，能够学习成为一个教育者，而不是一个只会喂养和过度保护孩子的奶妈。

得益于拜访绿房子，不仅是孩子，而且母亲也都变得有活力了，她们重新意识到心理治疗能够给自己带来帮助。幼儿园园长曾经有理由拒绝孩子——他对母亲的建议是让孩子接受心理治疗，而她无法听从这个建议，之后园长惊讶地发现，他的建议已经没有意义了，因为孩子在日复一日地与他人相处中发生了变化。反倒是母亲在和他人谈话的过程中意识到了一种难以投入和面对的困境，开始羞怯地尝试心理治疗。她会向绿房子里的精神分析家倾诉。随后，我们必须遵守一个规定：为母亲提供另一个诊所或者精神分析家的地址，在绿房子里与她谈话的精神分析家不能接待她。我们也要清楚地告知她们理由：如果精神分析家接待她的话，她就不能再带着孩子一起来绿房子了。

多少夫妻自从孩子到来之后就陷入了困境与不和！多少争

吵源于父母或者家人之间关于孩子的不同看法！然后，还有离婚，母亲或者父亲搬回自己父母家，而且由于前公婆或前岳父母的阻挠，他们不能再见到自己的孩子。在绿房子，在这块我们创造的中立土地上，他们可以相见，可以一起说话。我们可以把这种情况解释给孩子听，毕竟他总是因此而痛苦，尤其是在祖父母、外祖父母家中，听到他们说母亲或者父亲的坏话时。对于孩子来说，见到爸爸妈妈是多么快乐的一件事啊。孩子可以在某些时间和母亲来这儿；在父亲有权见他的时候，他又可以和父亲来到相同的地方。在相同的地方看到父母，然后在那里遇见认识的成人、认识的孩子，这能够方便他与自己的身份重逢。

在这个有家长在场、小家伙娱乐和放松的地方工作了十八个月之后，以上就是我所见证的全部。在我看来，这种探索应该继续下去，同时还应该激励其他团队，促使在其他街区和城市中形成相似的场所。[118]但是请注意，只有在团队真的有干劲时，事情才能做到！如果一个"公共权力"机构，强迫一群不像我们那样有干劲的人去创造这样的场所，那就只能是空中楼阁。

男人和女人

　　不同于在生物学上没有一个女人的细胞有别于男人的细胞，精神分析无可辩驳地表明，女人的情绪、行为和思想并不是与性别无关的。活跃的性冲动使女人的心理状态和行为建立在女性化的基础上。弗洛伊德长时间坚持人类存在双性恋的倾向，不过准确地说，自童年起，人类就会出现男性或女性的性别主导。

　　如果有些女人很强势（或男人很弱势），那么她的女性（或男性）结构就在心理层面上有互补的男性（或女性）结构。人们总会去寻找在冲动和创造模式上互补的异性。这方面的例外通常会表明某些童年突发事件造成的困难，并且其影响在青少年时期会被加深。在男人和女人身上，力比多从力度方面来说是旗鼓相当的，但表现方式不同：对他者的呼唤、风格、责任感和创造性是两人间想象或现实关系的产物，其中一人赋予另一人以活力，激发其创造力和繁殖力。我们从未单独存在过，哪怕我们以为如此。通过研究人类的无意识生活，我们发现，创作总能显现出一个人与他者的现实关系决定性的影响。每个人都是某两个人结合而产生的结晶。创造性的相遇孕育了人类的无意识，所有的创作都诞生于此。人们要么他与人径直相遇，要么通过作品相遇；这些作品是民族的遗产，它们构建了社会的文化生活。

很多事情都影响着女人的发展。首先，女孩失望地意识到自己没有明显凸出的性器官这件事非常具有冲击力，它深深影响着女人的敏感性。可对此她又很少回忆得起来。女人的发展是"否认"的过程，是对现实的抵抗，就像是她失去了上天的宠爱。[119]

精神分析是一门年轻的学科。我们观察或倾听的人是同一教育环境、同一社会环境的一部分。20世纪下半叶，女性研究开始有所进步。在看重体型的年龄，男孩和女孩会思考，在性别差异面前哪一性别更美。男孩更加强壮；女孩对自己的性别感到不安，但并没有表现出来。三岁时男女的区分就产生了：男孩的身体发育得更好。另一件事还没有被发现：母亲有乳房，父亲没有乳房。母亲看上去像是独自生下了婴儿，喂养他，是他唯一的拥有者。男孩对这一发现的失望，就如同女孩在前一阶段的失望。女人更高级，她的身体太震撼人心了，她操持家务和照料孩子的能力太超群了。当今的精神分析揭示出，所有的孩子都经历过这种考验[120]：个头矮小、年龄幼小，特别是经历过这种毫无希望的只能拥有单一性别的考验，而性别的单一又带来了价值和权力上的限制。

从此，孩子开始思考价值和认同的问题，想着是要参照还是摒弃那些榜样。到了五岁或七岁，如果能很好地因其性别而骄傲的话（这是通常情况），儿童将进入人格建立的关键期。他目前生活在三元关系中，我们称之为"俄狄浦斯情结"。经历了意味深长的不安后，他将面对社会性的关系。这时，社会影响，或者说把这个法则的一般性研究与周围的习俗分开考虑，将会歪曲研究。[121]

精神分析只考虑个体的情况。如果精神分析家通过研究个别案例，推断出适合所有人的普遍规则，就显得太不谨慎了。有多少种文明，就有多少种情境。我们要谈的是在我们多元的社会—文化框架下，女人的个人发展和身体生殖力的发展。弗洛伊德发现，早在适婚年龄之前，力比多的性特征就显现了。这一发现成为那个时代的丑闻。人们无法原谅丑闻中的那一派人。犹太—基督教文化把心理学看作"理性"科学，认为它只关注意识。它曾被认为是沉默的，有神奇的创造力或毁灭力，以及"宇宙力"。当语言涉及灵魂的问题时，总是试着将其从对肉体的附着中解放出来。人自认为是某种过渡体，而肉体是附带的。由此，人会想到永恒，想到假定的超脱之人，或者说无性欲的人。

只需读一读所谓"圣人"事迹，我们就知道这些"对上帝入迷的人"蔑视世俗生活的法则、社会的法则，通常还蔑视物理、化学、时空的法则。性欲进入可怕的传说，超自然的情感进入充满荣耀的传说，这使我们不禁认为，人类被理性分到了两个情感世界。生命之树，知善恶树，造就了活生生的人类。①

动物同样会被不可遏制的情绪驱使。家畜依附于人类，替人类分担生活、工作和痛苦。通常，它也会发展出神经症，尤其在生育能力受到损害时（驯化本身就会强加这种损害）。我不想比较我们所观察到的人类处境和动物处境，这将陷入动物的拟人化。但为了研究人类社会，最好不要忽视动物社会。动物社会同样是为物种的延续而服务的。出于习性，动物似乎同样服从于规则。对于观察者而言，相对于和语言一样丰富的人类社会规则，动物社会的规则更加稳定。

在人类的习俗中，善恶观念影响深远，它会引起和责任感相关的罪恶感。这些观念使人类成为适应力很强的生物，他们的记忆和想象会固化他们的行为：生活在依赖中的孩子会放弃寻开心的事，因为那会导致母亲或集体的焦虑和困扰，也就是说，最终会导致他的不安和当下的痛苦。这些行为成为"恶"。那些让别人高兴和快乐的行为，孩子把它们当成了"善"。在这些限制之外，不理性开始出现。正是如此，语言才有了躯体，以至于一个人无法发出对他来说奇怪的音素，无法做出对他的小社会团体来说古怪的行为。

---

① 据《圣经》，伊甸园中有两棵树，一棵是生命之树，另一棵是知善恶树。上帝禁止亚当和爱娃吃知善恶树上的果子。——译者注

在弗洛伊德提出自己的发现之前，我们把人的身体毁灭、生理不育和精神贫瘠归咎于魔鬼、宇宙和血脉。不理性来自外部世界。现在我们知道，它同样来自内部世界。不理性是指某些人为了生活而克服恐惧，做出危险但对社会有利的行为。这些行为在私人道德层面是有罪的（如谋杀或者生活中的犯险），但揭示了高层次的需要（如战争）。那些"大人物"，向孩子保障了不可能保障的责任。历史上伟大的男人或女人，都曾是集体道德的背叛者。英雄和圣人会变得抽象、禁欲以及理想化。

精神分析澄清了人类从生命之初就进行的交流的过程。从被动到主动地参与身边人的活动，个体得以构建，直至成为公民。如同我们从 1789 年就开始说的那样，他在集体中实现了自己的责任感。在他出生前，他所在的集体就初步成型了。集体通过行为、习俗、语言——包括未被记录的语言——塑造了他，并让他知道了逝者。不论他是否愿意，他都要负起责任，去治理、支持、引导或改变他的家庭。如果无法在这里生存，他将离开，去往别处寻找生活。在那里，他成为正面典型或者反面典型——这要依他在别人眼里是否成功而定。他需要构建自己的历史。

规则的边界就这样向人们开放了。规则是用来限制无止境的扩张和自由的，就像人要生活在规整的房子中，就像人要通过法则在集体中建立起和他人的交流。对女人的限制经历了婚姻法的变革，也经历了社会中女人相对于男人的行为变化。男人和女人的历史关系照映着男孩和女孩的命运，他们会在家庭的庇护下长大，被围墙保护着。动乱和战争带来的火光会摧毁这些房屋，扰乱集体的安全，威胁到下一代。在新的民族形势和经济环境面前，思想大动乱之后紧接着便是军事大动乱；变化了的道德继续统治着人们的无意识，而不是争取其解放。新的立法者受到欢迎。他们接手了摇摇欲坠的国度，重建了被摧毁的家园。

出生、成长、孕育、死亡是人类和其他生物所共有的。人类把它们放入了文字之中，又把文字放入了语句之中，把语句放入了意义之中，而意义能让个人和他们的后代感到安心。人类需要超越个体的灭亡，以确保物种的不朽。

法则一直存在于这片土地上，无论地处何方，法则都决定了男人和女人的功用，决定了他们的使命、权利、责任，以及和他们的年龄、性别有关的禁忌。每隔数十年，冲动会让大部分人所忍受的限制发生变化。一些人会在个人情感事件的影响下违反法则；他先被社会指责，然后被越来越多的年轻人支持。如果他们的行为让集体中最明智的人感到骄傲和放心，他们将开创社会行为的新模式。但转变是缓慢的：父母和教育者的行动方式，他们对违反法则的担心，这些会在他们身后继续存在。如果未曾无意识地延续先前的规则，人性将无安身之所，社会将没有基石，而且不会有城市也不会有宝藏。这种延续就是葬礼，是让文明有所参照的条文，它支撑着充满活力的躯体——人类这一物种的生命而不是个人的生命，就像是在一块土地上一年像这样播种，另一年像那样播种。

不论习俗严格还是宽松，它都保障了生育。成文法定义了"私生"和"婚生"。它同样是婚姻的法则，在人类社会中界定了生育的恰当条件和个人融入社会的方式。对于两性来说，这些法则决定着什么是可能的，什么是不可能的。男人和女人就如同人类这一物种的两条腿，他们通过夫妻联合的方式，进入一种安全模式和信任模式。他们将教给后代生存的手段。父母彼此的善意会让孩子顺利地融入社会，融入秩序。他们把成文法和习俗紧密地整合在一起：成文法引导人们要有负责任的意识；习俗是身体和心灵的运动，它与成文法是不可分割的。

　　久远的法则和现行的法则不是被刻在石头上的，而是自生命之初，就通过爱的伤痕被刻在心上的。这伤人的爱使孩子和他的神连在一起，而他的神有两面：父亲和母亲。即便把法则镌刻在庙宇的入口处，它们也会被人类这座活着的庙宇一点点侵蚀。这座庙宇也有两面：男人和女人。我们生活在反抗行为一直增加的时期。各种真理都受到质疑：和三十年前相比，习俗繁殖的方式越来越古怪。在被称为"法院"的地方，法则的对抗正在上演，抱怨和审判此起彼伏。法院里混杂着无意识的生活困难者、无知者、病人、贪婪邪恶的人。有时那里也存在正构思着伦理的人。那样的人有很多，他们代表着被冒犯的正直人性，而法则行将就木，不再有教诲的功能。法则会被淘汰，习俗会带走它。生活超出了话语的范围，话语因不容真相而渐渐消逝。

　　得到些许启发的立法者会制定新的法则，并宣告旧法则的失效。新法则在希望中被迎纳，数十年后又会重视旧法则的命运，因为所有的法则都会在使道德瘫痪时消逝。法则都将离去，唯有无意识的法则总是存在着的，是它最终决定着道德。

人只有经历了约束、伤痛和身心磨砺，才能意识到自己的个体存在。当被他爱、尊重和渴望的人反对时，他会发生改变。正是这种经历，这种对峙，一天又一天地铸就了他的个人历史。

对于社会来说也是一样的，它要与物质现实做斗争，与经济现实做斗争，还要与意识感受和象征性的物质现实做斗争，而这些感受和物质现实源自社会中不同性别的成员未得到满足的欲望。经历和欲望永远处在活跃的、不可避免的斗争之中。

精神分析发现了被称为"生冲动"的（主动的和被动的）无意识冲动，这种冲动推动着个体保存自己的生命。同时还有被称为"死冲动"的无意识冲动，它鼓励个体超越自身的限制，渴望着他者，让个体在性关系中完成生育。死冲动也试图让个体放弃、撤销欲望，目的是让身体休息和享受宁静。[122]

生命的无意识冲动解释了个体对自由的呼唤，对新能力的呼唤，对征服自然的呼唤。生冲动有消极的和积极的，能使人类群体放弃相互攻击。消极的和积极的生冲动相互斗争，常常导致毁灭。死冲动使男女相互吸引，他们的拥抱挣脱了个体的局限，播下了生命的种子。在生活这场大冒险中，个体渴望着延续生命，被推动着进行生育。死冲动也在双面性的指引下促进着生育。相比于步步紧逼、不可避免的个体死亡，生命的延续十分宝贵。

从人类的历史中，经由婚姻的法则，我们发现男人和女人的冲动是不均衡的。有些时期，女人负责确保物种的保存，也就是负责被动的冲动。男人则负责主动的冲动，以扩大集体的影响范围。这并不矛盾。重要的是，这样的分配要有法则的支持，并且在道德中被树立为榜样。这样的分配也符合女人的生殖生理学，因为她需要怀孕九个月。她是胎儿的供给者，会照料他，对他说有人情味的话。她还长期被当作"男人的女仆"，提供着各种保障。当她是好斗的、有保护能力的男人的伴侣时，她会接受这个角色——和那些维护这个角色的法则，如同接受王权统治。

人类的生命非常短暂，保持健康也很不容易；展示的艺术使女人更具价值。她艰难地意识到对于丈夫来说，她是可替换的。在她所生的孩子心中，她是无可替换的。孩子经由母亲开始接受生活严酷的考验。一旦克服了这样的考验，他们就会获得最大的喜悦，即对死亡的象征性胜利。

在难以忘记的早期生活经历中，女人所创造的氛围让生命、爱和死亡都有了价值。不论父亲看似有何种权利，他看中的也正是母亲的现实能力，这种现实能力也决定了儿童的情感状况。如果长期以来，在征服了世界的去部落化文明中，成文法看起来否认了女人个体的自由，只给予男人公民权利，那是因为在家庭中，女人的现实能力每天都被无意识地看得过于强大。这无疑就是为什么在人类社会的所有时期，即使是在母系社会中，权力一直专属于男人。

男人和女人对于人类而言，就像左手、右手之于灵活的身体。如果女人的身体形式是水流，她的双乳、她的双手在田野和战争中同样灵活，她的双腿强壮敏捷，她以被动的生殖形式开放了一个未来，她的子宫也在呼唤着那个时刻的到来。她的体态在自然状态下是不可抗拒的：甚至即使怀孕违背她的意愿，她也要生下孩子。男人如果掌控了自己的本能，则能拒绝生育。雄性带有阳具的身体不服从时间的轮回，对生育的控制使男人象征着物种的主宰。知道并且能够说"不"，是所谓"主人"的象征。但无论何时，只有在仆人承认他的权力和能力时，他才是主人。男人和女人轮流扮演着各自的角色。这就是为什么将过去的夫妇比作主仆是对语言的滥用，尽管我们的确能回忆起一些古怪的现实。

有一些法则把女人当作男人的奴仆，这里有一种深层的解释：它们就如同拿破仑的法典一样，在男人有生命危险的战争时期开始生效。习俗向有益且有生命力的方向反转——这还要归功于法国大革命，官方当时令人难以理解地废除了教会特权和疲惫的保守阶级的权利。如果女人突然得到和男人同等的自由（有财产自由、身体自由、工作自由，还有和孩子待在一起的自由，没有公民义务和军事义务），法国社会将陷入无政府主义；改变很难在一代之内完成，而是需要数十年的时间。自由地恋爱，自由地工作，却不知道自己对男人的依赖，缺乏过渡，这就是女人的现状。工业的发展使年轻女性和单身女性失去了常态，她们不再依赖男性，从家庭中解放出来。在男性话语的秩序之下，比起自由受到侵害，无意识的混乱对人类的后代更有害。法则阉割了女人，但压抑激发了冲动及其活力。

精神分析阐明了在儿童成长的关键时刻夫妻的结构性作用，也就是他们的无意识作用。在化解了俄狄浦斯情结后，在放弃了对父母中与自己性别不同者的原始欲望，从而解放了力比多后，不论这样的化解和解放算不算得上成功，父母都是他瘢痕般的症结所在。不论是何种种族，不论是何种程度和风格的文明，父亲和法则的阉割都是儿童要经受的考验。[123]

儿童应该在七到九岁感受到上述考验，男孩和女孩都不能避免。女孩更容易以受虐式的服从来否认阉割。女性创造力的源泉埋藏在她的腹腔之中。此外，教育者容忍女孩的"服从"和"被动"。这就是女孩较多被卷入与父亲的混乱关系的原因。乱伦是对女孩最大的伤害，她的人格常因此被毁灭。远的不说，女孩对父母的服从，甚至在成年后都是很常见的，这通常还会带来她在文化和社会层面的失败。这表明了她对于完全无意识的性历史的依附。她延续着小女孩的状态，对自己在家庭外的社会角色毫无感知。她畏惧母亲，热烈地爱着或暗地里恨着父亲。女人为了不切断自己对父母完全依赖的原初连接，通常会失去部分活力。

母亲对儿子的乱伦禁忌是人类最主要的禁忌。触犯这一禁忌会使男孩完全脱离家庭。此外，社会组织还会做出规定，限制婚姻配偶的自由选择。在精神分析家眼中，当事关生育时，这些规定是立在成人欲望道路上的警示牌。生殖是一种人口统计学意义上的功能。生殖是把一个人类毛坯带到世界上来，这个人类毛坯只有到七岁或九岁时才能不依赖抚育者而继续生存。自发现无意识起，人们就知道儿童全然是需要和欲望的存在，他需要在指引下放弃对自己的、集体的、人类的延续有害的欲望，并获得男性气质或女性气质。

婚姻法是保护后代并保障其教育的。在我们的社会中，仅留存很少的原始婚姻法。父母如果离开了各自的家族，儿童和父母的关系容易变得悲惨。父母滋养的罪恶感和不安会伤害儿童的精神健康，但这也许又能产生更广阔的文化开放，因为焦虑会使人寻求文明的补偿。

在童年初期，儿童想要理解母亲的话语，这一欲望激励着孩子自发地学习语言；他还害怕被大人讨厌，这一恐惧会帮助他的身体建立消化循环。焦虑同样能干扰行动，并且导致"压抑"，也就是病态地谨慎。在女人那里，这就成了生育、保护和爱护一个"属于她的孩子"的炽热欲望，不论孩子的父亲是谁。这个欲望总会被某个神奇的无意识欲望玷污，它隐藏在记忆背后，隐藏在生一个真正的孩子的欲望背后，那就是给自己的母亲带来一个孩子的早期幻想，或者不那么早期的幻想——给自己的父亲带来一个孩子。残留的幻想使成人的欲望倒错：年轻的女人在强势男性冷漠的逼迫之下，意外地，或者因为他的养育和保护能力而主动选择地，得到一种仍然活跃的想象关系的遗子：她就曾是这样的小姑娘，在三岁前和母亲想象地连接着，在五岁前和父亲想象地连接着。母亲和孩子的爱的纽带是不那么人性化的：母亲把孩子视为被分成两半的她本人。这是婴儿崇拜；她既是母亲，又是小女孩，她的孩子是她的所有物。在应有的三元关系中，父亲的一环缺失了。最初，儿童的焦虑是象征性交流、情感交流和活力交流受干扰所致。这些孩子将困扰和所谓"精神"疾病带到了社会集体中。为了重建孩子的平衡，必须改造他的家庭环境。这种情况对于集体来说是社会的贫瘠而不是财富。[124]

健康的孩子则能和成熟的母亲在性与情感上建立良好的初期关系。在身体护理方面，他很快就不再需要母亲了。他掌握了语言，也掌握了和同龄人交流的能力。三到五岁时，他会和成熟的父亲建立联系，承认父亲是他的导师，是男人的模范。他们发展出一种符合目前集体道德的品行。儿童在对自己的身体有了正确的认识后，就会离开自体性欲，开始在家庭之外寻找异性伴侣。他借由伴侣认识到了自身性别的价值，到了适婚年龄，他又认识了性别的生育价值。他证明了自己已经走出抚养者的引诱，走出对他们的依赖：他终于成年了。

在行为上，被动内向、暴力、不够社会化都是神经症的标志，也就是一种原初的混乱。这种混乱经常开启一个同性恋的、贫瘠的未来，或者通过补偿机制开启一个有文化价值的未来。自七岁起，个体就变得神经质。他能像母亲般照顾自己，也就是说，他能照顾自己的身体；但他不能像父亲那样照顾自己，也就是说，他不能根据社会法则来规范自己。他不能融入丰富多产的群体；他只关注自己。他不认为自己是父亲的儿子或者女儿。他就这样长大了，而他的男性气质或女性气质被封锁着。如果偶然的性行为让他有了孩子，社会又强制他结婚，那么他施加在孩子身上的父性力量或母性力量将是幼稚和糟糕的。仅仅是因为他还不成熟，他的后代都会相继被影响。母亲会传给女儿，父亲会传给儿子，然后会发展成整个社会的神经症。[125]

旁系家庭、社会环境、习俗、法则都是非常重要的，它们支撑着（或不支撑着）儿童的社会结构和性格结构。我们可以从精神分析层面来研究某些社会对于和伯父伯母、堂兄妹等结婚的禁忌或准许。这些规定不仅像是预防措施，而且通过强调和增添禁忌（将其他异性亲属，有时还有养父母，算入双方的家庭）成为一种加固父亲—母亲—孩子三元关系的手段。例如，舅舅的优势地位使得有一个"幼稚"母亲的男孩把自己认同为她的兄弟，他可以"当一个男人"，也就是说，他通过效仿舅舅而和母亲发展出纯洁的关系，认同于一个乐于助人的男子汉形象，一个像父亲那样没有被"阉割"的形象。

在欧洲社会，婚姻的禁忌几乎仅限于乱伦：抚养者和被抚养者之间的，兄弟姐妹之间的。有时也存在近亲婚姻，如堂（表）兄妹结婚。相比性亲密，被限制更多的是女人的自主能力。女孩成年时获得了她作为妻子和母亲才有的权利。她的生育功能没有赋予她成人的法定权利，而是确立了她依赖于丈夫的次要地位；法律似乎支持女人在社会中的异化。然而众所周知，男人的社会价值基于他所选择的伴侣的品质，儿童的社会价值基于母亲给予他的教育和她为家庭营造的氛围。女人建立家庭的平衡，男人如果没有女人就会迷失。男人想要用法律留住女人，用法律威胁那些选择了婚姻的女人：她如果离开了家庭，就会没有依靠，没有权利，也没有孩子。

如果议会中的男议员投票通过了保护孕妇的法律，那是因为疲惫的女性有碍男议员后代的安全。如果男议员还投票通过了公民权利、离婚和教育平等的法律，那是因为经济的需要，因为经济对消费力和儿童教育的影响。此外，在 20 世纪上半叶的战争中，社会各界都认识到了母亲、妻子、姐妹、女孩的真正品质。在众多情况下，男人发现现成的法律让有价值的女人在孩子面前变得无用，或者让她成为不幸婚姻的牺牲者；发现女人在寡居的情况下很难在城市生活——那里的土地和住宅都不可靠，无法保障家庭的安全和秩序。男人担心他们的后代，于是只好通过法律进行妥协。他们并不知道女人有和男人同等的社会价值。

为什么不论是在公民生活中，还是在婚姻生活中，男性都长期称霸呢？精神分析有可能做出解释吗？也许吧。

如果仔细观察，我们就会发现，女性是后代唯一且确定的负责人。[126] 即使母亲不能把自己的姓氏给孩子，她也知道自己是母亲，孩子也认识她：孩子从她的意识中和她本人那里看到了主人的权力和能力。女人从怀孕开始，就发现了自己对将要出生的小家伙要负的责任。父亲只是借由母亲的话语拥有后代。不论父亲有什么作用，只有在母亲尊重和接受父亲时，孩子才会把他当作一家之主来爱和尊重。在孩子看来，父亲（角色）是脆弱的，这就需要男人创造出一条不可磨灭的社会纽带，用来确认他对妻子（孩子的母亲）和对孩子的权力。

精神分析家知道，对于儿童来说，使用陌生父亲的姓氏比使用母亲目前伴侣的姓氏更有可能带来问题。法定父亲是被法律承认的父亲；现实父亲被儿童铭记在心，是处在所谓"俄狄浦斯三角"中的父亲。如果是男孩的话，在他生命最初的五到七年之中，健康的父亲会是他的竞争对手。父亲打败了儿子，禁止了儿子对母亲的欲望。如果是女孩的话，健康的父亲会是一个捍卫法律和家庭秩序的父亲，是一个给予母亲优势地位的父亲，是一个仅与母亲有性关系的父亲。

女孩在青春期前热烈地爱着父亲，而父亲并不会对女孩产生强烈感受。父亲的欲望集中在母亲的魅力上，母亲是实际的和法定的胜利者。女孩渴望着认同母亲，并在这一永远无法满足的欲望下成长。对于个体而言，这样的失望是残酷的，但对整个人类来说是幸运的。这就是精神分析关于童年人格基础结构的重大发现。

儿童还不成熟，不能在身体层面进行生育，但有精力和能力进行象征性生育。在经历了俄狄浦斯阉割后，性欲会遵从文明的秩序。也就是说，儿童完全放弃了对父母的生殖性爱恋。没有被父性权威阉割的人，他的身体和心灵将一直保持失败感。现在有很多分开的情侣，也有很多因为意外而单身的父亲或母亲，还有很多被父母一方或双方的情欲动摇、限制或要求的儿童。父母毫不自知地把自己生殖期和前生殖期时被压抑的欲望，把自己对温情的需要——他们不再乐意把它给予伴侣——都转移到儿童身上。儿童像是毛绒熊、娃娃和伙伴，是丢失的爱的替代客体，是失败人生的维修工。

在所有上述情况中，儿童都面临着危险：要么儿童对父母的欲望没有足够的限制；要么儿童因为失去了父母，有意识或无意识地陷入兄弟姐妹间的混乱关系——没有人告诉他各种社会生活的法则。在这个已经不是部落模式的社会里，年轻人和自己没有被说出也没有得到梳理的欲望做着斗争，和自己内心消极或激进的无力感做着斗争。祖先的规定和家庭的性禁忌不再是保障。他危险地活在混乱的小公寓里，活在不安全但"舒适"的家庭中。他远离大自然，缺乏大自然给予的经验和教训。他缺少社会节日，没有旁系家族，不了解自己的亲族关系，身边没有什么动物，除了可食用的植物以外不曾接触别的植物。"文明化"的城市和学校的代价是产生了很多新的野蛮人。[127]生火、穿衣、识字、堕落……文化包围着他们，但不再能触及其活力；这些活力被摧毁了。在欲望之中没有喜悦，有的只是轻浮和情欲化的享乐的满足。

男人和女人权利平等，并不能让儿童避开文化性衰退的危险。人是语言的存在，是由法律证明的存在，是男人—女人—儿童的三位一体。归属法规定了人们的义务、权利，确保了道德秩序。性器官是生殖器官，而不仅仅是享乐器官。

母亲作为公民在法律方面应该和父亲平等，他们在工作和经济上享有相同的自由，这是儿童所认识的平等。但这还不够。这种平等不能弥补他们情感的不成熟。

在一对夫妇分开时，法律会为父亲或母亲的儿童教育提供便利。女人争取到了自由，争取到了和男人相同的权利，这些不会在父亲放弃丈夫、教育者和家庭负责人的身份时减轻父亲的罪恶感，也不会在母亲为了满足自己而独占后代时减轻母亲的罪恶感。当然，因为母亲有工作，不再受男人的控制，所以她能通过自己的权威合法地抚养并指导子女。父亲的存在有助于三元关系的根基变得牢固，有助于儿童构建起自己的性结构和社会结构。现在，这个根基濒临坍塌。

在当前精神分析的阐释下，我们知道了社会正处在危急时刻。基于科学进步的家庭生育计划让女人对怀孕有了说"是"或"否"的权力，这是心理学上的大事件。当男人或女人独身时，他们在清醒的意识下所欲望的东西在自然秩序中是很少见的。个体被推向自己无意识中矛盾的生死欲望。为了让人们有意识地面对生育的责任，我们需要在个体培训上做出很大的努力。这份努力应该来自女人，我希望她们喜欢这么做。打造全新的教育应该能让她们意识到自己本能的力量，自己的社会地位，自己互助、创造和支持某种社会纽带——母性和父性的纽带——的职责。

生育计划要求我们回到并面对宏大象征。如果我们不愿意，我们的文明就会陷入一种安逸、狭隘和自我中心的生活，每个人都梦想着做十足的寄生虫。我们满足于自己能力上的"失败"，发病率因此而增长，神经症和神经衰弱越来越多，不负责任的情况也越来越多。

和男人一样，女人也能被科学解放。她能掌控工作和磨人的家务，但她能掌控自己的天性吗？她的天性象征着食物、安全、平和的结构，象征着知识和能力的传递——这些知识和能力能帮助暂时无助的儿童融入社会。

她能否回避对自己的盲目迷恋？她能否回避对她所希望的"那样的孩子"的盲目迷恋？她能否拒绝"计划好的幸福"？她能否拒绝一个只是分享房间的伴侣？当男人的生理功能不再是未来的保障时，她能否不因此而"阉割"他？对于男人来说，当夫妻不再受成为监护人所需要的尊严和勇气束缚时，当他们不再需要承担无意识欲望的后果时，他能否不陷入对自己男性气质的盲目迷恋？他能否不陷入对轻浮性欲的盲目迷恋？拥有子女的快乐是什么？如果子女的人生只取决于生育者对自己的母性或父性的需要，如果他们的出生只是符合家庭、集体或国家的经济"计划"，那么他们如何对自己生存的权利有信心？他们的快乐又在哪里？

在这个文化向女人刚刚开放的新时代，我希望精神分析家不要去下定论，而是要提出问题。将从个体经验中总结的规则作为唯一论据，运用在影响未来的重要进程之中，难道不是危险的事情吗？

目前的科学发展能使基于性关系的不孕问题得到解决，如果说精神分析家对此乐见其成，那是因为他希望准备结婚的年轻人对欲望的身体之路有现实了解，希望当伴侣双方都不需要承担生育的社会责任时，人们能不冒风险地经历异性之间的互相吸引。这样也许能把女人从家庭的过度保护中解放出来，也能让男人和女人毫不焦虑地相互认识。但是，对于年轻的女人来说，不孕难道不是比成为母亲更让人害怕吗？风险是生活的兴奋剂。爱人之间爱的纽带不可能一直活跃下去，如果性行为中没有了"冒险"，总是有点不合理。

我们能否不冒任何风险地向意外来客——孩子——关闭大门？他虽然可能不是必要的，也不是个体所欲求的，但为什么不能宽宏地把他当作人类之爱的神秘象征来接受呢？[128]

人类的生命力就隐藏在男人和女人精神与情感的连接之中，前提是他们要以爱的名义互相吸引，共同跨越肉欲依赖的法则，同时尊重彼此互补的智慧。人类的未来会超越目前社会群体间的不和以及不同文明间的不和。性化的个人——男人和女人——在必将消亡的生活面前意识到了他们共同的责任，需要一起把握住打开未知命运之门的钥匙……

第六部分

历史中的儿童

与菲利普·阿西叶的谈话

这次对话发生在 1973 年。菲利普·阿西叶（Philipe Ariès）出版了《旧制度下的儿童和家庭生活》，如他自己所说，他对精神分析不甚了解，希望和一位儿童精神分析家聊聊。《多米尼克个案》一书使我开始被大众熟知。这次对话是在法国文化电台进行的。以下就是我们的漫谈。[129]

菲利普·阿西叶：我应该承认，这是我第一次有机会和精神分析家进行长时间的对话。首先，我要说明为什么想要和精神分析家面对面地坐着。我是一个对心理学感兴趣的历史学家：我感兴趣的是人在面对生命、死亡、童年、家庭以及父母等议题时的态度。然而，我也应该承认，至今为止，我总是感到和精神分析有一定距离。我不是说怀疑它。我可以用很常见的理由来解释。例如，最近精神分析术语快速但糟糕的普及不可能不使人感到厌烦。

还有一个更深刻的理由。我很疑惑，作为历史学家，我们在什么程度上可以为了更好地理解过去而将现在投射到过去。这么做科学吗？精神分析诞生于19世纪末20世纪初对西方社会的观察，是弗洛伊德及其继任者在他们那个时代定义了这个学科。

为了表达得更加清楚，我想提一个在历史上很实际的问题。直到18世纪，社会都是"很艰苦的"，人与人之间很冷漠，毫无人情味。艰苦的社会环境让人们病恹恹的，很多人都英年早逝。可以说，此时毫无意识形态化的风险，人们在死亡面前有现实的不平等。这是我们不该抱着怀旧心态来回望的社会类型。再者，你我都关注的儿童在这样的社会中是最不被喜爱的，更易夭亡。人们甚至经常推动儿童死亡，弑婴或多或少是被原谅的。中世纪末期，在有些地方，人们差不多像卖奴隶般卖小女孩。总之，那是个从未爱过儿童的社会![130]

当我通过《多米尼克个案》或者其他精神分析家的书来考量这个社会的时候，恰恰就是上述内容使我产生了疑问。我在精神分析文献中看到您为儿童确定了生长历程，包括一系列阶段，如口欲期、肛欲期等。天真的读者，比如我，会感觉到，有时甚至确信，儿童想要以良好的心理状态抵达成年，轻松地经历所有的阶段和学习生涯，但实际上这是很难的。甚至可以说，他永远也到不了，我感觉这其实才最常见。所有这一切造成了我们的问题，这也是现代环境的悲剧。或者说，儿童的社会化，他向成人状态的过渡，是无休止的。

在早期工业社会中，儿童在人们心中几乎没有位置。那时人们对儿童几乎没有感情。那么，今天儿童出现的被心理学家、儿科专家、医生仔细研究的问题是怎么形成的？为什么这些问题过去没有被研究过？

弗朗索瓦兹·多尔多：我认为很简单，这些事的发生源于某种"自然选择"。你没有明确使用这一表达，但很好地提到了它。这些问题之所以现在被提出来，是因为活下来的儿童，尤其是那些很敏感的儿童，他们本来是会轻易死去的。正是这些敏感的儿童使我们今天能够重新认识和评估他们发展的早期阶段，以及关于这个阶段的模糊回忆。精神分析是在儿童的绘画、话语、行为中发现这个阶段的存在的。在大约三岁学会说话前，儿童一直在表达着这个阶段。弗洛伊德称之为"俄狄浦斯情结"，对应了儿童三到五岁的时期。今天，这个时期对于一些适应不良的儿童是推迟的，他们的感受力在社会中的象征性整合来得非常晚。为什么？很简单，因为他们经历了象征性麻木。问题已经潜伏很久了，儿童也已经停滞很久了。大部分时候，儿童是因为成为父母的投射客体，才会变得发育迟缓的；儿童正常的发展，尤其是和言语有关的发展，受到了阻碍。从神经系统学来说，儿童的身体发育会在两岁内完成。他的肌肉发展和灵活性，使他关于需要和欲望的自主与语言表达成为可能；所有这些发展会在他五到六岁时完全成型。但是，我们发现，一些八岁的儿童甚至不知道一些最基本的事，如系鞋带。或许，过去的鞋子不像今天的这么复杂。总之，主要的原因是，今天的父母太焦虑了。有这么多的书横亘在父母和儿童中间，父母不再在通常的年龄给儿童自主的机会。过去，儿童更加自由，他来去自如，可以随意拜访邻居。此外，我们在您的书中，在历史记载中，都可以了解到，以前的父母一直在生小孩。母亲很容易死去，这时婆婆或者其他女人就来照料儿童；儿童会和"养母"的孩子成为伙伴。

依我所见，这不会妨碍那个时候的儿童以和如今相同的方式构建人格。例如，我们可以在路易十三的情况中，看到他是怎样患上神经症的。他完全像今天资产阶级的儿童一样被抚养长大，当然了，是非常富裕的资产阶级。这个小王子是周围人的太阳。御医赫拉德是一个非常有智慧的人，他记录下了这个男孩所说的话。我发现，关于儿童时期性征的出现，关于对成人性征的好奇，路易十三说过一些非常有趣的话。御医还记载了关于敏感的生殖器的游戏。[131]

菲利普·阿西叶：在今天，这些都是被禁止的。

弗朗索瓦兹·多尔多：不，这些不是被禁止的！也许在巴黎，在某些环境中，它们是被禁止的，但是对流浪儿来说可没有被禁止，在乡下也是。在幼儿园也不是被禁止的，那里有五十多个儿童，其中最顽皮的儿童聚集在角落里讲着他们的故事。我们只是没听到这些故事而已，因为儿童不信任成人。

菲利普·阿西叶：好吧，如您所说，在那里是被允许的，因为那些环境缺乏家庭的道德规范。

弗朗索瓦兹·多尔多：是的，也就是说儿童有自我防御的体系。如果看到他所讲述的一切，发现了有强烈快感的世界，看到爸爸妈妈对性的兴趣，我敢说，他会慢悠悠地说："小心，危险！""啊，我不敢相信我说了些什么，我太愚蠢了。"他就是这么想的。我相信，儿童很谨慎地保留了他的敏感性。就像今天经常发生的，没有什么比听到成人重复自己的话更让儿童害怕了。根据赫拉德的记载，在路易十三时期事情是不一样的。但也需要看看，路易十三十六岁时发生了什么。他被粗暴地禁止了一切，因为他将要成为一个男人。

菲利普·阿西叶：是的。他被粗暴地扔进成人社会，不再被允许像以前那样玩乐了。

弗朗索瓦兹·多尔多：其他人也不和他玩了。转变在三周内就发生了。在三周内，他必须向限制他的成人看齐。再者，他是王子，还要做榜样。

菲利普·阿西叶：必须说，这完全是随着反宗教改革的传教理念的发展进行的。路易十三在十六岁前所拥有的自由，在二十五岁以后将不再拥有……

弗朗索瓦兹·多尔多：有意思的是，自由给了成人健康。人们不仅和儿童玩耍，还教他词语，这完全不是"畜养"模式。总是有一类很确切的词语伴随着这些游戏：女孩的性器官有一个名词，是父亲告诉她的，但这不是一个保护儿童的名词，而是一个在成人言语中流通的名词。

菲利普·阿西叶：正是如此，词语本身是没有禁忌的。没有什么忌讳词。

弗朗索瓦兹·多尔多：现在儿童身上出现的障碍，正是因为在发展过程中缺乏表述某些事物的词语，或是使用错误的、非常蠢的词语。

菲利普·阿西叶：实际上，您所说的都回到了这点：在某些时期，像我们说的 17 世纪，儿童在六七岁前，在各个方面都和成人一样，有很大的自由。如果回到二十五到三十年前，七岁儿童身上的禁忌比现在少得多，尽管有些东西无疑在他六岁时就改变了：从那时起，我们不再和他玩某些游戏，不再有过去的那种抚摸。17 世纪上半叶，道德规则开始出现。它们还未影响到儿童的早期生活，但是只要过了六七岁，儿童就能强烈地感受到这些规则。

弗朗索瓦兹·多尔多：对，就是这样。这一点恰恰是最有意思的。从六岁起，人类就可能自由地发展身体感受性。他开始恰当地使用相关的词语，初步学到身体方面的愉悦，不过因为他还小，所以成人并不会责怪他。在一个安全的环境中，这些事构建了儿童和自己的身体的关系。我们看到过去的儿童会轻松地谈论自己的身体；看到他们在面对自己的需要时并不羞耻，对自己的裸露毫不在意。羞耻和裸露是在法国大革命之后才联系在一起的，这让我感到⋯⋯

菲利普·阿西叶：不，不，还要更早。您想说 19 世纪时人们在儿童身上强加了羞耻感？我认为，时间还要再早一些⋯⋯

弗朗索瓦兹·多尔多：读历史文献的时候，让我印象深刻的是，那时的儿童并不像有神经症的样子。他们都非常独立，每个人都有自己的风格，尽管他们的表现也都受到了阶级的限制，但这并不妨碍他们在某种程度上直言不讳……

菲利普·阿西叶：难道您不觉得还有其他一些事情，它与您说的自由的枷锁同时发生？今天的儿童成长于极端受约束的环境中，它始于19世纪初同样受限的家庭环境。在正常的心理发展周期中，如果父亲或者母亲不能扮演好他们的角色，儿童就会出现很严重的问题，甚至受到创伤。在我们谈论的那个时代，在16世纪之前，这无足轻重，父亲或者母亲从不履行他们的职责，因为总是有候补者环绕在儿童左右；总是有人可以代替父母，儿童和家庭沉浸在更加温柔更加热情的环境之中。那时的家庭不像如今这样严酷。这里面难道没有某些涉及资本主义的解释吗？家庭和儿童脱离了社会其他组成部分，这难道不能解释众多的，甚至严重的心理问题和障碍？此外，我们可以说，这引发了精神分析思潮。精神分析源于对前工业社会中还不存在的障碍的关注。

弗朗索瓦兹·多尔多：有些事情确实如此。从前，儿童象征性地染上重疾，然后死去：现在，拿我来说，我每天都接待一些儿童，他们在先前的时代一定活不下来。医生拯救了他们，母亲或者护士照料着他们。今天，要是一个三到五岁，或者二到四岁的儿童，被严重的器官疾病阻碍了发展，我们会发现他生命早期的阶段有一个象征性退行。突然与唯一照顾他的人分开，这对他来说也是悲剧性的。当儿童身边围着十来个人时，他们中的任何一个离开都会变得不重要：他已经习惯看着这些父母的受托人、替代者了，多一个或者少一个对他来说都无关紧要。但是今天，被母亲带大的孩子如果一下子进入太大的群体，中间没有过渡，他无疑会受到很大的刺激。最有天分、最有活力、肌肉最发达、动作最灵活的孩子开始简单接受群体的支持，就像他们曾经接受妈妈的支持一样，然后他们就变成了非常有活力的儿童。其他人呢？我们知道，有百分之四十五的儿童在到幼儿园时还不会和其他人说话，还不会自己吃饭、洗澡、睡觉，不知道自己的名字和住址，也不会毫不迟疑地走路上学和回家。

我感觉，过去就是这样，儿童被一大群亲友包围着，甚至还有家畜。这些动物对于儿童来说，就像是守护天使一样。当家庭成员都不在时，它们就成了可以说话的伙伴。

儿童一直是语言的存在。这件事很重要，是精神分析家发现的。从一开始，人就沉浸在语言中：如果人们经常和小家伙说话，用语言和他交流，告诉他身边发生的事，描述他身边的人，那么他的根基，他人格结构的"储藏室"将变得很坚实，入口会很牢固；其余的意识层面的事就没有那么重要了。儿童的机体完全成熟，能够在社会中生活，知道自己和父母的名字，知道自己从哪儿来，这些是他和环境交流所需的所有要素，而在这些要素齐备之前，儿童存在的基础就已经构建好了——儿童悄然地将自己融入身边的成人，听他们相互交谈，听他们用母语对他说话。在最初的发展过程中，语言留下了记忆印痕，被编织在身体上，构成了安全的基础。如果缺乏这个基础，儿童将不能真实地进入世界，不能和世界打交道；他将终身处于危机之中，四分五裂……

菲利普·阿西叶：是的，我同样感到今天的儿童比早期工业社会时更加脆弱了，即便那时的社会环境对他来说更加艰苦。有一个事实也许能解释这种情况：从 17 世纪开始，直到 20 世纪，在平民阶级的儿童生活的地方，人口是非常密集的。一方面，就像你说的，社会提供了大量父亲和母亲的替代者；另一方面，社会直接将儿童扔进生活，没有进行必要的准备。

今天，人们注意到有这么一场革命，它从 19 世纪开始扩展到所有社会阶级。我可以说，它使得现在只有工作和休息了。"小家庭"成为进行人际、社会和情感联系的唯一社会结构……家庭垄断了情感。在过去，在工业化之前，在技术发展之前，存在着一个邻居、父母、侍者、访客的世界，存在着一个有很多未知事物的世界。人们几乎生活在一起，生活在某种混杂之中，也生活在相互帮助之中。其中也不排除有怨恨，但怨恨同样是某种爱。或者说，这是一种肩并肩的生活，一种非常拥挤的组织。在整个 20 世纪，我们可以看见这种密集性逐渐消失；生活只剩下两个极点：一点是家庭，另一点是工作或者职业。两者之间，空空如也！两个极点在空间上是分开的，只在某一刻汇合。家庭受母亲支配，受女人支配；父亲大部分时间都是缺席的。从根本上说，自 19 世纪开始，真正的搭档不是丈夫和妻子，而是女人和孩子。

弗朗索瓦兹·多尔多：还有在入学时要经过的卡丁夫峡谷。当儿童被学校排斥时，他把所有的羞耻都带回了家。家庭不断感受到外界的侵扰，于是所有人都得了恐惧症，提防着外界，害怕邻居干涉自己的家事。再者，父母和其他成人对生活中的很多事物感到沮丧，需要儿童补偿他们不满意的生活。

菲利普·阿西叶：这恰恰是因为，从 19 世纪开始形成的新型家庭是完全建立在儿童的基础之上的。父母的目的是使孩子获得他们想拥有但是从未有过的职位。或者说，家庭的一切都是围绕着儿童的"晋级"构成的，这样的儿童是"简化"的，他要满足父母不能实现的野心。父母对自己感到失望，如果孩子也让他们失望的话，那会给孩子带来怎样的负罪感啊！

弗朗索瓦兹·多尔多：的确，今天的儿童是父母想象力的载体。家庭里的儿童变少了，每个儿童都承担着父母几乎全部的希望，而他终将令这些希望变成失望。对儿童来说，令父母失望是难以承受的。更严重的是，这形成了恶性循环，制造了一种疾病，那就是儿童幼稚时期的延长，以及母亲面对儿童时行为的幼稚化。父母就这样被困在父母的角色之中。我相信，人们之所以越来越想要延缓儿童对性欲的理解，还有其他理由，尽管儿童可能已经见过了性场面；人们试着使儿童相信关于他出生的一些假话。很少有人知道，正常的儿童，健康的儿童，三岁时就会知道所有关于生殖的事；四岁时则会忘记这些事。三岁时，他说，他知道，他模仿——如果没人告诉他，他就没有恰当的词语，然后会在四岁时忘记！他有过这些认识，然后压抑了它们。如果因为压抑，在空缺位置又产生了错误的认识，并且父母没有试图进行修正的话，那么就不会对正确的认识感兴趣了。

菲利普·阿西叶：性欲变成被禁止的……

弗朗索瓦兹·多尔多：很不幸，和禁止不一样，是禁忌。因为这是成人唯一能保留的了，除此之外，他们一无所有。

菲利普·阿西叶：为什么父母要用性欲的禁忌来对付儿童？过去这个禁忌是被忽视的，现在一下就重新出现了？

弗朗索瓦兹·多尔多：我认为这是因为家庭变小了。另一个原因是，乱伦禁忌其实一直扎根于所有人心中。实际上，如果由于缺乏童话故事和禁令，乱伦的想象进入了六岁儿童的脑袋的话，他会变得非常愚蠢，或者更糟，他的理解之门会关闭，语言能力和融入社会的能力都会退化。

在小家庭中，当儿童和别人生活得太近时，他需要克制自己，不去理解身体间生殖的欲望和快乐。如果儿童的生活远离父母，他的身边有邻居，有替代者，这就不是一回事了。如果他和奶妈，或者奶妈的丈夫，或者邻居生活在一起，问题就不会那么严重了，他们不是他的父亲或者母亲……

菲利普·阿西叶：让我惊讶的是，您的分析清晰地描述了我们这个技术型社会独有的状况，即家庭变小了。这多亏了避孕术。

弗朗索瓦兹·多尔多：我们知道，神经症大约从 1860 年开始存在……

菲利普·阿西叶：还有避孕术！

弗朗索瓦兹·多尔多：是的，但是秘密的避孕术很早就存在了……

菲利普·阿西叶：它开始变得很有效；那时在欧洲，尤其是在法国，几乎都是独生子女家庭。19世纪末多子女的家庭越来越少了。人们没料到家庭生育的到来。我们不知道怎么办，但前人已经知道了，而且非常了解！只是，像您说的，他们不会谈论它。他们不说出来，因为那是可耻、非法的事情。如果避孕失败，人们不会大做文章，然而今天……现代的避孕术说到底就是最近二十年的避孕术，它和19世纪的避孕术有着巨大的不同。过去，避孕术是一直存在的。在我看来，避孕术是将情感、注意力和敏感集中在儿童身上而得到的结果。考虑到我们在他身上投注了全部的感觉和感受，所以我们不能有很多的孩子，不是吗？

历史记录了我们观察到的一些关联。我们发现，感觉在不同情况下完全不一样。在我看来，您刚才所描述的和女人、男人或者儿童的天性完全没有关系，而是和历史特定时期的状况有关，也就是那个持续了一个多世纪的时期。

让我惊讶的是，精神分析和这些障碍出现在同一时期，就像我们之前说的那样。没有什么科学和技术不是诞生于特定历史时期的。

弗朗索瓦兹·多尔多：当然。

菲利普·阿西叶：例如，我完全没有看到精神分析在14

世纪、15 世纪或 16 世纪诞生。原因很简单，因为它致力于解决的问题还未被提出。

弗朗索瓦兹·多尔多：是的。然而，精神分析作为关于人类无意识发展的科学，它的发现是普遍适用的：所有人都是以相同的方式被构建的。我们有着相同的身体，又因为遭遇不同而各有差异。弗洛伊德描述了压抑的发展——也就是冲动的发展——和将直接满足转移到其他目标上的潜在可能性，这些可能性是一直存在的。稍微夸张地说，赫拉德写的就是某种《小男孩精神分析日志》。

菲利普·阿西叶：我相信精神分析之所以诞生在现代社会中，是因为这个社会出现了令人痛苦的问题。这些问题促使精神分析发现了人的深层结构，而这个结构是一直存在着的。我也总是想，精神分析诞生于对工业社会个体的观察，它来自一个非常遥远的历史时期。如果不经过一定的转变，我们是否能应用相同的分类法呢？

弗朗索瓦兹·多尔多：我不认为将精神分析用在人类的过去有多少好处，因为在这种情况下，我们不是被当作某种活的资料使用的。精神分析家只能在现实的交流中工作，他不能在文献中工作；或者说，那只能是不完全的工作，只有一定的启发作用。

今天，很大一部分父母没有从真正的享乐维度来体验性生活，他们在各个方面都被约束了。所以父母就利用孩子，从孩子讲述性征的方式中暗自得到满足。也许，精神分析在那里犯了一些错误。成人试图通过孩子的性欲和为他们讲的故事去体验性的满足。人们时常听到，母亲讲述了很伟大的孕育故事，可她们有多少人讲述过自己的故事呢？

儿童就这样变成了启发作用的客体，使成人回忆起他们似乎遗忘了的事情。父母好像不再记得他们彼此有过坚定的性态度，给人一种对性已经麻木的印象。他们通过儿童淳朴的性感受压抑了自己的性态度。最后，他们促使儿童说出对父母有好处的故事。他们的这种行为，想都不用想，是会使儿童难受和受伤的。可以说，我们的时代有着普遍的压抑，人们把还未被压抑的儿童作为活力的来源，来滋养成人的欲望。

菲利普·阿西叶：我相信这件事可以这样解释：在西方的历史中，一直存在着两种文化。一种是口头传授的文化，它没有教育，也不能教育，是一种在社会环境中很重要的文化。在这种原始口头文化的一旁，还有一种充满智慧的、理性的文化，一种礼仪文化。它有一个固定的、不可改变的理念，那就是在它生存的环境中，教化、驯化那些野蛮的社会。

弗朗索瓦兹·多尔多：出于相同的理由，人们才有可能获得可培养的知识；因为如果没有压抑的话，人们就不会将智力用在其他事物上。准确来说，只有以对生殖冲动和生殖兴趣的压抑为基础，人们才能将冲动转移到其他地方加以使用。也许同样是多亏了压抑，科学才会发展。

菲利普·阿西叶：我想要说的是，我们用何种方式走到了对性欲，甚至对所有自发性和快乐的压抑上。很长一段时间以来，也许是数千年以来，西方社会生活在两者平行存在的文化中。我相信，这就是西方的起源，它有别于人类学家提出的冷社会①，后者只是别无他物的野蛮社会。在西方社会，自从书写被发明后，上述两种文化就是共存的。从 19 世纪开始，从伟大的技术进步和工艺进步开始，可以说西方社会的野蛮文化消失了，被智慧文明和科技成果完全吸纳了。这些科技成果确立了科学的进步，同时确立了一种完全摧毁野蛮文化的道德秩序。

弗朗索瓦兹·多尔多：转折点在 17 世纪左右，伴随着莫里哀和《女学究》的出现？

菲利普·阿西叶：不，还要更早。例如，某些精神分析家谈了很多你们的学科感兴趣的事实，如儿童的手淫。对这一现象，人们早就发现了。它曾出现在吉赫松②细致入微的研究和分析中，那可还是 15 世纪！他反对温柔地对待儿童，尽管作为一个文化人，他自己也是这么做的。圣本笃法则③对儿童通

---

① 原文为"des sociétés froides"。法国人类学家列维-斯特劳斯提出了"冷社会"和"热社会"这对概念，目的是消除"有历史的社会"和"无历史的社会"、"原始的社会"和"现代的社会"等带有种族主义倾向的表述。他认为比起原始社会，那些没有文字的社会更适合被称为"冷社会"。——译者注

② 尚·吉赫松(Jean de Gerson)，法国学者、教育家和诗人，曾任巴黎大学的校长，其有关于手淫的研究可参见《温柔的告别》(de confessione molli-tiei)。——译者注

③ 圣本笃(480—547)，意大利天主教教士，西方教会的隐修始祖。圣本笃法则中和儿童相关的内容有：怜悯老人和儿童虽说出自人的天性，但法律亦有所规定。应经常体谅他们的软弱，对他们施以同情和照顾，准许他们在规定的时间外进食。——译者注

常是很温柔的，这在那个时代是非常奇怪和少见的。同时，那个时代有着很古老的欲望，那就是要用军事化形式训练和驯化儿童。最终，这种态度要求学校不是成为一个培养情感的地方，而是成为一个矫正儿童的地方。人们先训练小男孩，再训练小女孩，并且教化他们；人们就像对待疯子和妓女一样，把儿童关起来。学校一开始就像在进行一项由社会所筹备的矫正事业。当这项事业为自己的成果感到满意时，从这一刻开始，一切都变得更好了：儿童死亡率降低，儿童被更好地照顾，一些资本主义的社会保障制度使生活变得更安全。这种生活状态的改善将会带来什么呢？我们恰巧看到了各种烦恼的诞生，这可能是支撑着矫正事业的压抑导致的。之后，接踵而至的是各种围绕着家庭、夫妻和儿童等的疾病。

弗朗索瓦兹·多尔多：压抑无疑是存在的，但也存在家庭单元的独立所导致的某种现实状态。家庭单元制造了某种家庭沙文主义，它的主要表现是害怕他人拜访。至于儿童，他时而是敌人——如果他给家庭带来了损失或者使其蒙羞，时而是荣耀的旗帜——如果他带来了荣誉、好成绩、成功以及功勋。

"控制一切"的欲望在驱使着父母。他们害怕孩子离开自己，同时也找不到理解和接纳孩子的方法。尤为突出的是，他们不想孩子长大。父母在意识到他的成长以后，会试着阻止他，将他关在家中。他们想要了解他的朋友、朋友的父母、朋友父母的职业和住址，还有这些或那些，虽然这一切并不重要。

这真的是一个颠倒的世界。例如，孩子还等着父亲给他带来荣誉，想要为母亲感到骄傲。长期以来，我们看到，儿童在学校中以父母为荣，用他们来吹嘘。今天，正好相反，是儿童在为父母的不满意和无能承担责任。不要责怪父母，因为无能不是出于他们个人的原因。从学会阅读开始，他们受到的约束越来越强——人在某个年龄会想要一种保持距离的交流。今天，这个过程加快了：儿童几乎需要在真正掌握口语表达前就学会阅读！在这些普遍的约束之上，还要再加上一件很重要的事，也是被强加的约束中最令人痛苦的一种：迫使儿童在不饿的时候进食，使他的需要节奏变得失调，而每个在这个年龄的哺乳动物都应该有节奏地生活。儿童从某个时期开始就有了自己的节奏，并且能掌握自己的节奏。这时，我们就可以教他礼仪了——去这个或那个地方，就像成人做的那样，这是最理想的：儿童不会压抑将来的生殖性征。之前，儿童穿着垂到地面的工装裤，踩在脏兮兮的泥里。如果儿童摔倒了，总是有人扶他起来；而且他几乎从不孤单，总享有其他儿童的陪伴。儿童所需要的事物既不会带给父母困扰，也不是为了让父母开心；那单纯只是儿童生活的一部分。[132] 没有必要产生身体的罪恶感……

　　菲利普·阿西叶：在读您的书时，我发现您经常说起身体的罪恶感。例如，您赋予小便失禁高度的重要性。

　　弗朗索瓦兹·多尔多：的确，这是儿童对身体功能的罪恶化……

菲利普·阿西叶：从前的文学竟完全没提到过失禁。要么人们没有注意到，要么它的确少见，总之，没有人说起过失禁。人们是从 18 世纪开始说失禁的。在那个时期的教育专论中，不赞同让儿童随意尿尿。这证明，从这个时期，从启蒙时期开始……

弗朗索瓦兹·多尔多：巧的是，小家伙就这样堕落了……

菲利普·阿西叶：是的，这才刚开始，但您知道这在资产阶级中传播得太快了。我想最终是学校通过将道德统一化而把这样的想法散播到整个社会的。学校是散播压抑的机构。太有趣了，我们竟然指控学校想要回到原始状态！

弗朗索瓦兹·多尔多：这确实很有趣。学校没有致力于教儿童词语、表达手段和交流手段，而是变成了一个让儿童不能和旁人交流的地方。如果儿童知道了什么，他是不可以随意说给旁人听的，也不可以说给教师听。然而，学校本应是一个儿童和儿童、儿童和照顾他的成人热热闹闹相处的地方；教师负责教儿童新单词，教他更为丰富的表达等。现在他只是在修改儿童的句子结构，而不是改正他们用言语表达出来的欲望。

被这样组织起来的学校妨碍了交流，妨碍了话语的自发性。儿童要有分寸，要坐姿规范。所有这些限制造成了一种现象：我们没有教给儿童词语，或者我们教给儿童词语是为了排挤儿童的原始生活，直到他入睡。儿童并没有学到象征性的表达方式。至于在幼儿园，所有人都格外关心儿童身体方面的事，关心卫生问题。

菲利普·阿西叶：您提起了一个最重要的问题，词语的贫瘠。在我看来，不是儿童缺乏词语，而是每一个人都极其缺乏词语。看看今天的人们和19世纪的人们的差别。语言学家说，今天的农民使用的是基础的词语，我记不得具体有哪些了，总之非常简略。一个世纪前的农民讲奥依语和奥克语的土话，词汇量多得惊人；每一个操作都能用确切的词语来表述。我读到过奥克语，为了描述小锅，有六个不同方面的词，如一个柄的、两个柄的。今天的口头语言有着明显的词语匮乏，它被一种起源于科学的、希腊—拉丁的理性语言取代了。

弗朗索瓦兹·多尔多：从前，儿童上学时就已经掌握了语言，和成人往来很久了。他熟知民间故事，参加过节庆活动，在生活中接受到一些教育。民歌和民间传说是一笔巨大的财富，承载着丰富的无意识冲动。所有这些方法都一点一点地消失了。

菲利普·阿西叶：如果我理解得没错，您认为，在过去，儿童经常和成人往来。今天，在家或者在学校里，他更多是被孤立了，被剥夺了交流的手段。这种孤立导致了他在表达手段上的贫瘠。这是一种过早并且相当长久的孤立；孩子在学习过程中一直依赖着家庭，要到二十多岁才能经济独立。然而，在过去，有人二十岁时已经是议员了。

弗朗索瓦兹·多尔多：十六岁时，拉彼鲁兹伯爵[①]已经指挥军舰了！九到十岁，人们就可以参军入伍。不需要太久，在十二岁取得学位证之后，人们就已经能够分担一部分养活自己的费用了。

菲利普·阿西叶：事实上，那时没有"年轻人"，根本就不存在这个说法。在能自力更生之前，我们都是儿童。第一个时期，即童年，我们生活在对家中的女人，对保姆的完全依赖之中。然后，我们很快成为小大人。每个人都是自主的。今天，从离开妈妈的衣角到进入社会，学校介入了进来。

弗朗索瓦兹·多尔多：我们在学校的时间变得越来越长，还有学业成功和录取等复杂的问题。然后，还有作业。您知道什么是开会吗？我们一整天都在听某个人发言。想象一下，您回家后，仍然要工作三四个小时。可以说，作业使得儿童每一天都在开会。[133]

菲利普·阿西叶：还有父母！

弗朗索瓦兹·多尔多：是的，因为父母必须在晚上检查孩子的作业。他们不再给孩子讲有趣的新鲜事，不再交谈、嬉笑、玩耍和跳舞。在中世纪，人们可不是像这样生活的。那时还没有灯光，只有幽暗的烛火，人们会秉烛夜谈。

显然，我们回不到过去，所以也得不出定论。我们今后的

---

① 拉彼鲁兹伯爵(Jean François de Galaup，comte de Lapérouse，1741—1788)，法国海军军官、探险家。——译者注

责任是塑造年轻一代，理解他们的问题。想象一下，一个男孩或者女孩，骑着电动车，在任何一个地方都可能被警察拦下。年轻人会感到身处一个充满敌意的社会，成人在窥伺、检查和驯化他们。我们需要倾听儿童，倾听他们之间的谈话。对于我们应该做什么，倾听无疑是很好的建议。

目前，和儿童来往的成人大多毫无常识，他们不像过去的成人那样能给予儿童丰富的词语。我们需要将儿童身边一切事物的名字都告诉他，如服装、身体部位、他白天在学校去过的房间。幼儿园大纲还没明确规定，要为儿童提供他们身边的人和物的名字。但是，智慧就是从给人感知到的事物，给触手可及的其他物体命名开始的。通过研究词语的意义和区别，通过学习定义物体对其他物体的操作的动词，儿童能发展自己天生的智慧。从象征性关系来看，当今学校的悲哀就在于，除非家庭教了儿童一些词语（这样的家庭变得越来越少），不然儿童会变得贫乏，他的力比多和欲望的发展与转移会受到阻碍。今天，儿童需要足够超前地学习某一行业各种各样的技术词语。这些专业词语会成为儿童自己的词语。这大概就是我所知道的了。

注　释

[1]此文全称为"分娩之后的日子，是母亲对照顾她的人的话语很敏感的时期"，是弗朗索瓦兹·多尔多在 1977 年 6 月 18 日由圣·文森特·德·保罗医院在巴黎组织的讨论会上所作的报告。弗朗索瓦兹·多尔多的这篇报告首先被发表在新生儿研究协会的《新生儿研究》(*Les cahiers du nouveau-né*) 创刊号上，能使我们对相关工作有一种整体性的认识。这些针对分娩环境、分娩方式的反思、讨论，应该被放在会议进行的时代背景中去理解。根据艾蒂安·贺伯内特为《新生儿研究》记录整理的原始版本及之后发表的版本，弗朗索瓦兹·多尔多做了轻微的润色，并且添加了一些注释。我们在这些删减了那些与弗朗索瓦兹·多尔多的发言不相关的交流讨论。

这里特别要提及此次会议辩论的参与者，我们非常幸运地从杂志中找到了名单。杂志特别感谢了每一位参与者和他们的贡献，以及他们对时代的影响（无论如何，工作是由前赴后继的每一位工作者来完成的）。

让·比安内梅教授，外科医生，圣·文森特·德·保罗医院。

玛丽·克莱尔·比松莱，研究员，生物制品预测及健康改善中心。

玛丽·玛德尔娜·香奈尔，精神分析家，圣·文森特·德·保罗医院。

凯瑟琳·多尔多博士，医生。

热拉尔·阿杜安博士，妇科医生。

艾蒂安·贺伯内特博士，临床主任，圣·文森特·德·保罗医院。

艾迪安·让伦克博士，精神科医师，圣安娜医院。

罗歇·罗·利候展教授，妇科医生。

米歇尔·欧德博士，妇科主任。

丹尼尔·哈波波柯，临床心理学家。

丹尼斯·德桑笛尔，助产士。

贝尔纳·雷斯博士，精神分析家，艾蒂安·马塞尔中心。

米歇尔·杜苛内尔博士，临床主任，圣·文森特·德·保罗医院。

同年10月15日，圣·文森特·德·保罗医院举行了第二场讨论会，相关内容同样发表在《新生儿研究》上。弗朗索瓦兹·多尔多多次发言，女性与母性之间可能性的矛盾、死冲动（区别于杀人冲动）等。

[2]弗朗索瓦兹·多尔多一直强调索菲·摩根（1875—1940）对她在儿童精神分析方面重要的影响，特别是她所教授的儿童绘画技术原则。索菲·摩根曾经在乔治斯·耶尔博士任主任的伏吉拉尔医院儿童精神科服务部工作。1936年，弗朗索

瓦兹·多尔多作为实习医生与她相遇。

[3]雷内·拉福格(1894—1962)是把精神分析引入法国的贡献者之一，也曾是弗朗索瓦兹·多尔多的精神分析家(1934—1937)。毫无疑问，弗朗索瓦兹·多尔多本人并没有直接使用拉福格"家庭性神经症"的概念。尽管如此，我们还是可以在她重要的概念中发现一些与此相关的延伸，如关于孩子的症状与父母的问题的概念、方法、技术，以及对父母与孩子进行组合治疗的效果。

[4]这些引号与注释来自弗朗索瓦兹·多尔多在本书首版时所做的修改。此注释似乎引入了一种有意识话语的影响与无意识秩序效应(一些没有被说出来的东西)之间的区分。

[5]弗朗索瓦兹·多尔多的论文《精神分析与儿科学》(*Psychanalyse et pédiatrie*)于 1939 年通过答辩，后在 1971 年正式出版。弗朗索瓦兹·她深受彼雄的影响。1938 年，她在布勒托诺医院门诊中心工作。当时，弗朗斯·玛丽特的工作记录是弗朗索瓦兹·多尔多的论文主要的临床资料。

[6]弗朗索瓦兹·多尔多曾多次分析口吃，可参见《无意识身体意象》(*l'image inconsciente du corps*，1984)。

[7]所有这些更接近"磁带"的无意识主题，弗朗索瓦兹·多尔多对此多有提及。至于此临床个案——恐惧尖峰性精神分裂症，弗朗索瓦兹·多尔多在《儿童精神分析讨论班》中做过论述。

[8]弗朗索瓦兹·多尔多的一大临床实践是在公共救济事

业局(现今缩写名为 ASE，全名为 Aide Sociale a l'Enfance，即儿童社会救济中心)和弃儿一起工作。同时，她也很看重在图索医院和埃蒂安·马塞尔中心的临床实践，这些工作一直伴随着她到生命的结束。

弗朗索瓦兹·多尔多在此处所提到的"育婴员"，是指那些像母亲一样照顾和陪伴孩子的人(特别是安东尼市育婴室的工作人员)。她也暗示了安东尼市育婴室在帮助弃儿进行心理治疗。我们可以参考《儿童精神分析讨论班》第 2 卷和《一切皆语言》等。

[9]"身体意象"(image du corps)是弗朗索瓦兹·多尔多提出的一个重要概念，可参见《无意识身体意象》。

[10]在此处，弗朗索瓦兹·多尔多引入一个她独创的概念，涉及弗洛伊德的死冲动。在 1977 年 10 月 15 日的讨论会中，她再次提及此概念。此外，我们可以在 1982 年出版的《儿童精神分析讨论班》第 1 卷中找到关于此概念的一些解释。

[11]弗朗索瓦兹·多尔多利用"'完整地'儿童"(在语法上有点不正确)，来对应"'讨好的'父母"。

[12]弗朗索瓦兹·多尔多一直警惕把她的分析实践技术的基本规则和相似的游戏规则混淆。(可以肯定的是，她在临床实践中从不参与孩子的游戏。)

[13]弗朗索瓦兹·多尔多首先把失眠作为一个症状，可参见《儿童精神分析讨论班》第 1 卷。针对睡眠障碍这个更加概括性的主题，可参见《童年的一些主要阶段》(*Les étapes majeures*

de l'enfance，1994）和《无意识与命运》（*Inconscient et destins*，1988）。

[14]弗朗索瓦兹·多尔多经常叮嘱我们有责任和孩子谈论死亡，可参见《一切皆语言》。

[15]弗朗索瓦兹·多尔多在《一切皆语言》中提到过此案例。另外，阳具说和她的欲望的力比多模式是同时产生的。如果此概念在《女性的性》（*la sexualité féminine*）中被特别阐述的话，那么并不仅仅是为了反论。伽利玛出版社也很快出了修订版，我们可以在第四章中找到相关阐释。阳具的独特性仍然与弗朗索瓦兹·多尔多特别强调的两极性相连接：主动/被动，离心的/向心的，或者发送/接收。

[16]这个案例在《儿童精神分析讨论班》第 1 卷中被详细讨论。

[17]弗朗索瓦兹·多尔多对托马蒂斯博士早期的研究很感兴趣，将其与自己的临床直觉相印证，尤其用于探究胎儿产前发育的听觉及无意识的作用。她对托马蒂斯博士的某些观点持保留态度，可参见《儿童的利益》（*la cause des enfants*，1985）。

[18]弗朗索瓦兹·多尔多经常提到这一系列令人难忘的事件，可参见《儿童的利益》。她通过自己怀孕的经验来说明听觉和交流的作用。

[19]弗雷德里克·勒博耶对分娩提出一些非常有现实意义的建议。在 1977 年的两次讨论会上，他的发言是亮点之一。

[20]失眠问题已被多次提及。有意味的是，弗朗索瓦兹·

多尔多在此处修饰了会议记录稿："这个缺失欲望的主体的死亡，其结果就是，在没有欲望的主体的监督下，放任自己的身体如同植物般活着。"

[21]可参见注释10，这是这种区别的另一种发展，也可参见《无意识身体意象》。

[22]在孩子出生的那一刻，在场的人对他说的第一句话具有决定性意义。这就是弗朗索瓦兹·多尔多报告的中心思想。

[23]弗朗索瓦兹·多尔多多次向同事和朋友讲述这件事。在《儿童精神分析讨论班》第2卷中，她借由此案例重新讨论了关于丧失和身体意象的术语。

[24]初稿中的注释指明，在前一天贝尔纳·雷斯的报告之后有一场讨论。

[25]这是弗朗索瓦兹·多尔多关于欲望及肉体化等基础概念的论述。

[26]另一方面，"哺乳动物的身体"和欲望主体之间的区分，在身体图示和身体的（无意识）意象的区别中得到了更清楚的解释。

[27]这是编纂者对原始记录文稿的语气评估。这种语气确实使讨论的气氛变得紧张。

[28]弗朗索瓦兹·多尔多多次提及这些经验。她同样在《孤独》（*solitude*，1994）中有所提及。

[29]原始记录文稿明确指出了此点，讨论也"阐明"了此点，但之后的交锋又使观点变得模糊。弗朗索瓦兹·多尔多认

为这种混乱的讨论削弱了此观点的倾向性。正因为如此，我们选择在这里结束。

[30]此标题是后来补充的，这篇文章也是为皮埃尔·大卫的《精神分析与家庭》(*Psychanalyse et famille*，1976)写的前言。

[31]此处很明显地暗示了轰动一时的作品《反俄狄浦斯》(*L'Anti-Œdipe*)，菲利克斯·加塔利和吉尔·德勒兹合著，1972年出版。该书提出精神分析做的是"有机俄狄浦斯"的事情。

[32]弗朗索瓦兹·多尔多精练地陈述了此论题的本质——关于象征性功能，从受孕一直到主体在场过程所涉及的问题等。我们很容易发现，此处更加强调"身体意象"这个重要概念，假定它原则上与身体图式有关系。

[33]弗朗索瓦兹·多尔多认为自己为弗洛伊德的理论带来了新的思考：更加深入地对初始材料进行了研究，更进一步研究了前俄狄浦斯期幼儿的力比多生活中的因素。

[34]我们发现弗朗索瓦兹·多尔多习惯性地把"细微"的范畴对立于"实体"的(如同欲望与需要的区别)，参见《欲望的游戏》(*Au jeu du désir*，1981)。

[35]同时出现的这个"象征化"的术语非常重要。我们要注意，欲望在爱中转变的观念也出现在另外一些主题中。

[36]我们观察到，对于弗朗索瓦兹·多尔多来说，意象并不是镜像主要的功能，至少意象被视为与"保护"具有同等

价值。

[37]在这里，我们恢复了原文（前言）。我们在有的版本（简版）中发现了"一个符号的残疾化标志"这一表述。就算想避免使用弗朗索瓦兹·多尔多发明的"生成象征性"，这个词在后面也会再次出现。事实上，这是弗朗索瓦兹·多尔多创造的有重要意义的术语，目的是表达涉及阉割的象征性概念，以及一个允许象征性阉割的运作。"象征性阉割"出自《无意识身体意象》。

[38]弗朗索瓦兹·多尔多反复讨论长子对幺弟或幺妹出生的反应。她的重要研究《关于最年幼孩子的出生，及相关冲动的动力学和嫉妒的反应》，被收录在《欲望的游戏》中。至于独生子女的特殊问题，可参见《教育的道路》。

[39]我们在弗朗索瓦兹·多尔多档案馆找到了本书的样稿，上面有她手写的很多注释。

[40]弗朗索瓦兹·多尔多在分析另一个案例时引用过这一注释。她写道："对于婴儿来说，在言语和动作语言出现之前，他只能感觉到语言的节奏，被抱和被抚摸的方式，气味、面部的形状，对成人的模仿，以及他们的脚步声，声音音调的变化，也就是所有那些个人的特征。"

[41]这里小心翼翼地提到了"阉割"。毫无疑问，它在弗朗索瓦兹·多尔多的理论中是一个重要的术语。《无意识身体意象》第二章针对此概念做过阐述。

[42]这篇文章涉及两本书，然而我们并没有在弗朗索瓦

兹·多尔多档案馆中找到相关信息。

[43]这是弗朗索瓦兹·多尔多很早就针对社会职位领域而提出的观点。我们也能很自然地明白这篇文章的时代背景（可能是在1941年）。当时，这个兼职有利的提议引起了工会的敌意。我们特别注意到，弗朗索瓦兹·多尔多这个针对家庭问题的灵感，促使她之后带领同事创办了绿房子。

[44]安德烈·伯格博士是克洛德·贝尔纳中心的创建者，弗朗索瓦兹·多尔多20世纪50年代曾在贝尔纳中心会诊。我们应该注意到这个二元主题的重要性，它构成了弗朗索瓦兹·多尔多理论和临床工作的主要框架，她在自己的众多著作中也论证了母亲与孩子之间不成熟的关系的发展。

[45]此术语符合症状学。我们观察到那些住院的小病人，或者治疗机构中的病人，都缺乏人际关系。除了自己的经验，弗朗索瓦兹·多尔多也受到珍妮·奥布里的工作的启发，可参见《无意识身体意象》。

[46]在《欲望的游戏》中，弗朗索瓦兹·多尔多区分了"磁体化"和"爱"。"磁体化"是指为了被爱和爱而产生的"一种没有性欲的依恋"，有着"变成某一种性别的吸引力"的意思。

[47]此处应该强调"相遇"这个术语的重要性。在弗朗索瓦兹·多尔多看来："相遇，在精神病患者的精神分析中是一种人类内在和移情的一致。"参见《多米尼克个案》。

[48]弗朗索瓦兹·多尔多稍后再次提及此案例，也可参见《孤独》。

[49]约纳·克斯多姆，后来成为歌唱家卡洛斯，是弗朗索瓦兹·多尔多的长子，出生于1943年。

[50]弗朗索瓦兹·多尔多在此处做了一个技术性指导。她这种"白日梦"的技术直接受到德苏瓦耶（Desoille）的启蒙。

[51]也许有必要注意到，"转录"包含针对身体的无意识意象概念的暗示。

[52]此页描述的所有重要过程——同学习语言一样重要——必须符合之前会议制定的相关内容。

[53]这个有关任性的故事常被提及，对于我们理解尊重主体的教育方式颇有价值。它同样说明了孩子在当前发展中如何避免负罪感："自在或不自在的感觉，都来自负罪感。"参见《欲望的游戏》。案例中的孩子应该是约纳的弟弟格雷古瓦。

[54]弗洛伊德提出了"阉割焦虑"，首先在儿童精神分析工作中加以强调。值得注意的是，在此处，弗朗索瓦兹·多尔多有些偏题，因为此观点正是其《精神分析与儿科学》的中心论题。此问题在《女性的性》中被进一步探究。

[55]弗朗索瓦兹·多尔多在《女性的性》中也讨论过女孩与娃娃。我们不能忘记，"花—娃娃"是她的临床发明之一，参见《欲望的游戏》。

[56]"父亲形象"曾在保罗的案例中被提及。我们认为，也许在《无意识身体意象》中，她对托尼的案例有另外一种临床解释。

[57]弗朗索瓦兹·多尔多在《无意识身体意象》中区分了

"自我理想"与"理想自我"。

[58]弗朗索瓦兹·多尔多在此处做了一个修正：更恰当地说是"完全地重做"，即"允许更换（个性）"。

[59]弗朗索瓦兹·多尔多在样书的留白处补充道："情感的支持"（也就是说"需要情感的支撑"）。

[60]弗朗索瓦兹·多尔多在样书的留白处补充道："一些身心症状始于童年期做过的扁桃体手术，如明显的鼻音或奇怪的发声方式（不包括青春期无意识地变声），它们同样会在成年的精神分析中消失。"

[61]"象征性地交织"在弗朗索瓦兹·多尔多的理论中具有丰富的意义，特别是在生理学意义上，肉体通过与由情感引起的语言相互"交织"，从而允许情感与身体相连接。"交织"可以隐喻"织物的纬线和经线"。

[62]由于这是一个在弗朗索瓦兹·多尔多的著作中经常出现的主题，我们就不再强调为何可以批评学校了。在《消化性学校：教育的问题》一文中，她再次对学校提出批评。此主题也在《儿童的利益》一书中得到扩展。此外，弗朗索瓦兹·多尔多针对城市学校的地位和作用提出了具体的改革和建设方案。

[63]后文对"心"的象征的重要性有更好的论述。事实证明，此处的"心对心"是一种"身体对身体"的象征性转变。

[64]简单来讲，在弗朗索瓦兹·多尔多的理论中，这些基本要素都涉及潜在的、幼儿期的、精神病性的声音装置，可参见《一切皆语言》《无意识身体意象》。

[65]毫无疑问，除了心灵的觉醒，弗朗索瓦兹·多尔多还表现出对安托瓦内特-慕尔的再教育方法的兴趣，曾为其《精神的觉醒》(*L'éveil de l'esprit*，1972)作序。

[66]这里所说的"心"和无意识身体意象很类似。

[67]简言之，当主体表达其欲望的方式受阻时，这一欲望就会以一种怪物般或魔鬼般的形式返回主体。弗朗索瓦兹·多尔多使用了一些类似的术语来解释恐惧症，可参见《无意识身体意象》。

[68]弗朗索瓦兹·多尔多反复揭露这种宗教方面的"共谋"可能产生的危险，特别是在教育导向中，可参见《孤独》及《教育的道路》。

[69]整个段落都涉及孩子一定会提出好—坏、愉快—不愉快、善—恶的问题，也可参见《欲望的游戏》。这些都证实了在弗朗索瓦兹·多尔多的著作中，伦理是至关重要的问题。

[70]弗朗索瓦兹·多尔多经常为背离弗洛伊德所提倡的禁欲法则的精神分析家感到遗憾。她认为遵守该法则有助于缩短治疗时间。

[71]这个"多疼"是孩子创造词语的典型例子。弗朗索瓦兹·多尔多总是非常关注这些现象。她甚至在一些治疗中为了和孩子交流而使用这个词，参见《童年的一些主要阶段》(*Les étapes majeures de l'enfance*)。

[72]值得注意的是，弗朗索瓦兹·多尔多在著作中——针对宗教领域——不停地追问负罪感这一问题，并揭露神经症性

的负罪感的破坏性，可参见《欲望的游戏》。在《孤独》中，她再次从负罪感的角度阐述了圣安东尼的例子。

[73]本文是莫德·曼诺尼(Maud Mannoni)《与精神分析家的第一次晤谈》(*Le premier rendez-vous avec le psychanalyse*，1965)一书的前言。本文的转录有轻微的修改，删除了表示它是"前言"的段落。介绍同样有所不同。标题是后来添加的，它想表达的意思几乎只存在于最后几页。

[74]弗朗索瓦兹·多尔多在这里做出惊人的总结。根据她的表述，符合临床重要性的一面是重建欲望主体被扭曲、倒错和变形的自主。先前她已经陈述了数个具体案例，可参见《获得自主》(*Acquisition de l'autonomie*)。

[75]最后这段话说明了弗朗索瓦兹·多尔多和被抛弃的孩子的临床工作的基础，这是一项之前已经被描述的工作，可参见《儿童精神分析讨论班》第2卷。

[76]意象被定义为"人格的无意识原型，是一种用以指导主体理解他人的方式"[参见《精神分析词汇》(*Vocabulaire de la psychanalyse*)]。有时，弗朗索瓦兹·多尔多在昆虫学意义上使用意象，用来描述提前构成的形象或未来的形象。

[77]此外，弗朗索瓦兹·多尔多也会用河流的意象来向儿童解释乱伦禁忌。

[78]在曼诺尼的书中，这段文字首先以前言的形式出现，文集主编在此段的注释中努力想要削减弗朗索瓦兹·多尔多的批判力度。

[79]在弗朗索瓦兹·多尔多写相关文章时，儿童的权益问题仍然处于探索阶段。弗朗索瓦兹·多尔多在《儿童的利益》中回到这个主题，并在附录中加入了儿童权益宣言的文本。

[80]标题是本书自行拟定的。

[81]弗朗索瓦兹·多尔多重新采用了弗洛伊德的重要概念"理想自我"，它来自对德语"Ich-ideal"模棱两可的翻译，可参见《一切皆语言》。

[82]弗朗索瓦兹·多尔多提到了这段之后的文本，回到了"象征性付费"问题，就像她在和儿童的分析协议中推动的那样。她一有机会就会深入地解释这个概念。之后，弗朗索瓦兹·多尔多还在注释中说明了在和青少年工作时如何收取象征性费用。

[83]"动作演出"——我们不知道是否完全等同于"见诸行动"——是对弗洛伊德的术语"agieren"的贴近翻译，参见《精神分析词汇》。

[84]在最初的版本中，完整的副标题是"儿童在明白了起因之后，渴望心理治疗并接受契约"。

[85]弗朗索瓦兹·多尔多非常认可"负面转移"的价值，指出了这类转移所表达的事情的重要性。正是在这个背景下，她提出了象征性付费。

[86]弗朗索瓦兹·多尔多 1940—1978 年在图索医院工作。她在那里采用了全新的传播和教育模式来培训精神分析家，对外开放了与儿童一起进行的精神分析式咨询。这段特别的经历

使很多精神分析家受益。

[87]"二元"是弗朗索瓦兹·多尔多主要描述母亲—孩子早期关系的词语。对于治疗关系来说，这个词语更多带有象征意义，前提是我们把它当作构成上述二元象征意义的"生成象征性"。

[88]在技术性指导之外，我们注意到这些讨论能使我们推断出弗朗索瓦兹·多尔多在安娜·弗洛伊德和梅兰妮·克莱因的历史辩论中的位置。弗朗索瓦兹·多尔多在辩论中是通过与想象/现实的对立来表达自己的概念的。

[89]我们注意到在这个片段中，自恋远非自我的想象陷阱。从主体的认同角度来看，弗朗索瓦兹·多尔多更看重自恋结构性的积极意义。

[90]弗朗索瓦兹·多尔多在此又突出了身体和身体形象的关系，她也在关于身体的身体—形象的二元图示中讨论了这个主题。

[91]在最初的版本中，句意更加容易理解。我们把此句重新放在了结尾处："……冲动的动力从最早的时期开始就不在循环之中。"此外，弗朗索瓦兹·多尔多还补充了注释："停留在循环之外……"

[92]我们注意到它至少在拼写上暗示拉康的"大他者"概念，即对话语的场所的指示。

[93]在这里，我们又一次地引用了原始版本，它明确说道："替代母亲的精神分析家"。

［94］在这里，出版版本和原始版本有轻微差别。为了做出区别，我们倾向于再现最后一个句子："他需要根据法律来理解属于他们的职责和他自己的职责，这些职责是和法律的现实要求有关的。法律不是他们定的，也不是他定的，更不是精神分析家定的，法律是所有人都要遵守的。"

［95］这是弗朗索瓦兹·多尔多一直支持的关于现行学校运作的主张，可参见《儿童的利益》。这使得弗朗索瓦兹·多尔多更直接地与创新的教学探索进行合作，如纳维尔学校。

［96］这部分内容是艾达·巴斯克斯和费尔南·欧利的《体制教学法》的序言——当时是没有这个标题的。《体制教学法》力图去除自己在教育领域中被称为"体制心理治疗"的标签。因为这涉及探寻全新的教学实践，所以肯定会引起多尔多的兴趣和情感支持。

［97］我们在弗朗索瓦兹·多尔多的注释中又看到了她对"阉割"的详述。我们已经提到过，这个概念因其象征性意义而有了生成象征性的价值。

［98］弗朗索瓦兹·多尔多在《一切皆语言》中也提到了这一点，肯定了瑞士在对待缺勤儿童方面的独到之处。

［99］甚至呼吸都不能被缩减为原始的需要，而是笼罩在一种迎接的气氛中。"呼吸"被接受，然后成为人在这个世界上的一种表达方式。

［100］在一次修改中，弗朗索瓦兹·多尔多说："……在社会中，由于母亲和父亲在场，孩子经常不能与同龄人混合在一

起。"这种表述省去了什么并不重要，重要的是其观点是一样的，都表达了之后绿房子的一大主张。接待场所的模式在此处有两个走得更深远的段落。绿房子和本文几乎是同一时期出现的，本文也有助于我们理解弗朗索瓦兹·多尔多创办绿房子的因由。

[101]就像弗朗索瓦兹·多尔多重新表明的，一个专注的儿童如果拉裤子，那是因为他不能同时操心多件事情。

[102]在最初的版本中，弗朗索瓦兹·多尔多更倾向于写成："那是在男性性欲的基因里的……"

[103]这符合精阜的生理功能。弗朗索瓦兹·多尔多经常说回这点，承认精阜在小男孩的性化发展中的重要意义。

[104]弗朗索瓦兹·多尔在注释中加了一段话："一些单身母亲的孩子用的是母亲的姓氏。在母亲的灌输下，他们不知道自己其实有生父。他们的姓氏使他们相信自己是舅舅或者外公的孩子。"

[105]此处缺少以下句子："他们很多人都在父亲或者母亲生气的那一天听到过。"

[106]弗朗索瓦兹·多尔多在批注中做了修正："……一些失职但是可以被原谅的父母。学校的存在就是为了弥补他们的失职。"

[107]弗朗索瓦兹·多尔多完全修改了弗洛伊德的这一概念，可参见《欲望的游戏》《无意识身体意象》。

[108]弗朗索瓦兹·多尔多曾有修正："自然道德和一些社

会命令相反，前者总是健康的。”

[109]这是对后来的绿房子所持原则的暗示。

[110]原初版本只说了“进步”（而不是改革）。

[111]原初版本中段落的结尾是：“早在儿童接受教育之前，人们就给予他们自由，尊重他们对生活和爱的兴趣。成人用语言和行动表达了他们的尊重，没有强加义务给儿童。他们真诚地尊重儿童的爱好和个人选择。这不是和父母的爱好相混淆的，也不是和教育者的爱好相混淆的。”

[112]我们没有找到该文本的来源，并且惊讶于标题的局限性。文章显然涉及幼儿园的很多问题，而不仅仅是讨论幼儿园适合接纳多少孩子。

[113]在弗朗索瓦兹·多尔多对小孩子的学校——幼儿园——的关键分析中，她坚持对“助手”（现在称 A. T. S. E. M.，幼儿园的专职地方助理）的母亲功能和教师的父亲功能进行区分。这种区分同时意味着任务的分配和协调。

[114]弗朗索瓦兹·多尔多建议加入批注：“或者一个在班级一侧的空间”。

[115]这篇文章来自 1980 年 1 月波尔多的 ANPASE 会议。它最初的完整标题是“绿色小店——一个关于成人和孩子相会和交流场所的故事”。就像本书的大部分文本，弗朗索瓦兹·多尔多对原始版本进行了修正。弗朗索瓦兹·多尔多的《城里的精神分析家——绿房子的探险》（*Une psychanalyste dans la cité – L'aventure de la Maison verte*，2009）对该文本也有

复述。

[116]这是拉康构造的词，它描述了人对语言的固有附属状态。这也是他教学的轴心。

[117]实际上，对于绿房子的运作，我们一开始就设定接待人员中总会有一名精神分析家和一名不是精神分析家的人（有必要的话，这个人也会接受分析）。

[118]弗朗索瓦兹·多尔多在 1980 年希望绿房子越来越多，而这个愿望实际上也实现了。

[119]这里要指出的是，弗朗索瓦兹·多尔多关于女性特质的研究使她变得独特。她和弗洛伊德的一些观点划清了界限。

[120]这里的考验就像别处描述的原初阉割的考验，可参见《无意识身体意象》。

[121]在清晰的表达中，我们注意到了（个体）心理和（集体）社会之间错综复杂的关系，而这正是弗朗索瓦兹·多尔多思想的核心。

[122]我们找到了弗洛伊德对生冲动和死冲动的对比。同时，我们也能衡量弗朗索瓦兹·多尔多在处理死冲动主题时的特殊之处；她认为死冲动是欲望的休息，同时欲望的这个创造性部分又指向性的压抑。实际上，弗朗索瓦兹·多尔多对死冲动的观念需要修正，这就是她此后致力于出版整个讨论班文集的原因。

[123]我们注意到，这样的断言明确反对关于俄狄浦斯情

结普遍性的精神分析式争论。

[124]从女性特质或者弗朗索瓦兹·多尔多所称"母性"的角度来看，是女性位置化身的贫瘠而不是财富，可参见《欲望的游戏》。

[125]弗朗索瓦兹·多尔多经常列出关于不恰当生育的糟糕影响的图表，可参见《孤独》中的"孩子的欲望"一节。值得一提的是，她的分析注意在整个社会性身体水平上呈现出神经症的集体性影响。

[126]这是一个古老的结论，弗洛伊德在《图腾与禁忌》中对此反复提起并加以分析。

[127]关于现代城市的"野蛮"状态，也可参见《城市里的儿童》。

[128]这里暗示了弗朗索瓦兹·多尔多关于流产的态度。

[129]我们能在《儿童的利益》第一部分找到对和儿童有关的历史性决定的补充。

[130]这一点在菲利普·阿西叶的研究出现之后少有争议。在法国国家图书馆1994—1995年的一次展览中，我们能找到相关描述，图书馆目录参见皮埃尔·里奇(Pierre Riché)和丹尼尔·亚历山大-比登(Danièle Alexandre-Bidon)的《中世纪的儿童》(*L'enfance au Moyen Age*，1994)。

[131]我们找到了赫拉德(Héroard)的日记中关于路易十三的童年和青年的片段，参见《新精神分析杂志》(*La Nouvelle revue de psychanalyse*)第19期，以及《儿童》(*L'enfant*，1979)。

［132］另一次对乡村生活的回忆，参见《一切皆语言》。

［133］这些关于学校的批判性发言在先前的文章中已有展开，如《消化性学校：教育的问题》。

图书在版编目(CIP)数据

生活的困境/(法)弗朗索瓦兹·多尔多著；郝淑芬，邓兰希，陈全译.—北京：北京师范大学出版社，2024.2
（心理学经典译丛.法国精神分析）
ISBN 978-7-303-27617-2

Ⅰ.①儿… Ⅱ.①弗… ②郝… ③邓… ④陈…
Ⅲ.①家庭教育 Ⅳ.①G78

中国版本图书馆 CIP 数据核字（2021）第 278936 号

北京市版权局著作权合同登记号：图字 01-2016-7290

教材意见反馈　gaozhifk@bnupg.com　010-58805079

SHENGHUO DE KUNJING
出版发行：北京师范大学出版社　www.bnup.com
　　　　　北京市西城区新街口外大街 12-3 号
　　　　　邮政编码：100088
印　　刷：北京盛通印刷股份有限公司
经　　销：全国新华书店
开　　本：890 mm×1240 mm　1/32
印　　张：15.125
字　　数：270 千字
版　　次：2024 年 2 月第 1 版
印　　次：2024 年 2 月第 1 次印刷
定　　价：98.00 元

策划编辑：周益群　　　　　责任编辑：梁宏宇
美术编辑：陈　涛　李向昕　装帧设计：陈　涛　李向昕
责任校对：杨磊磊　　　　　责任印制：马　洁

LA DIFFICULTÉ DE VIVRE

Édition revue et présentée par Gérard Guillerault

© Éditions GALLIMARD，1995

Current Chinese translation rights arranged through
Divas International，Paris
巴黎迪法国际版权代理